DAS GEHEIMNIS DER SÜNDENVERGEBUNG UND DER WIEDERGEBURT

Dieses Buch basiert auf einer Mitschrift der Predigten von
Pastor Ock-Soo Park bei einer Evangelisation 1986 in Korea.

Die Bibeltexte sind der Lutherbibel mit dem revidierten Text von
1964 (Deutsche Bibelgesellschaft Stuttgart) entnommen.

2. Auflage 2005
Herausgeber: Yong-Hwan Kim
Autor: Pastor Ock-Soo Park

Good News Publishing House :
http://www.goodnewsbook.co.kr

ISBN 89-85422-26-x
Printed in Korea

DAS GEHEIMNIS DER SÜNDENVERGEBUNG UND DER
WIEDERGEBURT

Pastor Ock-Soo Park

GOOD NEWS PUBLISHING HOUSE

Ein Empfehlungsschreiben

John Wesley absolvierte die Oxford Universität und wurde Pastor, aber er hatte die Sündenvergebung noch nicht empfangen. Später, am 24. Mai 1738, hörte er in der Aldersgate Street in einer kleinen Gemeinde in England das Evangelium und wurde wiedergeboren, indem er die Sündenvergebung annahm. Danach wurde er der Gründer der Methodistengemeinde.

Martin Luther war ein junger katholischer Priester und Professor mit Doktortitel in Theologie an der Universität von Wittenberg, aber auch er hatte nicht die Vergebung der Sünden empfangen. Während er sehr unter der Sünde litt, wurden seine Gedanken eines Tages von den Worten „**Der Gerechte soll aus Glauben leben**" aufgewühlt. Er erkannte, dass die Gerechtigkeit Gottes durch Glauben ein Geschenk ist. In diesem Moment empfing er die Sündenvergebung und wurde ein Gerechter.

Genauso gibt es auch heute viele Menschen, die zwar an Gott

glauben und mit Eifer dem Herrn dienen, aber in Finsternis leben und verzweifeln, weil sie die Sündenvergebung nicht empfangen haben.

Ich kann die Evangelisation nicht vergessen, die letzten Oktober in der Mugunghwa-Halle in Busan stattfand. Am ersten Abend wurde durch Pastor Parks Predigt die Natur der Sünde aufgedeckt, und schon während dieser Predigt wurden einige Menschen von der Fessel der Sünde befreit. Am Ende der Predigt standen einige hundert Menschen auf, um die Sündenvergebung zu empfangen.

Mit der Zeit nahm die Zahl derjenigen zu, die sich über die Vergebung ihrer Sünden freuen konnten, und die Halle quoll über von Dank und freudiger Erregung. Einige Theologie-studenten wurden sogar noch gerettet, als die Evangelisation schon vorbei war, indem sie die auf Kassetten aufgenommenen

Predigten der Evangelisation hörten. Der Widerhall der Arbeit des heiligen Geistes endet nie.

Ich bin dem Herrn sehr dankbar, dass die Predigten der Evangelisation als Buch veröffentlicht werden. Es ist sehr schade, dass das Buch nicht die aktuelle Stimmung der Evangelisation übermitteln kann, aber ich hoffe nur auf den heiligen Geist, dass er die Herzen der Leser trotzdem tief berührt. Dem Herrn gebührt Lob und Dank für immer und ewig.

Muchangpo First Church

Byung Seok Woo

Pastor Byung-Seok Woo

— Vorwort

So wie das Seil, das Simson fesselte, zerriss, als der Geist des Herrn über ihn geriet, zerriss auch eines Tages die Kette der Sünde, die mich festhielt. Am 7. Oktober 1962 endeten viele schmerzliche Tage des Kampfes gegen die Sünde schließlich durch die Kraft des Evangeliums. Meine Sünden wurden weiß wie Schnee, und ich wurde für ewig von der Fessel der Sünde befreit; deshalb konnte ich endlich das Lied singen: „Glücklicher Tag, glücklicher Tag, als Jesus all meine Sünden weggewaschen hat!"

Nach meiner Wiedergeburt begann sich mein schmerzliches und elendes Leben zu ändern. Mein Herz wurde geändert, meine Lebensweise wurde geändert und meine Umstände auch.

Die Sündenvergebung ist das größte Geschenk, das Gott uns Menschen gemacht hat. Die Menschheit hat sich durch ihre Sünde von Gott entfernt. Deshalb leben viele Menschen in

Angst und Dunkelheit statt mit dem Frieden und den Segnungen Gottes. Das kann allein durch die Vergebung der Sünden geändert werden.

Die klare Wahrheit der Sündenvergebung ist geheimnisvoll verborgen in der Bibel. Die Geschichte vom Feldhauptmann Naaman, der von seinem Aussatz vollkommen geheilt worden ist, wurde niedergeschrieben, um uns zu lehren, wie unsere Sünde, für die der Aussatz steht, getilgt werden kann. Auch die Geschichte, wie König David mit der Frau des Uria Ehebruch beging, soll uns zeigen, wie unsere Sünde vergeben werden kann.

„Wer ist weise, dass er dies versteht, und klug, dass er dies einsieht? Denn die Wege des Herrn sind richtig, und die Gerechten wandeln darauf; aber die Übertreter kommen auf ihnen zu Fall" (Hosea 14, 10).

In der Evangelisation letztes Jahr in der Moogungwha-Halle in Busan habe ich über die Sündenvergebung gepredigt. So wie jedes Mal fühlte ich, dass viele Menschen unter ihren Sünden leiden und sich nach Sündenvergebung sehnen. Durch die Evangelisation empfingen unzählige Menschen die Vergebung ihrer Sünden und wurden wiedergeboren. Ich wünsche mir mit ganzem Herzen, dass viele Menschen durch dieses Buch von ihren Sünden befreit werden, so wie die, die während der Evangelisation durch die Kraft des heiligen Geistes die Sündenvergebung empfingen.

Ich danke Gott, unserem Vater, der mir und unserem Land das Evangelium der Rettung gegeben hat.

Good News Gangnam Church

Ock Soo Park

Pastor Ock-Soo Park

Inhalt

1

Die vier Aussätzigen

Zuerst lesen wir in der Bibel. Bitte schlagen Sie auf im Alten Testament 2. Könige, Kap. 7, Vers 1-9.

„Elisa aber sprach: Hört des Herrn Wort! So spricht der Herr: Morgen um diese Zeit wird ein Maß feinstes Mehl ein Silberstück gelten und zwei Maß Gerste ein Silberstück im Tor von Samaria. Da antwortete der Ritter, auf dessen Arm sich der König lehnte, dem Mann Gottes und sprach: Und wenn der Herr Fenster am Himmel machte, wie könnte das geschehen? Er sprach: Siehe, mit deinen Augen wirst du es sehen, doch du wirst nicht davon essen! Und es waren vier aussätzige Männer vor dem Tor, und einer sprach zum andern: Was sollen wir hierbleiben, bis wir sterben? Wenn wir auch in die Stadt gehen wollten, so ist Hungersnot in der Stadt, und wir müssten doch dort sterben. Bleiben wir aber hier, so müssen wir auch sterben. So lasst uns nun hingehen und zu dem Heer der Aramäer laufen. Lassen sie uns leben, so leben wir, töten sie uns, so sind wir tot. Und sie machten sich in der Dämmerung auf, um zum Heer der Aramäer zu kommen. Und als sie vorn an das Lager kamen, siehe, da war niemand mehr da. Denn der Herr hatte die Aramäer hören lassen ein Getümmel von Rossen, Wagen und großer Heeresmacht, so dass sie untereinander sprachen: Siehe, der König von Israel hat sich gegen uns verbündet mit den Königen der Hetiter und den Königen der Ägypter, dass sie über uns kommen sollen. Und sie machten sich auf und flohen in der Dämmerung und ließen ihre Zelte, Rosse und Esel im Lager, wie es stand, und flohen, um ihr Leben zu retten. Als nun die Aussätzigen vorn an das Lager kamen, gingen sie in eins der Zelte, aßen und tranken und nahmen Silber, Gold und Kleider und gingen hin und verbargen's und kamen wieder und gingen in ein anderes Zelt und nahmen daraus und gingen hin und verbargen's. Aber einer sprach zum andern: Lasst uns so nicht tun; dieser Tag ist ein Tag guter Botschaft. Wenn wir das verschweigen und warten, bis es lichter Morgen wird, so wird uns Schuld treffen. So lasst uns nun hingehen und es dem Hause des Königs ansagen."

Guten Abend, liebe Bürger von Busan und liebe Geschwister!

Ich habe schon vor vielen tausend Menschen gepredigt und bin es auch gewohnt, in Radiosendungen zu sprechen. Aber jetzt - ich weiß nicht warum - schlägt mein Herz wie bei einem, der das erste Mal verliebt ist.

Meine Lieben, in dieser Evangelisation möchte ich Ihnen über die wichtige Tatsache erzählen, wie Ihre Sünden weiß wie Schnee werden können, damit das Lied „Oh happy day (Oh glücklicher Tag, oh glücklicher Tag, an dem Jesus meine Sünden weggewaschen hat)" in Ihren Herzen Wirklichkeit wird. Es ist sehr wichtig, dass Sie mit geöffnetem Herzen über diese Tatsache hören.

Wie kann man sein Herz öffnen? Ich habe einmal auf dem Luftwaffenstützpunkt in Yechon bei einer Evangelisation gepredigt. Nach so einer Predigt saß ich abends noch mit einigen Leuten zusammen, und die Frau eines Piloten fragte mich: „Wie kann ich mein Herz öffnen?" Durch diese Frage wurde mir wieder bewusst, dass viele Menschen zwar wissen, dass sie durch den Glauben an Jesus Christus wiedergeboren und von ihren Sünden befreit werden, aber sie haben nur eine vage Vorstellung davon, wie man sein Herz öffnen kann.

Bei mir war es genauso: Ich habe lange Zeit die Gemeinde besucht, aber ich wusste nicht, wie ich von meiner Sünde befreit werden kann. Ich dachte, einfaches Bekennen und Bußetun würde reichen, aber mein Herz blieb immer schwer beladen mit Sünden. Immer wieder schien es mir, als ob mein Herz rein geworden wäre, aber das war nur ein Trugbild.

In dieser Evangelisation möchte ich mich mit Ihnen unterhalten. Ein persönliches Gespräch ist natürlich während dieser Predigt nicht möglich, weil Sie viele sind, und ich bin alleine. Aber wenn Sie Fragen haben, stellen Sie diese Fragen in Ihrem Herzen. Ich werde Ihnen auch Fragen stellen, dann können Sie auch in Ihrem Herzen antworten. Ich kann zwar Ihre Stimme nicht hören, aber wenn ich in Ihre Gesichter sehe, werde ich Sie ein bisschen verstehen können.

Ich denke, es ist schwierig, mit Gott ein persönliches Gespräch zu führen. Können wir seine Stimme hören? Können wir ihn sehen? Können wir ihn anfassen? Lassen Sie uns damit

15

beginnen, dass Sie sich mit mir mit geöffnetem Herzen unterhalten. Stellen Sie mir alle Ihre Fragen in Ihrem Herzen, z. B. : Alles, was Sie in Ihrem Glaubensleben bedrückt, weil es unklar ist; wie die Sünden weggewaschen werden können; wie man wiedergeboren werden kann; wie die Probleme in Ihrem Herzen gelöst werden können etc.

Jeder weiß, dass es gut ist, in der Bibel zu lesen und zu beten. Und gibt es jemanden, der sündigt, weil er nicht weiß, dass Sündigen schlecht ist? Niemanden! Aber wir können uns nicht so kontrollieren, wie wir möchten. Ich habe lange in Gefängnissen das Evangelium verkündet. Niemals habe ich zu den Gefangenen gesagt: „Bitte sündigen Sie nicht mehr!", weil es niemanden gibt, der die Sünde besiegen kann. Ich wollte sie anhand der Bibel erkennen lassen, wie die Sünde besiegt werden kann.

Meine Lieben, heute Abend fordere ich von Ihnen nicht Ihren Willen, ich fordere auch nicht Ihre Entschlusskraft. Wenn heute Abend Ihr Herz geöffnet wird, das Wort Gottes einzieht und Jesus Christus Ihr Herz regiert, dann brauchen Sie nicht mehr selbst mit den Sünden zu kämpfen, d. h. Sie müssen nicht mehr selbst versuchen, mit dem Rauchen aufzuhören, mit dem Trinken aufzuhören, mit dem Stehlen aufzuhören, schmutzige Gedanken aufzugeben. Jesus Christus in Ihnen kann alle Sünde in Ihrem Herzen besiegen. Er kann Sie von schmutzigen Gedanken, Hass, Eifersucht usw. befreien. Deshalb möchte ich Ihnen heute Abend Jesus Christus vorstellen.

Es gibt viele Menschen, die etwas über Jesus wissen und seinen Namen rufen, aber ihr Herz ist ganz weit von ihm entfernt. Heute Abend ist Jesus ganz in Ihrer Nähe - nein, er steht jetzt vor der Tür Ihres Herzens - nein, er sagt jetzt, er liebt Sie von ganzem Herzen und bittet: Öffne dein Herz. Wenn Sie heute

Abend das Wort Gottes mit „Amen (= So soll es geschehen)" in Ihr Herz aufnehmen, kann Jesus Christus in Ihrem Herzen wirken.

Ich erzähle Ihnen jetzt eine Geschichte aus dem alten Spanien: Es gab einen Kapitän, der sehr viel unterwegs war. Manchmal kam er nach einem Monat nach Hause, manchmal nach drei oder erst nach sechs Monaten. Jedesmal umarmte und küsste er seinen einzigen Sohn, den er sehr vermisst hatte, und brachte ihm Geschenke mit. Doch leider musste er sich nach kurzer Zeit wieder von Frau und Sohn verabschieden. Er sagte dann immer zu seinem Sohn: „Ich komme bald wieder, warte auf mich." Aber einmal, als der Vater sich verabschiedete, wollte der Sohn ihn nicht gehen lassen. Deshalb versprach der Vater, ihn das nächste Mal mitzunehmen. Nach ein paar Monaten kam der Vater wieder nach Hause. Der Sohn war überglücklich, weil er diesmal mit seinem Vater mitreisen durfte. Aber die Mutter war voll Sorge, weil ihr Sohn mit auf diese Reise gehen sollte. Doch der Vater versuchte sie zu beschwichtigen: „Liebste, hab keine Angst, diese Reise ist nicht so lang. Ich möchte doch gerne versuchen, ihn mitzunehmen." In dieser Nacht konnte der Sohn vor Freude nicht schlafen. Am nächsten Morgen sagte der Vater, dass es ihm auf dem Schiff wahrscheinlich langweilig werden würde, weil es nichts zu sehen gäbe als Wasser und Himmel, und er solle sein Lieblingsspielzeug mitnehmen. Also packte der Sohn Spielzeug und seine Bilderbücher ein und zuletzt seinen Freund, ein Affenbaby. Dann begann mit einem lauten Signal die Reise. Während der Junge die Möwen und die Wellen beobachtete, fuhr das Schiff unbemerkt aufs Meer hinaus. Jetzt gab es keine Möwen mehr, sondern nur noch Himmel und Wasser, wie der Vater es gesagt hatte. Da der Vater und die Matrosen

17

immer beschäftigt waren, spielte das Kind in der Kajüte mit dem Äffchen.

Eines Tages stibitzte der Affe dem Jungen seine Mütze und rannte damit aus der Kajüte. Der Junge wollte seine Mütze natürlich wiederhaben und verfolgte das Äffchen. Die Jagd ging durch das ganze Schiff und schließlich an Deck, wo der Affe einen Mast hochkletterte. Das Kind dachte: „Jetzt hab ich dich" und kletterte hinter ihm her. Aber immer, wenn er dachte, er kann ihn gleich fassen, kletterte der Affe noch ein Stückchen höher. Da der Junge immer nach oben blickte, war ihm nicht bewusst, wie hoch er schon geklettert war. Schließlich saß der Affe oben auf der Mastspitze, und das Kind dachte: „ Jetzt kannst du mir nicht mehr entkommen" und wollte nach ihm greifen. In diesem Augenblick sprang der Affe hinunter auf das Deck, und der Junge sah zum ersten Mal nach unten. Entsetzt merkte er, wie hoch oben er war. Die Matrosen waren so klein wie Ameisen. Ihm wurde schwindelig vor Angst, und er verlor seine Kraft in Armen und Beinen, so dass er auch nicht mehr in der Lage war, hinunterzuklettern. In diesem Moment entdeckte ihn ein Matrose und schrie: „Um Himmels willen, das ist ja der Sohn des Kapitäns!" Wer konnte ihn da herunterholen? Die Matrosen sammelten sich auf dem Deck und besprachen die Lage. Obwohl er immer schwächer wurde, klammerte der Junge sich mit letzter Kraft an den Mast, denn wenn er loslassen würde, würde er sterben. Ein Matrose rief den Kapitän: „Wir haben ein großes Problem!"

„Was ist los?"

„Kommen Sie schnell an Deck und sehen Sie selbst!"

Als der Kapitän kam, sah er seinen Sohn mit letzter Kraft an der Mastspitze hängen und hörte seine ängstlich zitternde Stimme rufen: „Papa!"

1. Die vier Aussätzigen

„Wie konnte das bloß geschehen?!"

Er schloss kurz die Augen und überlegte. Dann zog er seine Pistole aus dem Gürtel. Alle waren gespannt und dachten: „Was soll das nützen, jetzt den Affen zu töten?" Aber der Vater zielte mit der Pistole auf seinen Sohn und rief: „Kannst du mich hören?"

„Ja, Vater."

„Spring ins Meer! Sonst erschieße ich dich. Ich zähle bis drei!"

Der Sohn kannte seinen Vater genau und wusste, dass er immer sein Wort hielt. Er entschied sich, lieber zu ertrinken als erschossen zu werden. Er hatte große Angst, den Mast loszulassen, aber trotzdem bereitete er sich darauf vor.

„Eins!"

Er hielt sich mit den Händen noch fest und stemmte die Füße gegen den Mast.

„Zwei!"

Er ließ die Hände los, drückte sich mit den Füßen vom Mast ab und sprang. Die Matrosen hatten schon darauf gewartet und retteten ihn aus dem Wasser.

Meine Lieben, ich will Sie heute Abend nicht durcheinanderbringen. Ich möchte Ihnen gerne die Gelegenheit geben, tief über Ihren Glauben nachzudenken.

Viele Menschen haben zu Beginn eines neuen Jahres gute Vorsätze: Sie wollen fasten, nächtelang beten usw., um ein gutes Glaubensleben zu führen. Aber das ist sehr schwer.

Wir fragen einen Taxifahrer: „Glauben Sie an Jesus?"

„Fragen Sie mich bitte nicht so etwas! Ich habe sowieso kaum Zeit, um zu leben und zu arbeiten!"

Wir fragen einen Polizisten: „Glauben Sie an Jesus?"

„Ich bin so beschäftigt, dass ich keine Zeit habe, in Ruhe die Gemeinde zu besuchen!"

Wir fragen einen Arzt: „ Glauben Sie an Jesus?"

„Ach, warum habe ich Medizin studiert?! An diesem schönen Frühlingstag machen andere Leute einen Ausflug, aber ich muss jeden Tag mit Kranken verbringen und mir ihre verzerrten Gesichter ansehen. Obwohl ich an Jesus glauben möchte - dazu habe ich gar keine Zeit!"

Wir fragen einen Soldaten: „Glauben Sie an Jesus?"

„In der Kaserne gibt es genug zu tun, ich habe gar keine Zeit!"

Wir fragen einen Geschäftsmann: „Glauben Sie an Jesus?"

„Erst mal muss ich Geld verdienen, damit meine Kinder eine gute Ausbildung bekommen und später heiraten können. Dann werde ich an Jesus glauben. Pastor, Sie wissen das nicht, aber ohne zu lügen kann man kein Geschäft führen! Diese Ware hier habe ich z. B. für 2 DM gekauft, aber ich muss sagen, sie hätte mich 4 DM gekostet. Wie kann ich mit diesen Lügen an Jesus glauben?! Wenn ich das Geschäft aufgebe, werde ich glauben."

Viele Menschen denken, sie haben einen guten Grund, dass sie nicht oder nicht zu diesem Zeitpunkt an Jesus glauben können.

Eines Tages habe ich in einer Kaserne eine Evangelisation veranstaltet. Dort habe ich zu den Soldaten gesagt: „Wenn Sie meinen, dass es schwer ist, an Jesus zu glauben, heben Sie bitte Ihre Hand!" Daraufhin hoben fast alle ihre Hand.

„Neben mir sitzt der Bataillonsführer. Herr Major Park, stehen Sie doch bitte mal auf! Leute, ist dieser Mann Major und gleichzeitig Bataillonsführer? Heben Sie Ihre Hand, wenn es für Sie schwer ist, das zu glauben!" Keiner der Soldaten hob seine Hand.

20

1. Die vier Aussätzigen

„Einem Bataillonsführer zu glauben, dass er gleichze Major ist, ist also nicht schwer. Warum ist es dann so schw ., Jesus zu glauben? Ist Jesus weniger als ein Bataillonsführer?"

Weil wir nicht wissen, was der Begriff „Glauben" eigentlich bedeutet, ist es so schwer, an Jesus zu glauben.

Meine Lieben, für mich ist es sehr schön, dass ich meiner Frau glauben kann. Ich glaube meiner Frau nicht aus einem bestimmten Grund, z. B. weil sie schön ist. Es ist für mich ebenfalls sehr schön, meinen Kindern zu glauben. Wenn ich meinen Kindern misstrauen würde, wäre das sehr schlimm für mich. Jesus zu glauben ist ganz einfach und erleichtert mich. Jesus sagt: **„Kommt her zu mir, alle, die ihr mühselig und beladen seid; ich will euch erquicken"** (Matth. 11, 28). Aber obwohl viele Menschen an Jesus glauben, haben sie keine Ruhe im Herzen. Sie befinden sich also in folgender Situation: Jesus sagt: „Ich will euch erquicken", aber sie finden keine Ruhe. Jesus sagt auch: „Seid fröhlich allezeit", aber sie haben viele Sorgen. Wenn Sie auch so an Jesus glauben, sollten Sie wenigstens einmal über Ihren Glauben nachdenken. Ich stelle öfters diese Frage: „Wenn Sie nach dem Wort Gottes gut beten, den Zehnten geben, jeden Sonntag zum Gottesdienst gehen und im Glauben nicht sündigen, dann können Sie in den Himmel kommen, nicht wahr?"

„Ach, das weiß doch jeder!"

Aber, meine Lieben, ist das wirklich möglich? Wer von Ihnen alle Gebote hält, heben Sie bitte die Hand! Wer von Ihnen noch nie versäumt hat, den Zehnten zu geben, heben Sie bitte die Hand! Wer niemals sonntags den Gottesdienst geschwänzt hat, heben Sie bitte die Hand! Wer niemals gelogen hat, heben Sie bitte die Hand! Wer niemals jemanden gehasst hat, heben Sie bitte die Hand. Wer niemals ehebrecherische Gedanken gehabt hat, heben Sie bitte die Hand. Meine Lieben, wir können niemals Gottes Niveau erreichen! Wir sind in genau derselben Situation wie das Kind in meiner Geschichte, das sich an der Mastspitze festklammert und versucht, nicht zu fallen. Aber das halten wir nicht lange durch. Gott hat uns einen neuen Weg geöffnet, den Weg des Evangeliums. Dieser Weg ist in der Bibel tief verborgen.

Meine Lieben, so wie Sie ein richtiges Glaubensleben haben möchten, so möchte Gott, so möchte der heilige Geist, so möchte Jesus heute Abend zu Ihren Herzen reden. Gottes Weg, der anders ist als Ihre Gedanken, ist in der Bibel verborgen. Wenn wir dieses Geheimnis verstehen, das in der Bibel versteckt ist, ist es sehr leicht, von der Sünde befreit zu werden. Für mich selbst ist es zu schwer, meine Sünden loszuwerden, aber es ist ganz leicht, mich von Gott von den Sünden reinigen zu lassen. Aus meiner eigenen Kraft die Sünde zu besiegen ist wirklich zu schwer. Aber durch Jesus ist das ganz leicht. Ich möchte Ihnen das gerne genau erklären und lese dazu folgenden Text aus 2. Kön. Kap. 7, Vers 1: **„Elisa aber sprach: Hört des Herrn Wort! So spricht der Herr: Morgen um diese Zeit wird ein Maß feinstes Mehl ein Silberstück gelten und zwei Maß Gerste ein Silberstück im Tor von Samaria."** Zur Zeit des Alten Testaments haben die Aramäer eines Tages die Israeliten in der Stadt Samaria angegriffen. So wie die Chinesen ihr Land durch die Chinesische Mauer geschützt haben, so war auch die Stadt Samaria ganz von einer Mauer umgeben zum Schutz gegen Feinde. In diesem Krieg zwischen Aramäern und Israeliten sah es so aus, als ob die Aramäer siegen würden, deshalb wurde das Stadttor verschlossen. Damals gab es ja keine Raketen und Bomben wie heute. Wenn also das Tor verschlossen war, gab es keine Möglichkeit mehr, in die Stadt zu gelangen. Die Aramäer belagerten die Stadt und warteten darauf, dass die Israeliten aufgeben würden. Da die Mauer nur die Stadt selbst umzog und nicht das Ackerland, konnten die Einwohner nicht die Felder bestellen, so dass nach einem Jahr eine Hungersnot ausbrach. Nach 2-3 Jahren wurde die Hungersnot ganz schlimm. Wie schrecklich diese Hungersnot war, kann man in dieser Geschichte daran erkennen, dass Mütter ihre eigenen Kinder aufaßen. Eine Frau machte ihrer Nachbarin den Vorschlag, heute deren Sohn zu kochen und zu essen und morgen ihren. Aber am anderen Tag versteckte sie ihr Kind, um es alleine zu essen. In solch schlimme Situation waren die Israeliten geraten. Aber eines Tages hat Gottes Knecht, der Prophet Elisa, zu den Israeliten gesagt: „Ein Maß feinstes Mehl wird ein Silberstück gelten und zwei Maß Gerste ein Silberstück". D. h. morgen werden die Nahrungsmittel in dieser Stadt sehr, sehr billig sein.

Wenn früher in Korea eine Hungersnot ausbrach, mussten sehr viele Menschen verhungern, weil es noch keine Transportmöglichkeiten gab. Damals gab es die Begriffe „Linsensuppenacker" und „Gerstensuppenacker". Das kam daher, dass manche Menschen für einen Teller Suppe einen ganzen Acker eintauschten. Die Älteren unter Ihnen, die diese Situation noch miterlebt haben, können verstehen, wie schlimm es damals in Samaria war.

In dieser Lage sagte Elisa, ein Maß feinstes Mehl würde morgen ein Silberstück kosten. Das konnte der Ritter des Königs nicht glauben und sagte: „Wenn der Herr Fenster am Himmel machte, wie könnte das geschehen?" Der Mann Gottes antwortete ihm: „Siehe, mit deinen Augen wirst du es sehen, doch du wirst nicht davon essen!"

In dieser Zeit lebten die Aussätzigen außerhalb der Stadt. Vor der Hungersnot brachten die Familienangehörigen ihnen jeden Tag Essen und Kleidung, aber jetzt hatten die Familien in der Stadt selber nichts zu essen. Deshalb mussten auch viele Aussätzige verhungern. Nur vier von ihnen waren übriggeblieben. Die Vier redeten untereinander: „Mein Freund ist gestorben, meine Neff ist gestorben. Wer ist als nächster dran? Du und ich, wir werden auch bald sterben. Sollen wir hier sitzen und auf den Tod warten?"

„Aber wenn wir in die Stadt gehen, kann uns auch niemand helfen, weil dort selbst alle hungern."

„Stimmt. Wenn wir hier bleiben, werden wir aber auch verhungern. Also gehen wir zu den Aramäern und geben auf! Lassen sie uns leben, so leben wir. Töten sie uns, so sind wir tot. Wir haben keine andere Chance!"

Sie machten sich auf zum Lager der Aramäer, hinkend und schlurfend, mit ausgezehrten und durch ihre Krankheit teilweise schon abgestorbenen Gliedern. Manchmal fielen sie auch hin, weil sie schon lange nichts gegessen hatten. Die Geräusche, die diese vier elenden Gestalten dabei machten, wandelte Gott in akustische Spezialeffekte um: Die Aramäer hörten „Getümmel von Rossen, Wagen und großer Heeresmacht". Sie dachten, die Israeliten hätten sich mit den anderen Königen gegen sie verbündet und ergriffen Hals über Kopf die Flucht. Sie hatten keine Zeit, die Pferde zu nehmen, sondern rannten einfach zu Fuß los. Als nun die vier Aussätzigen ankamen, war das Lager verlassen. Sie fanden Essen, Kleidung und allerlei Schätze überall verstreut. Wie werden sie sich gefühlt haben, als sie diese Fülle von Essen gesehen haben, nachdem sie so lange gehungert hatten?!

Meine Lieben, durch diese Geschichte zeigt Gott uns, wie er uns die lebendige geistliche Nahrung gibt und uns die Geheimnisse erkennen lässt - uns, die wir immer noch im Sterben liegen, obwohl wir viel über das Wort Gottes hören.

Normalerweise müsste man die Kraft aus der Nahrung bekommen. Die Menschen haben zwar das Wort gehört, aber sie bekommen keine Kraft. Ihr Glaube verwelkt, mischt sich mit der Welt und gerät unter die bösen Begierden. Diesen Zustand zeigt die Bibel durch diese Geschichte von den vier Aussätzigen. Sie zeigt auch, wie man aus dieser Situation befreit werden kann.

Ich bin am Nack-Dong-Fluss aufgewachsen, mein Vater hatte ein großes Erdnussfeld. Deshalb haben wir immer im Herbst viele Erdnüsse gegessen, manchmal gebraten, manchmal roh, manchmal gekocht oder mit Reis, oft auch als Lunchpaket mit in die Schule genommen, deswegen hatte ich viele Freunde. Erdnüsse schmecken sehr gut. Wenn man sie aber direkt aus der Erde ausgräbt und isst, schmecken sie nicht. Man muss erst ihre Schalen entfernen und nur die Kerne essen. Das ist dasselbe bei Pistazien, Walnüssen und Maronen. Warum sammeln Kinder im Herbst eigentlich Maronen? Sie sind doch stachelig, und wenn sie ihnen auf den Kopf fallen, tut es weh. Sie tun es, weil sie den Geschmack des Kernes kennen. Der Maronenkern schmeckt gut, aber die Schale ist stachelig. Was wird passieren, wenn man versehentlich die Schale isst? Man könnte an dem Tag wahrscheinlich nichts mehr essen. Meine Lieben, die Maronen schmecken sehr gut, aber nur der Kern, nicht die Schale. Mit dem Wort Gottes ist es dasselbe. Im Wort Gottes gibt es den Kern und die Schale, die den Kern umgibt. Wenn man den Kern des Wortes nicht kennt und nur die Schale kaut, dann kann man nicht anders als murren: „Man sagt zwar, dass das Wort Gottes gut schmeckt, aber mich macht es nur schläfrig."

Meine Frau schläft beim Autofahren immer ein (es wäre vielleicht besser, wenn ich aus meinem Auto ein Bett machen würde!). Ich reise mit meiner Frau oft lange Strecken mit dem Auto, und nach 5 km ist sie schon eingedöst. Ich bin früher auch oft eingenickt. Aber das war nicht beim Autofahren, sondern beim Lesen der Bibel. Es gibt einen Witz: Je mehr die Bibel verkauft wird, desto weniger Schlaftabletten werden verkauft. Man ist hellwach, aber sobald man die Bibel in die Hand nimmt, wird man so schläfrig, dass man nicht mehr weiß, ob man hebräisch oder griechisch liest. - Sie lachen, aber vielen von Ihnen geht es bestimmt genauso, nicht wahr? Warum schläft man beim Lesen der Bibel ein? Die Bibel ist doch der Liebesbrief Gottes an uns! Aber weil man den Geschmack des Kerns des Wortes nicht kennt und nur die Schale sieht, kann man nicht anders, als schläfrig zu werden. Das heißt: Weil man die geistliche Bedeutung nicht kennt, langweilt man sich, schlägt die Bibel zu und denkt: „Selig sind, die nicht wissen und doch glauben." Meine Lieben, lassen Sie uns nicht die Bibel zuschlagen und glauben, sondern lassen Sie uns die Bibel aufschlagen und glauben!

Ich bin Pastor Woo sehr dankbar dafür, dass er mich, einen geringen Mann, in diese Evangelisation eingeladen hat. Stellen wir uns mal vor, ich wäre nach dieser Evangelisation nach Seoul gefahren, wo ich zu Hause bin. Hier schreibe ich einen Brief an Pastor Woo: „Lieber Pastor Woo, ich danke dir, dass du mich in Busan so herzlich aufgenommen hast. Wie geht es eurer Gemeinde und deiner Familie? Uns geht es gut. Jetzt weht in Seoul der sanfte, laue Herbstwind, und die Chrysanthemen sind voll erblüht; der Himmel ist weit und strahlend blau. Am 30. Oktober hat meine Frau Geburtstag, und dazu laden wir dich und deine Familie herzlich ein. Wir rechnen damit, dass ihr bestimmt kommt!"

Pastor Woo liest den Brief. Seine Frau neben ihm fragt:

„Von wem ist der Brief?"

„Von Pastor Park aus Seoul."

„Was hat er geschrieben?"

„In Seoul sind die Chrysanthemen voll erblüht."

Hat das einen Sinn, wenn er so antwortet? Oder ein Gemeindemitglied fragt: „Was hat Pastor Park geschrieben?"

„In Seoul weht der Herbstwind." Diese Antwort trifft ebenfalls nicht den Kern des Briefes. Obwohl der Brief diese Mitteilungen über Herbstwind, Chrysanthemen und blauen Himmel auch enthält, sind sie nicht der Kern meines Briefes. Was ist der Kern dieses Briefes? Es ist die Einladung! Auch wenn man den Brief auswendig lernen würde, aber nicht erkannt hätte, welches der Kern ist, hätte man den ganzen Brief nicht verstanden.

So ist es auch mit der Bibel: Wenn man sie auswendig kann und die Theologie, z. B. Fundamentaltheologie, Exegese usw. beherrscht, aber den Inhalt, den Gott uns sagt, nicht erkennt, ist das genau so, als wenn man die Bibel gar nicht kennt. In der Bibel gibt es nicht nur Geschichten, sondern auch die Liebeserklärung Gottes an uns!

Stellen wir uns noch etwas vor: Ich besuche einen Bekannten nach einer langen Reise und bin hungrig. Er ist gerade bei der Kartoffelernte. Obwohl ich gerne Kartoffeln essen würde, kann ich aus Anstand nicht darum bitten. Ich sage:

„Oh, Sie haben eine gute Kartoffelernte!"

„Meinen Sie auch, Pastor?"

„Sie sehen sehr wohlschmeckend aus!"

„Ja, da haben Sie Recht!"

„Als ich noch klein war, habe ich auch gerne Kartoffeln gegessen."

„Oh wirklich? Ich auch! Unsere Kartoffeln sind wirklich gut, nicht wahr? Gehen Sie doch hinein und ruhen Sie sich von der langen Reise aus!"

Dieser Mann erkannte mein Herz nicht. Wenn ich auch nicht

direkt um Kartoffeln bitte - wenn ich sage „Diese Kartoffeln sehen wohlschmeckend aus" und „Ich mag Kartoffeln", muss er ein Gespür dafür haben, dass ich gerne Kartoffeln essen würde.

Wenn ein schüchterner junger Mann zum ersten Mal verliebt ist, kann er zu dem Mädchen nicht einfach sagen „Ich liebe dich". Aber das Mädchen kann das Herz des Jungen schon daran erkennen, wie er sich ihr nähert und herumdruckst.

Wenn Gott uns seine Liebe zeigen möchte, redet er durch Gleichnisse zu uns, damit wir ihn besser verstehen können. Denn wir verstehen normalerweise nicht den großen, weiten Willen Gottes. Aber selbst wenn wir die Bibel auswendig lernen würden, könnten wir nicht verstehen, was Gott uns sagen will. Es ist jedoch sehr wichtig, zu erkennen, worum es in den Geschichten der Bibel geht und warum Gott das geschrieben hat.

Meine Lieben, was sagt Gott uns durch die Geschichte, die wir heute Abend gelesen haben? Hier geht es darum, auf welchem Wege das Evangelium zu den Israeliten kam, die in Samaria eingeschlossen waren und ohne Hilfe von außen verhungert wären. Nun lassen Sie uns einmal annehmen, dass das nicht das Problem der Israeliten war, sondern unser Problem ist. Gibt es unter Ihnen jetzt jemanden, der sich in einer solchen Lage befindet, dass er kurz vor dem Sterben ist wie die Israeliten? Gibt es hier jemanden, der nicht vor Gott bestehen kann wegen seiner Sünde, obwohl er gesund, jung, klug, erfolgreich, gut ausgebildet und schön ist? Gibt es hier jemanden, der unter seinen Sünden leidet, weil er damit nicht alleine fertig werden kann, obwohl er fleißig in die Gemeinde geht, Bibel liest und betet? Für diesen Menschen gibt es keine andere Möglichkeit: Er muss sterben. Mit Sünde kann man nicht in den Himmel kommen, auch wenn man die Gemeinde besucht, den Zehnten gibt, Gottesdienst feiert und Gutes tut. Gott hat diese Welt geschaffen, auch den schönen Garten Eden. Aber seit die Sünde in die Welt gekommen ist, ist sie verdorben und der Sünde verfallen. Gott wird nie erlauben, dass die Sünde in den Himmel kommt.

Heute bin ich mit dem Flugzeug hierher geflogen. Als ich vor dem Flughafen Seoul auf den Parkplatz fahren wollte, wurde ich von einem Polizisten kontrolliert. „Öffnen Sie bitte Ihren Koffer!" Ich öffnete den Koffer, und er sah meine Bibel. „Sie dürfen parken." Als ich ins Flughafengebäude kam, wurde ich wieder kontrolliert. „Was ist in Ihrem Koffer drin?"

„Bücher."

„Sie dürfen weitergehen."

Beim Einsteigen ins Flugzeug gab es noch eine Kontrolle. Meine Lieben, wenn wir alle gut wären - warum müssen wir dann so oft kontrolliert werden? Vor kurzem gab es eine Terroraktion im Flughafen, und man weiß nicht, ob sich das wiederholt. Deshalb gibt es die vielen Kontrollen. So wie es diese Kontrollen im Flughafen gibt, so gibt es auch eine Kontrolle im Himmel. Durch die Kontrollen am Flughafen kommt niemand, der eine Bombe bei sich hat. Durch die Kontrolle im Himmel kommt niemand, der Sünde in sich hat. Wenn ein Sünder durchgehen will, piepst die Alarmanlage. „Du darfst nicht rein."

„Gott, ich habe den Zehnten gegeben."

„Trotzdem: Nein!"

„Ich habe anderen viel geholfen!"

„Nein!"

„Ich habe sehr viel gebetet!"

„Ich habe nein gesagt!"

„Ich war Leiter einer sozialen Einrichtung."

„Mein Nein ist endgültig!"

Bei dieser Kontrolle hilft gar nichts: Weder Bestechung noch gute Beziehungen noch Intelligenz noch vornehme Abstammung. Mit Sünden kann man niemals durchgehen!

Viele Menschen denken fälschlicherweise: „Weil ich so fest an Jesus glaube, wird er mich trotz meiner paar Sünden in den Himmel lassen. Weil Gott ein 'lieber Gott' ist und ich so inbrünstig an ihn glaube, wird er mir nicht verbieten, in den Himmel zu gehen." Verstehen Sie das bitte nicht falsch: Gott ist gerecht. Er verbietet allen Sündern ohne Unterschied, in den Himmel zu kommen. Deshalb hat Gott uns seinen Sohn geschickt, damit wir von der Sünde befreit werden können.

Ich frage oft die Leute, die in die Gemeinde kommen, ob sie Sünde haben, denn ich habe früher auch viel unter meinen Sünden gelitten. Der Grund, warum ich oft Gefängnisse besuche und dort evangelisiere, ist, dass ich denke, ich wäre ebenso wie diese Leute im Gefängnis gelandet, wenn es Jesus nicht gäbe. Ich predige vor diesen Gefangenen so: Ich bin nicht im Gefängnis gelandet. Aber das heißt nicht, dass ich besser bin als Sie. Und es heißt auch nicht, dass ich weniger Sünden begangen habe als Sie. Ich war ein böser und schlechter Mensch. Ich hatte sehr viele schlechte Gedanken in meinem Herzen. Nur durch Jesus ist es möglich, dass ich heute Abend hier vor Ihnen stehen kann. Ich habe früher tief in der Sünde gelebt. Oft habe ich die Zähne zusammengebissen und mir vorgenommen, nicht mehr zu sündigen. Aber das hat nicht geklappt. Von außen betrachtet war ich ein Mitglied der Jugendgruppe der Gemeinde, im Kirchenchor und Sonntagsschullehrer. Aber innerlich litt ich unter vielen Sünden, die andere nicht kannten. Ich fragte viele Pastoren: „Pastor, wie kann ich meine Sünden beseitigen?" „Tu Buße!" Ich habe Buße getan, aber das Problem meiner Sünde wurde nicht grundsätzlich gelöst.

In 1. Johannes Kapitel 1, Vers 9 steht: „**Wenn wir aber unsre Sünden bekennen, so ist er treu und gerecht, dass er uns die Sünden vergibt und reinigt uns von aller Ungerechtigkeit.**" Ich habe diesen Vers so verstanden: Wenn ich die Sünden, die ich begangen habe, einzeln bekenne, werden sie beseitigt. Später habe ich erkannt, dass das falsch ist. „Wenn wir aber unsre Sünden bekennen", so steht es in der Bibel, nicht wahr? Meine Lieben, was ist eigentlich die Sünde? Stehlen, lügen, töten, ehebrechen - ist das die Sünde? Auf keinen Fall, das ist nicht die Sünde!

Meine Lieben, was ist eigentlich Aussatz? Abgefaulte Finger, ausgefallene Augenbrauen, verformte Nase - ist das der Aussatz? Nein, das sind nur die Symptome und das Resultat des Aussatzes, nicht der Aussatz selbst. Meine Lieben, was ist eigentlich Typhus? Hohes Fieber, Haarausfall und Durchfall - ist das Typhus? Das ist nicht der Typhus, das sind nur die Symptome, wenn das Typhusvirus sich im Körper ausbreitet.

Genauso unterscheidet sich die Sünde von den Sünden. Wenn man eine Erkältung hat, hat man Husten und Schnupfen. Aber Husten und Schnupfen sind nicht die Erkältung selbst, sondern Symptome der Erkältung. Sünde und Symptome der Sünde sind etwas vollkommen anderes. Lügen, stehlen, hassen, töten, ehebrechen sind die Symptome der Sünde. Wenn man Sünde hat, treten solche Symptome auf. Dann, meine Lieben, hat der keine Sünde, der nicht stiehlt oder Ehebruch begeht? Nein, dieser hat Sünde, aber die Symptome sind eben nicht offensichtlich.

An vielen Stellen in der Bibel wird der Aussatz mit der Sünde verglichen. Man sagt über den Aussatz: Drei Jahre lang merkt der Betroffene selbst nichts, drei Jahre lang merkt es nur der Betroffene, drei Jahre lang merken es auch andere. Wenn also bei einem Mann Symptome des Aussatzes zu sehen sind - ist er dann von diesem Tag an aussätzig? Nein, er war schon ein

Aussätziger, aber erst jetzt ist die Krankheit sichtbar geworden. Bevor die Symptome sichtbar waren, war der Mann schon ein Aussätziger. Die Bibel sagt: Genauso sind Sie schon Sünder, obwohl Sie nicht stehlen, töten, ehebrechen oder andere hassen. Können Sie mir folgen? Einige unter Ihnen könnten sagen: Nenne mich nicht immer Sünder, Sünder!

Eines Nachts hat ein Mann mich angerufen:

„Pastor, ich möchte mit Ihnen sprechen."

„Gern, kommen Sie bitte."

Ich nannte ihm meine Adresse, und er ist gekommen und hat drohend zu mir gesagt:

„Pastor, ich bin gerade aus dem Gefängnis entlassen worden. Das war schon das neunte Mal! Bitte geben Sie mir Geld!"

Ich habe ihn gefragt:

„Wissen Sie, wer ich bin?"

„Sie sind ein Pastor, nicht wahr?"

„Was macht ein Pastor? Ist er jemand, der immer Geld gibt? Oder Essen?"

„Nein."

„Ein Pastor ist jemand, der geistliche Nahrung gibt. Setzen Sie sich, bitte! Es ist wichtiger, Ihnen geistliche Nahrung zu geben als Geld. Weil ein Pastor jemand ist, der Nahrung des Lebens gibt, hören Sie nur zu!"

Dann habe ich angefangen, ihm das Evangelium zu verkünden.

„Pastor, ich weiß darüber schon alles! Nennen Sie mich nicht immer Sünder, Sünder!"

„Ja, ich will Sie auch nicht Sünder nennen, aber Sie müssen von der Sünde befreit werden."

Alle Menschen sind von der Sünde gefesselt. Schlechte Taten wie Stehlen, Lügen, Ehebrechen, Töten sind nicht das eigentliche Problem. Die Eigenschaft, die uns zu diesen Taten führt, ist das Problem. Wenn wir hören, dass zwei Leute Schwierigkeiten miteinander haben oder jemand verleumdet wird, spüren wir eine heimliche Freude in uns. Wenn ein Cousin ein schönes Grundstück kauft, werden wir neidisch. Haben Sie nicht solche Gefühle? Wenn ja, haben Sie die Krankheit „Sünde". Wenn man Aussatz hat, fallen die Haare der Augenbrauen aus, die Finger faulen ab. Wenn man Typhus hat, bekommt man Fieber, und die Haare fallen aus. So ist es auch mit der Sünde: Wenn man diese Krankheit hat, wird man hassen, stehlen, töten und ehebrechen. Ist das die richtige Behandlung, wenn man bei Typhus nur das Fieber senkt und bei Aussatz einen Verband um den Finger wickelt, damit er nicht abfällt? Die Krankheit muss beseitigt werden!

Meine Lieben, die Sünde und die Früchte der Sünde sind ganz verschieden! Wenn Sie lügen, stehlen oder töten, sind das Früchte der Sünde und nicht die Sünde selbst. In der Bibel sind die Sünden und die Früchte der Sünde deutlich unterschieden. „Wenn wir unsre Sünden bekennen" sagt nicht, dass wir die Früchte der Sünde bekennen sollen, z. B. „Ich habe gestohlen", sondern wir sollen die Sünde bekennen.

Ich stelle Ihnen jetzt eine Frage: Ein Spion kann doch ein Bürger unseres Volkes werden, wenn er sich stellt, nicht wahr? Wenn ein Spion sich stellt, bekommt er von der koreanischen Regierung alles, was er zum Leben braucht. Nehmen wir mal an, ich wäre ein Spion. Ich bin zur Polizei gegangen, um mich zu stellen. Was muss ich sagen, wenn ich mich stelle? „Herr Polizist, ich wollte Eisenbahnschienen sprengen, einen hohen Politiker töten, Militärgeheimnisse ausspionieren. Bitte verzeihen Sie mir." Das ist nicht die richtige Methode, sich zu stellen, weil diese einzelnen Taten nur die Folge davon sind, dass ich ein

Spion bin. Um mich richtig zu stellen, muss ich bekennen: „Ich bin ein Spion." Erst dann kann ich von der Tatsache, ein Spion zu sein, befreit werden. Alle Taten, die ich in meiner Eigenschaft als Spion begangen habe, werden automatisch vergeben. „Ich bin ein Spion und bin mit diesem Befehl hierhergekommen." So stellt man sich als Spion. Genauso sollen wir uns als Sünder stellen: Nicht die Sünden, die Früchte der Sünde, sollen wir bekennen, sondern dass mein Dasein von Grund auf mit Sünde verknetet ist. Das ist das richtige Bekennen.

Im Alten Testament gab es König David. Eines Tages hat er mit der Frau eines Untertanen Ehebruch begangen. Um diese Sünde zu verbergen, ließ er diesen Untertanen töten. Weil er darunter sehr gelitten hat, hat er vor Gott bekannt. Wissen Sie, was er bekannt hat? „Lieber Vater, eines Tages machte ich auf dem Dach einen Spaziergang. Von dort aus habe ich eine schöne Frau gesehen. Weil sie so schön war, wurde ich verrückt. Ohne groß nachzudenken habe ich sie geholt und mit ihr geschlafen. Sie wurde schwanger. Schluchz, schluchz." Hat David wirklich so bekannt? Lesen Sie Psalm 51, Vers 7. David hat nicht so bekannt! **„Siehe, ich bin als Sünder geboren, und meine Mutter hat mich in Sünden empfangen."** Er hat nicht bekannt, dass er diese und jene Sünde begangen hat, sondern dass er ein Mensch ist, der von Grund auf nicht anders kann als zu sündigen. Das bedeutet, dass er ein Mensch ist, der mit der Sünde verknetet ist wie ein Teig.

Meine Lieben, es ist ein großer Unterschied, ob man die Früchte der Sünde bekennt oder den Grund der Sünde! Wenn mich jemand fragt: „Können Sie Auto fahren?" „Ja, aber ich kann nicht blinken, ich kann nicht gut starten, ich kann nicht gut die Spur wechseln, ich kann nicht Kurven fahren, auf der Autobahn kann ich auch nicht gut fahren." Das sagt man doch nicht, sondern wer nicht Auto fahren kann, sagt: „Ich kann nicht Auto fahren", nicht wahr? Wenn man alles andere gut kann, nur nicht blinken, sagt man: „Ich kann nicht gut blinken." Wenn man sagt: „Ich kann nicht gut bremsen", bedeutet das, dass man die anderen Dinge gut kann.

Mit der Sünde ist es genauso. Wenn Sie nur gelogen, aber keine andere Sünde begangen haben, können Sie sagen: „Ich habe gelogen", dann ist das so richtig. Und wenn Sie keine andere Sünde begangen, aber jemanden gehasst haben, können Sie sagen: „Ich habe gehasst." Dann ist das ebenfalls richtig, verstehen Sie? Aber weil wir voller Sünde sind, von Grund auf ein Baum der Sünde sind, Abkömmlinge der Sünde und der Samen der Sünde sind, ist es uns unmöglich, nicht zu sündigen, auch wenn wir uns selbst rein halten wollen. Deshalb brauchen wir ein anderes Herz, das nicht sündigt. Meine Lieben, diejenigen, die wirklich glauben, haben schon gemerkt, dass es unmöglich ist, nicht zu sündigen, auch wenn wir uns bemühen. Aber diejenigen, die nur oberflächlich glauben, meinen: „Wenn ich mich bemühe, kann ich es schaffen, nicht zu sündigen." Wer versucht hat, nicht zu sündigen und Gott mit ganzem Herzen zu dienen, dann aber merkt, dass er das nicht schaffen kann, gibt auf und sagt: „Ich kann nicht mehr." Dieser Zustand ist in 1. Joh. 1, 9 beschrieben.

Weil wir als Sünder geboren sind, werden all unsere Sünden vergeben, sobald wir von unserem „Sünder-Sein" befreit sind. Wenn z. B. ein Spion aus Nordkorea sich in Südkorea stellt, wird man dann zu ihm sagen: „Dass du Spion warst, ist dir vergeben, aber der Geheimnisverrat kann nicht vergeben werden"? Oder wird man sagen: „Dass du Spion warst, ist dir vergeben, aber das Attentat kann dir nicht vergeben werden"? Nein; wenn ihm vergeben wurde, dass er Spion war, ist auch automatisch alles vergeben, was er in dieser Eigenschaft getan hat! Der Vers 1. Johannes 1, 9 bedeutet nicht, dass wir bekennen sollen, was wir im Einzelnen begangen haben, also die Früchte der Sünde, sondern wir sollen uns Gott anvertrauen, indem wir sagen: „Mir ist alles unmöglich, weil ich von Grund auf ein Sünder bin. Herr, rette mich!" Dann wird der Herr dieses Problem lösen.

Weil viele Menschen diesen Vers missverstehen, bekennen sie ständig ihre einzelnen Sünden. Einige Leute schreiben ihre Sünden auf ein Blatt Papier und werfen es ins Feuer, weil sie die richtige Methode der Sündenvergebung nicht kennen. Wo steht ein Vers in der Bibel, der besagt, dass die Sünden vergeben werden, wenn man sie aufschreibt und verbrennt? Die Menschen, die wegen ihrer Sünden ängstlich sind, kann man leicht mit dem falschen Versprechen der Sündenvergebung locken. Heutzutage belügen viele religiöse Führer so ihre Gemeindemitglieder. Früher versprach die römisch-katholische Kirche den Sündern die Sündenvergebung durch den Kauf von Ablassbriefen. Dabei nutzte sie den ehrlichen Wunsch, gerettet zu werden, aus. Das wissen wir ganz genau. Diese Beispiele zeigen, dass die Gemeindemitglieder nicht genau Bescheid wissen über die Sündenvergebung, sondern sich einfach bemühen, Gott zu glauben.

Meine Lieben, ich weiß nicht, wieviele Jahre Sie Ihre Gemeinde schon besuchen, aber wissen Sie genau, wie man von der Sünde befreit werden kann? Wissen Sie auch, wie Ihre Sünde weiß wie Schnee werden kann? Es ist nicht so, dass Sie einfach an Jesus glauben und dann von der Sünde befreit sind! Die Sünde muss vollkommen getilgt werden. „Happy day, happy day*, when

---

* Pastor Park singt hier eine Zeile des bekannten Gospelsongs. Übersetzt: Glücklicher Tag, glücklicher Tag, als Jesus alle meine Sünden weggewaschen hat.

Jesus washed all my sins away."

Sie brauchen unbedingt diesen Tag, an dem Ihre Sünden weggewaschen wurden. Wenn Sie diesen Tag nicht haben, kann die Kraft des heiligen Geistes nicht in Ihnen sein, weil zwischen Ihnen und Gott der dunkle Schatten der Sünde steht. Weil Sie den heiligen Geist nicht haben, bemühen Sie sich selbst, ein gutes Glaubensleben zu führen. Ich litt sehr unter meinen Sünden. 1962 habe ich durch die Gnade Jesu Christi die Sündenvergebung bekommen. Meine Sünde ist vergeben. Seit diesem Tag ist Jesus immer bei mir. Wenn ich auch öfter wackelig und schwach war - Jesus war nie wackelig und schwach. Dadurch konnte ich von Tag zu Tag ein glücklicheres Glaubensleben führen. Jetzt lebt Jesus in mir. Selbst wenn ich eine Person bin, die nicht anders kann als zu sündigen, tut Jesus alles, weil ich mich ihm anvertraut habe.

Ich habe einen Sohn, der in die 6. Klasse geht. Er möchte gern alles tun, was der Vater tut. Im letzten Winter hatten wir viel Schnee, und wir mussten die Reifen wechseln. Ich sagte zu meinem Sohn: „Wechsele du die Reifen!" „Ja, sehr gerne!" Er hat die Reifen wirklich gut gewechselt, wenn ich auch hinterher die Schrauben noch etwas nachziehen musste. Nun hat mein Sohn gedacht: „Weil ich die Reifen gut wechseln kann, kann ich auch Auto fahren."

„Papa, darf ich fahren?"

„Nein!"

„Papa, nur einmal!"

Ich vermute, für meinen Sohn sieht das Autofahren ganz einfach aus, weil es für den Papa so leicht ist. Er denkt, er könnte gut Auto fahren, aber ich kann ihn natürlich nicht ans Steuer lassen, weil er noch gar nicht Auto fahren kann.

Das ist ein Beispiel dafür, wie falsch wir uns einschätzen:

Wir denken, wir schaffen es, nicht zu sündigen, wenn wir uns darum bemühen. Meine Lieben, der einzige Weg, die Sünde zu besiegen, ist, von der Sünde besiegt zu werden. Nur dann kann die Sünde besiegt werden. Gott hilft nur jemandem, der bekennt, dass er die Sünde nicht besiegen kann, weil er nicht anders kann als zu sündigen. Aber Gott kann niemals jemandem helfen, der sich bemüht, die Sünde zu besiegen. Deshalb müssen wir zuerst von der Sünde besiegt werden. Das ist genau so: Wer sein Leben behalten will, wird es verlieren, und wer sein Leben aufgibt, wird es gewinnen. Und wer gibt, ist noch seliger als der, der nimmt.

Die Zeit ist zwar schon weit vorangeschritten, aber ich möchte Ihnen doch noch ein Beispiel geben: Es gab einen Häuptling in Afrika. Der sah eines Tages die Kinder mit einem Gepardenbaby spielen.

„Kinder, was ist das?"

„Ein Gepardenbaby. Unser Vater hat es im Dschungel gefangen."

„Nein! Nicht mit dem Geparden spielen!"

„Aber dieser Gepard ist anders!"

„Wie anders?"

„Seit er gefangen wurde, hat er nur Suppe gegessen, kein Stück Fleisch, deshalb ist er ganz zahm!"

„Nein, wenn er auch jetzt zahm ist - wenn er ausgewachsen ist: Gepard ist Gepard! Deshalb müssen wir ihn töten."

„Nein, Häuptling, dieses Gepardenbaby ist wirklich ganz zahm, sieh mal!"

Weil die Kinder ihn so sehr baten, ließ er ihnen ihren Willen. Der Gepard wuchs wirklich ganz zahm auf, weil er ganz ohne Fleisch ernährt wurde. Die Kinder spielten mit ihm und konnten sogar auf ihm reiten. Sie hatten auch keine Angst im Dschungel, weil sie mit dem Geparden zusammen waren. „Es ist doch wirklich schön, mit dem Geparden zu spielen, der Häuptling war viel zu ängstlich! Solange wir ihm kein Fleisch geben, wird er so zahm bleiben."

Nun war der Gepard ausgewachsen. Eines Tages sind drei Kinder wie immer mit ihm in den Dschungel gegangen. Aber diesmal passierte ein Unfall: Ein Kind rutschte einen Abhang hinunter und schrie. Die beiden anderen Kinder liefen zu ihm, mussten aber einen Umweg machen. Der Gepard aber kletterte den Abhang hinunter und erreichte das Kind eher als die beiden Kinder. Er sah das verletzte Knie und fing an, die blutende Wunde zu lecken. Einmal, zweimal, schließlich hat er das Blut gesaugt. Seine Augen fingen an zu glänzen. Mit seinen scharfen Krallen hat er das Kind zerrissen und gefressen, ebenso auch die beiden anderen Kinder, die später dazukamen. Gepard ist Gepard: Äußerlich zahm, kann er doch seine wilde Natur nicht leugnen. Wenn diese wilde Natur auch lange verborgen bleibt - irgendwann kommt sie zum Ausbruch. Obwohl Sie nett und unschuldig aussehen, haben auch Sie wie alle Menschen die Sünde in sich, die unsere Natur ist! Gott sagt, diese unsere Natur muss mit der Wurzel ausgerissen werden; nicht nur das, was offensichtlich ist wie Stehlen und Lügen. Jesus ist gekommen, um uns nicht nur die Sünden, die wir begehen, zu vergeben, sondern um uns zu befreien von dieser Natur. Jesus ließ sich kreuzigen und vergoss sein Blut, um uns von der Sünde zu befreien. Sie sagen zwar, Sie glauben an Gott, aber wenn Sie noch nicht von der Sünde befreit sind, sind Sie immer noch Knechte der Sünde. Sie müssen immer weiter gegen die Sünde kämpfen und unter ihr leiden.

In dem Text 2. Könige 7, 1 sagte der Knecht Gottes, dass

morgen um diese Zeit ein Maß feinstes Mehl ein Silberstück und zwei Maß Gerste ein Silberstück kosten würde im Tor von Samaria, und Gott würde morgen den Weg der Rettung zeigen. Aber der Ritter des Königs, der dies hörte, sagte: „Ach, Quatsch! So ein Unsinn! Selbst wenn der Herr Fenster am Himmel machen würde, wie könnte so was passieren? Jetzt sind wir alle am Verhungern, wie könnte in einem Tag genügend Essen vor uns stehen?" Der Knecht Gottes sagte darauf: „Du wirst es zwar sehen, aber nichts davon essen!"

Meine Lieben, heute Abend möchte ich über dieses Thema mehr erzählen. Bitte, schenken Sie mir Ihre Aufmerksamkeit! Wenn Sie Veränderung in Ihrem Glauben haben möchten, die Sündenvergebung haben möchten, wiedergeboren werden möchten, müssen Sie ein bestimmtes Herz haben: Wenn wir das Wort Gottes hören - wie hören wir es? „Morgen um diese Zeit wird es im Tor Samarias genügend Essen geben." Für den Ritter ging das über seinen Verstand. Das ist eine unsinnige Ankündigung, die über unsere Vorstellungskraft und unseren Verstand hinausgeht. Aber weil Gott größer, weiser, mächtiger ist als wir, können wir ihn nicht ganz verstehen. Als Jesus in dieser Welt predigte, hat er nicht nur Dinge gesagt, die in unseren Ohren gut klingen (ich schäme mich als Pastor, weil die Leute meine Predigten gerne hören!). Viele von denen, die Jesus' Predigt hörten, konnten nicht bis zum Ende zuhören, weil sie die Worte nicht ertragen konnten. Sie schrien: „Tötet ihn!"

Eines Tages predigte Jesus in Kapernaum. Alle, die ihn hörten, wurden zornig und wollten Jesus einen Berg hinabstürzen. Auch als Gottes Knecht Stephanus predigte, konnten die Menschen die Worte nicht ertragen. Sie schrien, hielten sich die Ohren zu, gingen auf ihn los und steinigten ihn. Als Paulus predigte, war es ganz ähnlich.

1. Die vier Aussätzigen

Das echte Wort Gottes ist fast immer anders als unsere Gedanken. Wenn wir das Wort Gottes hören, möchten wir annehmen, was mit unseren Gedanken übereinstimmt, aber was anders ist als unsere Meinung, das lehnen wir ab. Wenn wir beim Hören einer Predigt anfangen zu sieben: „Ja, das ist richtig, diese Predigt ist wirklich schön!" und „Ach, so ein Unsinn!", dann können Gottes Werke in uns niemals geschehen. Die Weisheit Gottes geht weit über unsere Weisheit hinaus. Gottes Kraft geht weit über unsere Kraft hinaus. Denn was von Gott kommt, kommt nicht von der Welt. Was von Gott kommt, ist ganz anders als das, was von der Welt kommt. Wir sagen: „Auch wenn Gott im Himmel ein Fenster machen würde - wie könnte es geschehen?", weil unser Verstand nicht ausreicht, um es zu begreifen. Ich predige jetzt. Wenn meine Predigt mit Ihren Gedanken übereinstimmt, werden Sie sagen: „Ja, richtig! Pastor Park hat Recht. Das ist aber eine segensreiche Predigt!" Aber wenn meine Predigt nicht mit Ihrem Herzen übereinstimmt, sagen Sie: „Obwohl das auch das Wort Gottes ist..." „Stimmt, aber..." Denken Sie nicht auch so? Wenn Sie das Wort nicht annehmen, das nicht mit Ihren Gedanken übereinstimmt, kann Gott nicht in Ihnen arbeiten.

Also: Es gibt hier vier Aussätzige am Tor Samarias. Der Ritter glaubt nicht an das Wort Gottes. Wen kann Gott benutzen für seine Werke, nämlich dass am anderen Tag genügend Essen in der Stadt sein wird? Gott hat die vier Aussätzigen gewählt, weil sie hoffnungslose Menschen waren.

Jesus ist unsere Hoffnung. Ist er Hoffnung für uns alle? Ja, Jesus ist Hoffnung für uns alle, aber genau gesagt: Jesus ist die Hoffnung für Hoffnungslose. Für diejenigen, die noch andere Hoffnung haben, kann Jesus nicht die Hoffnung sein.

41

Für diejenigen, die glücklich sind, kann es nicht Glück bedeuten, an Jesus zu glauben. Für die Hoffnungslosen wird Jesus ihre Hoffnung, für die Weinenden wird er der Trost, für die Leidenden wird er der mächtige Herr, der sie befreit. Warum hat Gott für die Rettung der Samariter vier Aussätzige benutzt? Diese vier Aussätzigen sind aus weltlicher Sicht wirklich hoffnungslos.

Heute Abend wird die Rettung nicht zu denen unter Ihnen kommen, die denken: „Mein Glaubensleben ist in Ordnung", sondern zu denen, die nicht stolz sind auf ihren Glauben, die denken: „Ich bin nicht von meiner Sünde befreit, ich bin nicht wiedergeboren, ich bin wirklich unmöglich, ich habe verdient, verdammt zu werden."

Sie erinnern sich an die Geschichte, die ich vorhin erzählt habe? Wenn dieser Junge selbst von dem Mast hätte herunterklettern können, hätte der Vater ihm nicht diesen Weg der Rettung zeigen müssen. Als der Junge keinen Ausweg mehr sah und keine eigene Kraft mehr hatte, wurde sein Vater die Rettung für ihn. Der Vater rettete ihn aber nach seiner Methode und nicht nach der seines Sohnes: „Wirf deine Methode weg und spring!" Das ist die Methode des Vaters. Die Methode des Jungen war „Festhalten", die Methode des Vaters war „Loslassen", sie waren also das genaue Gegenteil. Die Methode des Jungen und die des Vaters konnten nicht gleichzeitig angewendet werden. Bitte werfen Sie Ihre Methode weg und nehmen Sie Jesu Methode an! Dann können Sie heute Abend vom heiligen Geist geführt werden.

Einmal leitete ich eine Evangelisation in einer Kirche in einem Dorf für Aussätzige. In dieser Kirche hatte der berühmte Pastor Son, Yang-Won gearbeitet. Dessen Sohn wurde im Koreakrieg von einem kommunistischen Soldaten getötet. Pastor Son rettete diesen Soldaten später vor dem Tod und adoptierte ihn. Er lebte wie ein Heiliger, gründete das Lepradorf und behandelte dort viele Aussätzige, indem er z. B. den Kranken mit dem Mund den Eiter aus den Wunden saugte.

Zu dieser Evangelisation waren auch so viele Menschen gekommen wie heute, und ich habe ebenfalls über die Sündenvergebung gepredigt. Sie hatten Aussatz in ihrem Körper, aber noch bedauerlicher war, dass sie die Krankheit der Sünde in ihrem Herzen hatten. Nach der Predigt habe ich eingeladen: „Wer von der Sünde befreit werden will, soll bitte nach vorne kommen." Einige hundert Leute sind gekommen. An diesem Abend haben viele die Sündenvergebung empfangen und weinten vor Freude. Als ich das sah, wurde mir ganz warm ums Herz.

Jesus ist gekommen, um uns von der Sünde zu befreien. Jesus will aus uns nicht nur Kirchgänger machen. Er will uns nicht nur zu Konfirmierten machen. Jesus ist nicht gekommen, um uns nur zu Diakonen oder Ältesten zu machen. Jesus ist gekommen, um unsre Sünde zu beseitigen. Nur wer von der Sünde befreit ist, ist in Jesus Christus.

Die vier Aussätzigen sahen keinen Ausweg und überlegten: „Wenn wir weiter hier bleiben, werden wir verhungern. Von der Stadt haben wir kein Essen zu erwarten."

„Die Leute in der Stadt sind selber am Verhungern. Wir haben keine Hoffnung. Wie können sie uns zu essen geben, wenn sie schon ihre eigenen Kinder essen?"

„Ich kann mich nicht erinnern, wann ich das letzte Mal etwas zu essen hatte."

„Es ist sehr lange her."

„Bevor ich an Lepra erkrankte, war ich ein Farmer. Das war eine gute Zeit, wir hatten reichlich Kartoffeln, Reis usw. zu essen..."

„Ach, hör auf, erzähle nichts mehr übers Essen, ich bekomme sonst noch mehr Hunger!"

So haben sie über ihr Schicksal geklagt und auf den Tod gewartet. Aber einer von ihnen sagte: „Wir können nicht nur hier sitzen und auf den Tod warten, lasst uns einen Weg suchen zum Überleben, egal welchen!"

„Wie denn?"

„Gibt es doch einen Ausweg? Ich denke nein."

„Wir sterben sowieso, ob wir in die Stadt gehen oder hier bleiben. Sollen wir zu den Aramäern gehen und uns ergeben?"

„Was?? Bloß nicht das! Wie können wir uns dem Feind ergeben!"

Es ist eine schreckliche Vorstellung, sich dem Feind zu ergeben. Aber es gibt keinen anderen Weg. Um sich dem Feind zu ergeben, muss man sein ganzes Denken umstellen. Sich zu ergeben bedeutet, seine Meinung zu ändern, seine Methode zu wechseln.

Die vier Aussätzigen haben sich für eine neue Methode entschieden (obwohl sie gefährlich aussah), weil sie mit der alten Methode keinen Erfolg hatten. Nun, Gott sucht solche Menschen! Wenn Sie Gott suchen, müssen Sie die neue Methode anwenden, weil Ihre eigene Methode versagt. Die vier Aussätzigen stehen jetzt vor einem ganz neuen Weg, an den sie bisher überhaupt nicht gedacht hatten: „Wenn wir weiter hier bleiben, sterben wir sowieso. Deshalb lasst uns dorthin gehen, obwohl es gefährlich ist. Denn dort könnte es eine Chance geben."

Gott segnet diesen Weg überraschenderweise. Meine Lieben, bleiben Sie nicht unterm Apfelbaum sitzen, bis Ihnen ein Apfel in den Mund fällt! Stattdessen sagen Sie: „Gott, ich bin wirklich ein Sünder, der nur verdammt werden kann. Bitte öffne mir Deinen Weg!" Heute Abend erzähle ich, welches Verhalten dazu führt, die Sündenvergebung zu empfangen: Ich muss meine Methode und meinen Weg wegwerfen und mein Herz dem neuen Weg, den Gott geöffnet hat, zuwenden und einen Schritt darauf tun.

Viele Leute, die zu Jesus kamen, haben ihre Gedanken geändert. Zachäus war so, die Ehebrecherin und die samaritische Frau. Aber diejenigen, die ihre Gedanken nicht geändert haben, als sie zu Jesus kamen, haben ihn kritisiert und verfolgt.

Meine Lieben, bitte bemühen Sie sich nicht, gut zu sein in der Gemeinde! Zuerst müssen Sie Ihre Gedanken ändern. Wenn Sie weiter die Gemeinde besuchen, ohne dass Sie Ihren Willen brechen und Ihre Gedanken ändern, dann werden Sie nur zu Kirchgängern. Naaman ist zu Elisa gegangen, um vom Aussatz geheilt zu werden. Elisa sagte: „Wasche dich siebenmal im Jordan." Naaman wurde daraufhin zornig und sagte: „Ich bin doch Feldhauptmann. Ich dachte, Elisa würde zu mir kommen, seine Hände auflegen und den Namen Gottes anrufen und meinen Aussatz heilen. Was soll das - siebenmal im Jordan waschen?" Er wollte wütend zurückgehen.

Wenn man seine Gedanken nicht aufgibt, ist es so wie bei Naaman. Unter den Leuten, die zu Jesus kamen, gab es viele, die traurig zurückgingen. Einige haben von Jesus die Sündenvergebung empfangen, aber einige sind Jesus nur kurz gefolgt und dann traurig zurückgegangen, wieder andere sind murrend zurückgegangen, manche haben Jesus auch verfolgt, weil sie alle ihre eigenen Gedanken nicht weggeworfen haben.

Die vier Aussätzigen haben ihre eigenen Gedanken, ihre eigene Methode aufgegeben und einen Schritt auf dem neuen Weg gemacht. Weil sie krank, hungrig und erschöpft waren, stolperte einer von ihnen über einen Stein oder eine Baumwurzel und fiel hin.

„Ach, wenn ich mich doch satt essen könnte - und wenn es nur im Traum wäre! Aber ich kann nicht mehr!"

„Nein, wir sind Freunde und bleiben zusammen. Steh auf!"

„Wenn ihr mich mitnehmt, werdet ihr noch müder!"

„Nein, wir bleiben zusammen, ob wir leben oder sterben."

„Aber ich kann doch nicht mehr weiter!"

„Nein, wir gehen zusammen, auch wenn wir alle sterben! Wenn wir das Essen wenigstens einmal sehen könnten...!"

Stolpernd machten sie Schritt für Schritt zum Lager der Aramäer. Aber sie waren nicht allein. Gott hat in ihren Schritten gearbeitet. Er verwandelte alle Geräusche, die durch das Hinfallen, Stolpern, Schlurfen entstanden sind, in großen Lärm, ähnlich wie beim Radio die akustischen Effekte. Dieser Lärm hörte sich für die Aramäer so an, als ob viele Soldaten mit Pferden, Wagen und Waffen auf sie zukämen.

Meine Lieben, ich glaube fest, wenn Sie heute Abend Ihre Gedanken für Gott wegwerfen und einen Schritt auf ihn zu tun, kann dieses Wunder Ihr persönliches Wunder werden! Bitte, werfen Sie Ihre Meinung weg! Bitte, werfen Sie Ihre Gedanken weg! Vor Jesus muss sich jeder verleugnen. Bitte, werfen Sie alles weg, was Ihrer Meinung nach gut an Ihnen ist! Sagen Sie bitte nicht: „Ich bin Pastor." „Ich bin getauft." „Ich bin von Geburt an ein Christ", sondern „Ich habe es verdient zu sterben, bitte rette mich!" Tun Sie bitte nicht, als ob Sie kein Sünder sind, obwohl Sie Sünde in Ihrem Herzen haben. Es ist nicht so, dass Sie kein Sünder sind, wenn Sie nicht sündigen. Wenn die Gelegenheit kommt, wird die Sünde aufgedeckt. Vor meiner Predigt hat ein Pastor sein Zeugnis gegeben: Während er Theologie studierte, schien er ein guter Christ zu sein. Aber kaum war er zum Wehrdienst eingezogen, brach die Sünde aus ihm hervor. Die Sünde muss sichtbar werden, wenn die Bedingungen dafür erfüllt sind. Ich hoffe, dass Sie heute Abend einen neuen Schritt tun. Es warten auf Sie das Leben, ausreichende Nahrung, geistliche Kleidung, auch wenn Ihre Schritte müde und schwach sind. Diejenigen, die all diese Dinge schon geschmeckt haben, können nicht mehr schweigen. Sie werden verwandelt und können nicht mehr anders als zu evangelisieren bei denen, von denen sie verfolgt, blamiert und verachtet wurden.

Meine Lieben, als ich mit meiner Arbeit als Pastor begonnen habe, war es sehr schwer. Ich habe in Daegu eine Gemeinde gegründet. Damals war ich arm und hungrig und hatte viele Schwierigkeiten. Wissen Sie, wie ich all diese Schwierigkeiten überwunden habe? Damals wusste ich über andere Dinge nichts, deshalb habe ich jeden, der in die Gemeinde kam, gefragt: „Ist Ihre Sünde vergeben? Steht keine Mauer zwischen Gott und Ihnen? Gott sagt: **„Siehe, des Herrn Arm ist nicht kurz, dass er nicht helfen könnte, und seine Ohren sind nicht hart geworden, so dass er nicht hören könnte, sondern eure Verschuldungen scheiden euch von eurem Gott,...“** Ist diese Mauer, die zwischen Gott und Ihnen steht, schon abgerissen?“ Natürlich wollten die Leute so etwas nicht hören. Einige haben negativ reagiert: „Warum will er das so genau wissen?“ Aber einige haben meine Frage ernsthaft angenommen: „Ich habe viele Sünden, mir ist noch nicht vergeben.“ Diesen habe ich das Evangelium verkündet und den Weg zur Sündenvergebung erklärt: Wie David die Sünde vergeben wurde, als er mit Urias Frau Ehebruch beging, wie Daniel den Israeliten die Sündenvergebung erklärte usw. Ich habe den Weg zur Sündenvergebung anhand der Bibel ausführlich erklärt. Ich habe von 1. Mose bis zur Offenbarung alles genau durchforscht nach der Sündenvergebung. Die Heilung von Aussatz ist auch eine Geschichte über die Sündenvergebung. Gott erzählt, wie Naaman von Aussatz geheilt wurde, um den Weg zur Sündenvergebung zu zeigen. Einige haben demütig die Sündenvergebung angenommen, als sie von dem Weg hörten, der in vielen Bibelstellen beschrieben ist. Obwohl ich hungrig war und viele Schwierigkeiten hatte, konnte ich mit Freude all diese Probleme überwinden, wenn ich sah, dass einer nach dem andern von der Sünde gerettet wurde.

Wenn Sie als Blinddarmpatient in meine Klinik kämen, würde ich nicht nur Ihren Bauch mit Jod einreiben und Ihnen Schmerztabletten geben, der Blinddarm muss operiert werden. Ebenso kann ich nicht vor Ihren Sünden nur die Augen zumachen. Ich denke, dass Sie in Ihrem Leben nicht viele Chancen haben wie heute. Ich möchte nicht, dass Sie heute Abend einfach so nach Hause gehen. Sind Sie ein konfirmierter Christ? Sind Sie Diakon? Sind Sie Ältester? Sind Sie Mitglied des Kirchenchors? Sind Sie Kindergottesdienstlehrer? Wenn Ihre Sünde nicht vergeben ist und Sie nicht von der Sünde befreit sind, haben Sie trotzdem keine Beziehung zu Gott!

An jenem Tage werden viele vor Gott stehen und sagen: „Herr, Herr, wir haben in deinem Namen geweissagt und böse Geister ausgetrieben." Dann wird Gott sagen: „Ich habe dich noch nie gekannt." Alles, was Sie Gutes getan haben, hat keinen Bestand. Aber wenn Ihre Sünde vergeben ist und Jesus in Ihnen ist, wird alles verändert. Ein Mitglied meiner Gemeinde war lange spielsüchtig, er ist fast verrückt geworden dadurch. Er konnte nicht aufhören, obwohl er es versuchte. Aber sobald er von der Sünde gerettet war, wurde er automatisch von der Spielsucht befreit. Wie kommt das? Da Jesus kein Spielsüchtiger ist, kann Jesus' Herz nicht mit dem Herzen des Spielsüchtigen zusammenbleiben. Als Jesus kam, wurde das Herz, das immer spielen musste, hinausgestoßen. Kann Jesus hinausgestoßen werden durch das Spielerherz? Nein, mitnichten! Eine Schwiegertochter hasste ihre Schwiegermutter. Darunter hat sie sehr gelitten. Aber nachdem sie wiedergeboren war, ist das hassende Herz geflohen. Wie kommt das? Weil es keinen Hass in Jesus Herz gibt, musste das hassende Herz fliehen.

Wenn Sie einmal von der Sünde befreit sind und Jesus in Ihnen ist, werden solche Dinge Sie verlassen. Sie werden verändert werden. Wenn Jesus in Ihnen ist, werden Sie automatisch so verändert werden, dass Sie sich nicht mehr aus eigener Kraft bemühen, nicht zu sündigen. Darum möchte ich, dass Sie von der Sünde befreit werden. Wenn Sie wirklich von der Sünde befreit sind, kommt Jesus in Ihr Herz. Sie brauchen nicht mehr weinend zu beten und zu schreien: „Heiliger Geist, komm zu mir!" Wegen der Sünde kann der heilige Geist nicht zu Ihnen kommen, obwohl er möchte. Wenn die Sünde beseitigt ist, werden Sie noch heute Abend vom heiligen Geist erfüllt werden!

Meine Lieben, ich wünsche mir, dass Sie alle durch diese Evangelisation gerettet werden, ohne Ausnahme!

2
Jakob und Esau

Zuerst lese ich in der Bibel. Im Alten Testament lese ich 1. Mose 27, 1-23:

„Und es begab sich, als Isaak alt geworden war und seine Augen zu schwach zum Sehen wurden, rief er Esau, seinen älteren Sohn, und sprach zu ihm: Mein Sohn! Er aber antwortete ihm: Hier bin ich. Und er sprach: Siehe, ich bin alt geworden und weiß nicht, wann ich sterben werde. So nimm nun dein Gerät, Köcher und Bogen, und geh aufs Feld und jage mir ein Wildbret und mach mir ein Essen, wie ich's gern habe, und bring mir's herein, dass ich esse, auf dass dich meine Seele segne, ehe ich sterbe. Rebekka aber hörte diese Worte, die Isaak zu seinem Sohn Esau sagte. Und Esau ging hin aufs Feld, dass er ein Wildbret jagte und heimbrächte. Da sprach Rebekka zu Jakob, ihrem Sohn: Siehe, ich habe deinen Vater mit Esau, deinem

reden hören: Bringe mir ein Wildbret und mach mir
n, dass ich esse und dich segne vor dem Herrn, ehe ich
sterbe. So höre nun, mein Sohn, auf mich und tu, was ich dich
heiße. Geh hin zu der Herde und hole mir zwei gute Böcklein,
dass ich deinem Vater ein Essen davon mache, wie er's gerne
hat. Das sollst du deinem Vater hineintragen, dass er esse, auf
dass er dich segne vor seinem Tod. Jakob aber sprach zu seiner Mutter Rebekka: Siehe, mein Bruder Esau ist rau, doch ich
bin glatt; so könnte vielleicht mein Vater mich betasten, und
ich würde vor ihm dastehen, als ob ich ihn betrügen wollte,
und brächte über mich einen Fluch und nicht einen Segen. Da
sprach seine Mutter zu ihm: Der Fluch sei auf mir, mein Sohn;
gehorche nur meinen Worten, geh und hole mir. Da ging er hin
und holte und brachte es seiner Mutter. Da machte seine Mutter
ein Essen, wie es sein Vater gerne hatte, und nahm Esaus, ihres
älteren Sohnes, Feierkleider, die sie bei sich im Hause hatte,
und zog sie Jakob an, ihrem jüngeren Sohn. Aber die Felle von
den Böcklein tat sie ihm um seine Hände und wo er glatt war
am Halse. Und so gab sie das Essen mit dem Brot, wie sie es
gemacht hatte, in die Hand ihres Sohnes Jakob. Und er ging
hinein zu seinem Vater und sprach: Mein Vater! Er antwortete:
Hier bin ich. Wer bist du, mein Sohn? Jakob sprach zu seinem
Vater: Ich bin Esau, dein erstgeborener Sohn; ich habe getan,
wie du mir gesagt hast. Komm nun, setze dich und iss von
meinem Wildbret, auf dass mich deine Seele segne. Isaak aber
sprach zu seinem Sohn: Wie hast du so bald gefunden, mein
Sohn? Er antwortete: Der Herr, dein Gott, bescherte mir's. Da
sprach Isaak zu Jakob: Tritt herzu, mein Sohn, dass ich dich
betaste, ob du mein Sohn Esau bist oder nicht. So trat Jakob zu
seinem Vater Isaak. Und als er ihn betastet hatte, sprach er: Die
Stimme ist Jakobs Stimme, aber die Hände sind Esaus Hände.

Und er erkannte ihn nicht; denn seine Hände waren rau wie Esaus, seines Bruders, Hände. Und er segnete ihn."

Meine Lieben, heute möchte ich weiter über die Sündenvergebung erzählen. Ich habe gehört, dass gestern Abend jemand gesagt hat, ich hätte gar nicht direkt über die Sündenvergebung gepredigt, sondern die ganze Zeit über andere Dinge geredet. Ja, das stimmt! So wie ein Bauer nicht direkt säen kann, sondern zuerst den Acker pflügen muss, so muss der Prediger mit dem Wort zuerst die Herzen pflügen, damit sie das Wort annehmen können. Denn die Gedanken Gottes und die der Menschen sind ganz verschieden.

Eines Tages hat eine Schwester aus unserer Gemeinde, die ziemlich weit weg wohnt, mich eingeladen, und ich habe ihr versprochen zu kommen. Da ich nicht genau wusste, wo sie wohnt, wollten wir uns am Bahnhof treffen. An diesem Tag war ich sehr beschäftigt, und ich erreichte den Bahnhof gerade so um 17 Uhr. Ich hatte gedacht, sie würde am Bahnhof schon auf mich warten, aber sie war nicht da. Nach fünf Minuten, zehn, zwanzig Minuten war sie immer noch nicht da, und ich wurde langsam unruhig. Ich dachte: „Ich werde noch etwas warten, aber wenn sie in zehn Minuten nicht hier ist, fahre ich nach Hause." Als ich gerade in mein Auto einsteigen wollte, sah ich, dass diese Schwester außer Atem von der anderen Seite angelaufen kam. Ich fragte sie: „Warum kommst du so spät?" Sie antwortete mir: „Ich warte schon seit zwanzig vor fünf auf dich! Ich stand an der Bundesstraße, weil ich dachte, dass du diesen Weg nimmst." Weil diese Schwester immer mit dem Bus fährt, hat sie geglaubt, dass ich auch die Straße nehme, wo der Bus fährt. Aber weil es auf dieser Bundesstraße immer Staus gibt, bin ich Autobahn gefahren. Unser Treffpunkt war der

Bahnhof, aber zu dieser Verabredung hat diese Schwester ihre eigenen Gedanken dazugetan und dann lange auf mich gewartet. Wie schwer muss es für sie gewesen sein, fast eine Stunde lang in diesem starken Verkehr sich jedes Auto genau anzusehen. Meine Lieben, kann man diese Schwester tadeln? Genau so ist es auch in unserem Glaubensleben: Wenn wir das Wort nicht einfach annehmen, sondern ein bisschen von unseren eigenen Gedanken dazutun, stehen wir auf der entgegengesetzten Seite von Gottes Gedanken und warten darauf, Gott zu treffen.

Was kann die Aufgabe eines Pastors sein? Morgens früh aufstehen, beten, frühstücken, Bibel lesen, Mittag essen; Hausbesuche machen, Abendessen; Bibelstunde, schlafen gehen... Da ich keine anderen Aufgaben habe, lese ich immer in der Bibel, wenn ich Zeit habe. Aber einmal wurde mir das Bibellesen zu lang und machte mir gar keine Freude. Dann habe ich in der Bibel gesucht, was man tun muss, um Gott zu treffen. Dabei stellte ich fest, dass Gott uns zwar treffen möchte, aber keinen Treffpunkt genannt hat. Judas Iskariot wusste ganz genau, wo Jesus war. Er wusste, dass Jesus im Garten Gethsemane war, ging aber mit böser Absicht zu diesem Treffpunkt. Ich habe in der Bibel weiter gesucht, wo wir Gott begegnen können. Wie kann ich den Herrn sehen? Wenn wir zum Gebetshaus gehen? Oder wenn wir auf einen Berg steigen? Ein bekannter holländischer Missionar hat mir einmal gesagt, dass die Koreaner denken, sie könnten Gott nur auf einem Berg begegnen: „Wir Holländer haben ein großes Problem."

„Warum?"

„In Holland gibt es keine Berge, deshalb können wir nicht auf einem Berg beten", sagte er scherzhaft.

Aber als ich im Alten Testament 2. Mose 25 gelesen habe, fand ich, dass Gott uns doch einen Treffpunkt genannt hat. Das ist der Gnadenthron. Von 1. Mose bis zur Offenbarung konnte ich keinen Ort finden, den Gott uns als Treffpunkt genannt hat, außer in 2. Mose Kap. 25 den Gnadenthron. Auf dem Gnadenthron kann unsere Sünde getilgt werden. Dort ist genau der Ort, wo wir Gott begegnen können.

Es ist wichtig, herauszufinden, was Gott uns durch die Geschichte sagen will, die ich am Anfang gelesen habe. Zum einen gibt es hier Isaak. Wer ist Isaak? Abrahams Sohn, stimmt's? Isaak hat Jakob und Esau gezeugt. Der ältere Sohn, Esau, wurde Jäger. Er war von Kopf bis Fuß behaart. Im Gegensatz dazu hatte Jakob eine ganz glatte Haut. Als Isaak alt und seine Augen schwach geworden waren, rief er seinen älteren Sohn, Esau, zu sich: „Ich weiß nicht, wann ich sterben werde. Nimm deinen Köcher und Gerät, geh aufs Feld und jage und bringe mir ein Wildbret. Dann werde ich davon essen und dich reichlich segnen!" Nachdem Esau das gehört hatte, eilte er hinaus aufs Feld. Wie ein Sprichwort sagt: „Die Weltgeschichte wird in der Nacht entschieden", hat Rebekka, Isaaks Frau und die Mutter von Jakob und Esau, das alles mit angehört. Sie sagte zu ihrem Lieblingssohn Jakob: „Dein Vater hat deinem Bruder aufgetragen, dass er jagen soll, damit er ihn segnen kann. Möchtest du auf den Segen verzichten wegen deines Bruders? Hole schnell einen Bock, dann bereite ich ein Wildbret zu für deinen Vater. Tu so, als ob du dein Bruder wärest, dann bekommst du den Segen!"

Als Jakob das hörte, wehrte er ab: „Mutter, das geht doch nicht! Esau hat viele Haare, aber ich bin ganz glatt. Wenn Vater mich betastet, wird er das sicher merken und brächte einen Fluch über mich und keinen Segen!" Die Mutter beruhigte ihn: „Hab keine Angst! Wenn dich ein Fluch treffen soll, werde ich ihn auf mich nehmen. Deshalb tu einfach ohne Wenn und Aber, was ich dir sage!"

Jakob brachte eilig einen Bock, und die Mutter bereitete ein Wildbret zu, so wie es der Vater gerne mochte. Mit dem Fell des Bockes bedeckte sie Jakobs Gesicht, Hals und Arme. Jakob ging zum Vater und sagte: „Ich bin Esau. Ich habe gejagt und dir das Essen gebracht. Nun iss, und dann segne mich bitte!" Isaak konnte zwar nur noch schlecht sehen, aber er konnte hören, dass die Stimme seltsam klang.

„Wie konntest du das so schnell schaffen?"

„Gott hat es mich schnell finden lassen. Mit einem einzigen Pfeil habe ich es erlegt."

„Ach so, gut. Ich will dich jetzt betasten, ob du wirklich mein älterer Sohn bist."

Er betastete ihn und fühlte die Haare. Dann aß er, und anschließend segnete er Jakob, weil er ihn für Esau hielt. Das ist die Geschichte, die wir heute gelesen haben.

Ein Missionarskollege von mir arbeitet in Brasilien. Dort gibt es den Amazonas, dessen Mündung etwa 40 km breit ist. Eines Tages kam ein kleines Segelschiff vom Meer her in diese Mündung. Nach einer langen Reise war kein Trinkwasser mehr an Bord, und die Seeleute waren am Verdursten. In dieser schwierigen Situation begegnete ihnen ein anderes Schiff, und sie dachten: „Weil dieses Schiff vom Hafen kommt, hat es sicherlich viel Trinkwasser an Bord." Sie näherten sich dem Schiff und baten um Wasser: „Wir sind am Verdursten, bitte verkauft uns fünfzig Gallonen Trinkwasser, wir bezahlen, was ihr verlangt!" Die Leute von dem anderen Schiff grinsten und sagten: „Schöpft euch doch Wasser und trinkt!" und fuhren weiter. Die Besatzung des kleinen Schiffes war sehr enttäuscht, weil sie nicht das erhoffte Wasser bekommen hatten. Ein junger

Matrose konnte den Durst nicht mehr aushalten und holte mit einem Eimer Wasser herauf. Ein alter Seemann neben ihm wollte ihn hindern: „Du darfst kein Salzwasser trinken, davon wird dein Durst noch größer!" Aber der junge Matrose ließ sich nicht abhalten und trank gierig das Wasser aus dem Eimer. Plötzlich stieß er vor Freude den Eimer um und jubelte: „Süßwasser!" Eigentlich war dieses Schiff schon auf dem Amazonas, aber weil die Mündung so breit war, hatten die Seeleute gedacht, sie wären noch auf dem Meer. Obwohl sie schon seit einiger Zeit auf dem Fluss waren, wären sie beinahe verdurstet.

Meine Lieben, so ist das Evangelium! Wir sind eigentlich nicht weit von Gottes Segen. Hier unter Ihnen gibt es sicherlich viele wie die Matrosen, die beinahe verdursten, obwohl sie auf dem Fluss sind. Obwohl wir vor Jesus stehen, der uns unsere Sünde vergibt und uns segnet, können wir das mit unseren Gedanken nicht erfassen. Obwohl Gott uns schon wunderbaren Segen gegeben hat: Der Grund, warum wir ihn nicht bekommen, ist: Wir fügen zu Gottes Wort ein bisschen unsere eigenen Gedanken hinzu; wie diese Schwester, die auf dem Bahnhof auf mich warten sollte, sich aber an die Bundesstraße stellte. Weil wir unsere Gedanken ein bisschen hinzufügen, entfernen wir uns sehr weit von dem Willen Gottes. Genau wie diese Seeleute, die auf dem Fluss am Verdursten waren und gelitten haben, treffen wir Gott nicht, obwohl er uns ganz nah ist, weil unsere Gedanken und Gottes Gedanken unterschiedlich sind. Weil Gott das weiß, möchte er uns durch die Bibel seinen Willen zeigen. Denken wir nun einmal darüber nach, was Gott uns durch 1. Mose 27 sagen will!

Damit Sie das besser verstehen können, brauche ich vier Schauspieler. Als Vater komm du bitte, Bruder Cho, als Mutter Sie, als Jakob und Esau diese zwei jungen Brüder. Bitte kommen Sie auf die Bühne! So, hier sind nun vier Schauspieler. Was möchte Gott uns durch diese Schauspieler lehren? Isaak hatte zwei Söhne. Einer ist Esau, der andere ist Jakob. Esau war ein Jäger, Jakob aber blieb immer zu Hause bei seiner Mutter.

Nun - hat diese Geschichte mit Ihnen zu tun, oder nicht? Ganz sicher betrifft diese Geschichte Sie! Ich hatte manchmal Zweifel beim Bibellesen, denn obwohl ich wusste, dass diese Geschichte mich betrifft, konnte ich nicht erkennen, welche Bedeutung sie für mich hatte. Aber wenn man die Bibel genau liest, kann man finden, dass das Geheimnis Gottes in der Bibel versteckt ist. Es ist ein großer Segen, wenn wir dieses Geheimnis, das uns persönlich betrifft, erkennen können.

In dieser Geschichte hat Vater Isaak zu Esau gesagt: „Esau, jage und mache ein Wildbret. Ich werde es essen und dich reichlich segnen." Esau beeilte sich zu jagen, weil er vom Vater diesen Segen bekommen wollte. Aber die Mutter hatte das Gespräch mit angehört. Sie hat gemerkt, dass der Vater nur den ersten Sohn segnen wollte, nicht auch den zweiten. Sie dachte: ‚Das geht nicht, ich will, dass mein geliebter zweiter Sohn gesegnet wird.' Sie rief Jakob: „Jakob, dein Vater möchte deinen Bruder segnen. Möchtest du auf den Segen verzichten? Hol schnell einen Bock aus dem Stall. Ich werde ihn zubereiten, dann kannst du es deinem Vater bringen. Er wird essen und dich segnen." Jakobs Augen glänzten: ‚Ach, meine Mutter liebt mich wirklich sehr.' „Aber Mutter, mein Bruder hat viele Haare, und ich bin ganz glatt! Weil Vater schlecht sieht, wird er mich sicherlich betasten. Dann wird er sofort erkennen, dass ich Jakob bin, und ich werde nicht gesegnet, sondern verflucht."

„Hab keine Angst, ich werde den Fluch auf mich nehmen, der dich treffen soll. Hole einfach einen Bock." Schließlich hat Jakob einen Bock geholt.

Was hat Esau wohl währenddessen getan? Er hat vielleicht im Schweiße seines Angesichts nach einem Hirsch oder einem Reh gejagt. Wie schwer hat er es gehabt, er musste über Berg und Tal laufen. Aber hat Jakob auch schwer gearbeitet? Jakob hat ohne jegliche Anstrengung einfach einen Bock vom Stall geholt, nicht wahr? Mutter Rebekka hat die Ärmel hochgekrempelt und geschnitten, gebraten, mit diesen und jenen Zutaten gewürzt. Schließlich hatte sie ein schmackhaftes Wildbret zubereitet, so wie es der Vater gerne mochte. Dann zog sie Jakob Esaus Feierkleider an und tat ihm um seine Hände und seinen Hals, wo er glatt war, Felle von dem Bock. Dann gab sie das Gericht in Jakobs Hände und ließ ihn zu seinem Vater gehen.

„Vater!"

„Wer bist du?"

„Ich bin dein erster Sohn, Esau!"

„Ach, bist du schon zurück von der Jagd?"

„Ja, Gott hat es mir leicht gemacht. Nun iss und segne mich!"

„Lass mich dich betasten."

Nachdem Isaak das Fell betastet hat, hat er Jakob, ohne ihn zu erkennen, gesegnet. Kaum dass Jakob gesegnet war, kam Esau schweißgebadet von der Jagd nach Hause und bereitete schnell das Gericht zu.

„Vater, ich habe gejagt und bringe dir hier das Essen, jetzt segne mich bitte."

„Was - wer bist du?"

„Ich? Ich bin Esau, Vater!"

„Aber nein, eben war Esau doch bei mir, und jetzt sagst du, dass du Esau bist? Wieso gibt es zwei Esaus?" Der Vater ist erschrocken: „Das muss dein Bruder Jakob gewesen sein!"

„Vater, hast du denn keinen Segen für mich übrig?"

„Nein."

„Vater, segne mich auch!"

So hat Esau laut geweint. Der Vater hat ihn nicht gesegnet, sondern verflucht: **„Siehe, du wirst wohnen ohne Fettigkeit der Erde und ohne Tau des Himmels von oben her."**

Lasst uns die Bedeutung, die in dieser Geschichte steckt, zunächst ein bisschen beiseite schieben, und die Schauspieler nach vorne holen, die die beiden Söhne spielen werden. Diese wollten beide gesegnet werden, aber einer wurde gesegnet, der andere verflucht. Obwohl Sie alle gleich handeln, z. B. immer den Zehnten geben, jeden Gottesdienst besuchen - einige werden mit voller Gnade gesegnet, andere aber verflucht. Aber wieso werden manche gesegnet und andere verflucht? Ich glaube fest daran, dass Gott uns die Bibel gegeben hat, um dies zu erkennen. Wenn wir die geistliche Bedeutung in der Bibel nicht kennen, können wir nicht gesegnet werden, selbst wenn wir uns nach unserem Maßstab noch so sehr bemühen.

Vor über 100 Jahren ist das Evangelium nach Korea gekommen. Davor haben unsere Vorväter nicht an Gott geglaubt. Sie lebten im Aberglauben, d. h. sie glaubten an einen Meeresgott und an die verstorbenen Vorfahren, im Tempel beteten sie zu Götzenbildern, vor Steinhaufen verbeugten sie sich. Weil sie den richtigen Gott nicht kannten, konnten sie nicht anders. Dann kam das Evangelium durch Missionare. Das kostete die Missionare viel Tränen und Blut, aber endlich konnten unsere Vorfahren Gott und Jesus kennen lernen. Sie haben erkannt: Der dieses Universum gemacht hat, ist Gott. Er ist groß. Jesus liebt uns. Sie haben das erkannt, aber sie wussten nicht, wie sie Gott dienen sollten. Deshalb bemühten sie sich nach dem Motto: „Wenn man ganz inbrünstig bittet, wird sogar der böse Geist sich erweichen lassen." Aber obwohl Sie weinend nächtelang beten, fasten, spenden, fleißig in der Gemeinde dienen, wird Gott sagen: „Deine Bemühungen sind wirklich großartig, aber meine Methode ist anders." Wie können wir also zu Gott gehen? Weil die Menschen nicht wissen, wie sie zu Gott gehen können, folgen sie einfach ihren eigenen Gedanken. Deshalb hat Gott diese Geschichte in der Bibel geschrieben, die Geschichte von den beiden Brüdern, die gesegnet werden wollten. Aber nur einer wurde gesegnet, der andere verflucht. Er möchte, dass wir dadurch erkennen: Nur auf diese Weise können wir zu Gott kommen.

Meine Lieben, Gott hat diese Geschichte in der Bibel nicht aus Spaß geschrieben, damit es uns nicht langweilig ist. Hier ist der Vater Sinnbild für Gott, die Mutter für Jesus Christus. Der ältere Bruder Esau ist Sinnbild für diejenigen, die aus eigener Kraft gesegnet werden möchten. Der jüngere Bruder Jakob ist Sinnbild für diejenigen, die durch die Hilfe Jesu Christi gesegnet werden, obwohl sie gar nichts dafür tun. Können Sie mir folgen? Ist das nicht ganz einfach? Das ist der Kern der Bibel. Wenn man den Kern der Bibel nicht kennt, ist das genauso, als ob man bei Erdnüssen nur auf den Schalen herumkaut. Schmeckt uns das, wenn wir nur die Schale der Bibel probieren? Es macht uns gar keine Freude! Deshalb nennen wir den Kern der Bibel das „geistliche Geheimnis".

Esau hat doch alles getan, was der Vater verlangt hat, nicht wahr? Er hat sich viel Mühe gegeben, oder? Er hat sich sehr angestrengt, oder nicht? Aber ist er schließlich gesegnet oder verflucht worden? **„Von deinem Schwerte wirst du dich nähren."** Ist das nicht ein furchtbarer Fluch? Wenn Esau kein Schwert dabei hatte, konnte er nicht einschlafen vor lauter Angst, die Feinde könnten aus allen Himmelsrichtungen kommen. Über ihn kommt kein Tau, kein Regen, und wenn er den Acker pflügt,

61

bekommt er keinen Ertrag. So ist er verflucht worden. Früher, als ich dieses geistliche Geheimnis noch nicht erkannt hatte, dachte ich: „Es ist wirklich seltsam: Wenn Isaak keinen Segen mehr für Esau übrig hatte, hätte er wenigstens sagen können: „Du sollst viele Kinder haben, du sollst reich werden, immer gesund sein." Aber was hat Isaak getan statt Esau zu segnen, der doch mit all seiner Kraft alles nach Vaters Wunsch getan hatte? Er hat ihn verflucht! Das bedeutet: Obwohl wir nach dem Wort Gottes leben, uns bemühen und folgen möchten, werden wir von Gott nichts anderes als Fluch bekommen, weil wir Gottes Wort weder gehorchen noch halten können.

Vielleicht hat Jakob es noch schlimmer getrieben als Nolbu,* der z. B. Pfähle in reife Kürbisse geschlagen hat, einen Pepperoni-Acker von Pferden zertrampeln ließ usw. Auf jeden Fall war er immer ein problematisches Kind und ein Sünder. Deshalb hat der Vater den ersten Sohn geliebt, die Mutter aber den zweiten. Gott liebt den guten Menschen und Jesus Christus den Sünder, nicht wahr? Ja, das ist richtig. Dieser Esau war ein Mensch, der durch seine eigenen Bemühungen vor Gott stehen wollte. Aber Gott mag nicht, dass wir durch unsere eigenen Bemühungen vor ihm stehen wollen. Nur durch Jesus können wir zu Gott kommen! Dieser zweite Sohn ist vom Vater reichlich gesegnet worden. Alle möglichen Segnungen hat er bekommen. Aber was hat Jakob getan, um diesen Segen zu bekommen? Hat er fleißig gejagt? Nein. Dieser Sohn hat gar nichts getan. Nur die Mutter hat alles vorbereitet, damit er gesegnet werden konnte. Geistlich gesehen bedeutet das: Er hat zu seinem Vater nur gebracht, was Jesus vorbereitet hat, um gesegnet zu werden. Jakob hat zu sei-

---

* Nolbu ist eine ganz berühmte Märchenfigur in Korea, ähnlich wie bei uns Max und Moritz.

ner Mutter gesagt: „Er wird mich verfluchen!" Aber die Mutter
antwortete: „Ich nehme den Fluch, der dich treffen soll, auf
mich." Unser Herr Jesus hat versprochen, dass er allen Fluch,
der uns treffen müsste, auf sich nimmt.

Ich habe einen Grund, warum ich heute gerade diese
Geschichte ausgesucht habe und Ihnen erzähle. Als Pastor habe
ich vielen Gemeinden in verschiedenen Städten das Wort verkündet. Aber dann habe ich gemerkt, dass es unheimlich viele
Leute gibt, die aus eigener Kraft durch viel beten, evangelisieren, Zehnten geben, nicht sündigen usw. vor Gott stehen wollen, ohne diese Geschichte zu kennen.

Vor fünf oder sechs Jahren habe ich auf einem Berg eine
Evangelisation veranstaltet. Damals haben viele Leute teilgenommen. Nach der Vormittagspredigt habe ich gesagt: „Wer
unter euch die Sündenvergebung haben möchte, komme bitte zu
meinem Zelt." Dann sind viele Menschen zu mir gekommen, mal
zu fünft, mal zu viert, weil nicht mehr Leute in das kleine Zelt
passten, und haben von mir genau über die Sündenvergebung
gehört.

Kurz vor der Abendmahlzeit, als ich gerade etwas Pause
machen wollte, ist eine junge Frau alleine hereingekommen.
Also erzählte ich ihr, ebenso wie den anderen, über die Sünde.
Danach habe ich ihr ausführlich erklärt, wie die Sünde getilgt
wurde: Wie unsere Sünde auf Jesus übertragen wurde, wie
unsere Sünden abgewaschen wurden durch die Kreuzigung Jesu
Christi, wie die Sünde in meinem Herzen gelöscht wurde, was
man tun kann, wenn man gegen das Gesetz Mose verstoßen
hat usw. Dann habe ich anhand Naamans Heilung und König
Davids Sündenvergebung erklärt, wie man von seinen Sünden
befreit werden kann. Zum Schluss habe ich ihr den Vers Hebräer
10, 17 vorgelesen: **„Ihrer Sünden und ihrer Ungerechtigkeit will**

ich nicht mehr gedenken."

Als sie das hörte, fing sie plötzlich an zu weinen. Weil Sommer war, stand der Eingang des Zeltes offen. Für Vorübergehende sah es vielleicht so aus, als ob ich die junge Frau geschlagen hätte, deshalb bat ich sie, nicht mehr zu weinen. Mir kam es so vor, als hätte sie schon eine Stunde lang geweint, als sie sich endlich etwas beruhigte und mir ihre Geschichte erzählen konnte.

„Pastor, als ich vierzehn war, starb meine Mutter, und ich bekam eine Stiefmutter. Weil ich viel Streit mit meiner Stiefmutter hatte, lief ich eines Tages mit dem ganzen Schulgeld für das nächste Semester von zu Hause weg." So hat sie ihre Erzählung angefangen. Sie ging in eine Stadt und landete aus Versehen im Prostituierten-Viertel. Dort lebte sie viele Jahre mit dem Gedanken: „Ich gehöre zum Abschaum der Menschheit" und resignierte. Aber eines Tages traf sie einen Mann, der es ehrlich mit ihr meinte und es nicht auf die körperlichen Freuden abgesehen hatte. Sie verliebten sich ineinander. Sie konnte ihr Glück kaum fassen: „Ist das ein Traum, kann er so eine Frau wie mich lieben?" Eines Tages kam dieser Mann und sagte: „Folge mir ohne ein Wort!" Sie ging mit ihm und lebte in seiner Familie als Ehefrau und Schwiegertochter. Für sie war dies die glücklichste Zeit ihres Lebens, obwohl sie arm waren.

Aber als sie zwei Jahre lang kein Baby bekamen, fragten die Schwiegereltern schon: „Hast du uns keine freudige Nachricht mitzuteilen?" Man weiß nicht woher - aber eines Tages wusste die ganze Familie, dass sie früher eine Prostituierte war. Von diesem Tag an änderte sich das Verhalten der Schwiegereltern: Sie wollten nicht mehr mit ihr am selben Tisch essen, sie sahen sie nicht mehr an, und auch der Schwager und die Schwägerin wollten sich nicht mehr mit ihr unterhalten. Für die junge Frau hatte sich dieses Haus, in dem sie so glücklich war, in eine Hölle verwandelt. Sie konnte diese Situation nicht aushalten. Aus Angst vor den Menschen besuchte sie die Gemeinde. Aber sie setzte sich immer ganz hinten hin und verließ die Kirche, bevor der Gottesdienst zu Ende war, damit ihr niemand begegnete. Sie konnte auch nicht mehr zum Brunnen gehen, weil die Leute über sie redeten. So lebte sie ein einsames Leben.

Eines Tages hörte sie von dieser Evangelisation und entschloss sich, daran teilzunehmen. Sie hatte einen großen Wunsch: Wenn es doch möglich wäre, die Erinnerung an meine Vergangenheit in mir und den anderen Familienmitgliedern auszulöschen! Als sie nun gehört hatte, dass Jesus all ihre Sünden weggenommen hat und Gott all ihrer Sünde nicht mehr gedenkt, wie in Hebr. 10, 10 geschrieben steht, konnte sie vor lauter Freude nicht anders als weinen.

Einige Zeit später wurde ich von dem Pastor eingeladen, zu dessen Gemeinde diese junge Frau gehörte, und ich führte eine Woche lang eine Evangelisation in dieser Gemeinde. Unter den ca. 600-700 Leuten war eine, die mich am Ärmel zupfte - es war diese Frau. „Pastor, heute ist mein Mann zum ersten Mal in die Gemeinde gekommen." Danach habe ich sie nie wieder getroffen, ich weiß auch ihren Namen nicht.

Meine Lieben, diese Frau hat wirklich gar nichts Gutes getan, nur schmutzig gelebt. Aber durch Jesus wurde all ihre Sünde vergeben, und in Jesus führt sie sicher ein glückliches, segensreiches Leben. Als Jesus noch auf der Erde war, haben die Sünder wie die Ehebrecherin, Maria, der Zöllner, sich nicht bemüht, ihre Sünde selbst zu beseitigen. Jesus ist zu ihnen gekommen und hat alles für sie getan.

Aber, meine Lieben, wie verhalten wir uns heutzutage? „In der Bibel steht das zwar so, aber müssen wir wirklich gar nichts tun?" „Können wir wirklich nur schlafen und warten, bis uns die gebratenen Tauben in den Mund fliegen?" fragen die Leute zurück. So meine ich das nicht. Meine Lieben, bitte werfen Sie Ihre Gedanken weg und hören Sie genau zu! Warum wurde Esau verflucht? Er hat versucht, nach Gottes Wort zu leben. Er hat sich bemüht, alles zu tun, was sein Vater ihm aufgetragen hat. Aber das Resultat war Fluch.

Nun, meine Lieben, wenn Sie versuchen, nach Gottes Wort zu leben, bekommen Sie auch nichts anderes als Fluch; denn wir können nicht nach Gottes Wort leben! Wenn Sie nach Gottes Wort leben könnten, hätte Jesus dann zu uns kommen müssen? Nein! Eben weil wir es nicht können, schickte Gott Jesus.

Nun - diese Mutter Rebekka ist ein Sinnbild für Jesus Christus. Es war die Mutter, die alles vorbereitet hat, damit dieser sündhafte Sohn von dem Vater gesegnet werden konnte. Hat er auch nur ein ganz kleines bisschen dafür getan? Wer hat alles von Anfang bis Ende geplant, damit dieser Sohn gesegnet wurde? Die Mutter hat geplant! Wer hat den Plan durchgeführt? Die Mutter! Der Sohn sagte zwar: „Nein, das kann ich doch nicht tun!", aber die Mutter tat alles und sagte: „Gehorche mir ohne Wenn und Aber, denn ich will dich segnen lassen." Wenn der Sohn zum Vater geht und alles schief läuft, wird die Mutter die Verantwortung übernehmen, und den Fluch, der den Sohn treffen müsste, wird die Mutter tragen, hat sie gesagt, nicht wahr? Und wer hat Vaters Lieblingsspeise zubereitet, die der Sohn dann dem Vater brachte? Die Mutter! Die Mutter hat alles vollkommen vorbereitet, damit der Vater nichts auszusetzen hat.

Es gibt zwei unterschiedliche Arten zu glauben. Die eine ist: ICH bemühe mich, versuche, strenge mich an, nach Gottes Wort zu leben. Im Gegensatz dazu ist die andere: Ich glaube nur einfach an das, was Jesus Christus getan hat, ohne dass ich meine Kraft, meine Mühe, meine Methode dazumische, und sage: „Ich habe mich bemüht - aber es ist mir unmöglich, nach dem Wort Gottes zu leben. Deshalb, Jesus Christus, tu du alles für mich!"

Viele Menschen sagen nur mit dem Mund: „Ja, ich lebe ja aus dem Glauben, es bleibt mir gar nichts anderes übrig. Ich kann gar nichts tun, es sei denn Jesus tut es in mir", nicht wahr? Aber trotzdem bemühen sie sich immer wieder. Dann folgt immer wieder die Enttäuschung. Deshalb ist unser Glaubensleben eine endlose Reihe von Straucheln und Fallen. Wenn Sie an einer Evangelisation teilgenommen haben, haben Sie das Gefühl, dass Ihr Glaube besser geworden wäre. Aber dieses Gefühl verschwindet nach wenigen Tagen. Beim Fasten haben Sie den Eindruck, dass Ihre Seele gesegnet worden wäre, und beim Zungenreden denken Sie, dass Sie einen starken Glauben haben. Aber all diese Dinge tun SIE. Deshalb werden Sie ein paar Tage später wieder straucheln. Zu Beginn jeden Jahres nimmt man sich vor: „Ab heute werde ich ein gutes Glaubensleben führen, mit dem schmutzigen Leben aufhören." Man fängt mit Fasten oder neuer Herzenseinstellung an, aber nach drei Stunden, drei Tagen, drei Wochen ist dieser Vorsatz geplatzt. So ist das! Für uns ist es wirklich normal, dass wir straucheln und fallen. Deshalb hat Gott uns Jesus geschickt.

Bitte hören Sie mir gut zu! Ich stelle jetzt eine Frage: „Sind Sie jetzt eine Person wie Jakob oder Esau? Aus menschlicher Sicht sieht es so aus, als ob Esau ein besserer Mensch war, nicht wahr? Aber wenn es in mir Gutes gibt, kann ich nicht das Gute annehmen, das von Jesus kommt.

Sehen Sie bitte her: Das Glas in meiner rechten Hand ist leer. Das Glas in meiner linken Hand ist voll Wasser. Kann ich in das volle Glas noch etwas hinein gießen? Aber in das leere Glas kann ich Wasser gießen. Verstehen Sie den Unterschied? Mit anderen Worten: Erst wenn Ihr Herz leer ist, kommt Gottes Gnade hinein. Aber wenn Ihr Herz nicht leer, sondern gefüllt ist mit solchen Gedanken wie: „Ich bin von Geburt an ein Christ", „Ich bin der Gründer unserer Gemeinde, ohne mich würde es diese Gemeinde gar nicht geben, damals habe ich mein Land verkauft und die Kirche gebaut", „Ich habe Waisenhäuser geleitet", „Ich habe vielen Armen geholfen", dann kann die Gnade Gottes nicht hineinkommen, weil Ihr Herz voll ist mit guten Taten für Gott. Weil Esau immer alles richtig gemacht und den Vater immer mit der Jagd erfreut hat, meinte er, auch diesmal würde durch das erjagte Wildbret alles gut gehen. Aber im Gegensatz zu seinem Gedanken war das Resultat der Fluch. Dagegen hatte Jakob Angst, zum Vater zu gehen, weil er nie etwas Gutes für ihn getan hatte. „Vater mag mich nicht. Ich habe nie etwas Gutes für ihn getan, wie kann ich dann Segen bekommen? Mutter, lass doch Esau den Segen bekommen!" Was hat Rebekka geantwortet? „Nein, hab keine Angst! Ich übernehme alle Verantwortung." Deshalb ist Jakob ohne seine eigenen Taten zum Vater gegangen, nur mit dem, was seine Mutter für ihn getan hat.

Es gibt zwei Sorten Menschen.

Erstens: Die Menschen, die auf ihre eigenen Bemühungen und Taten vertrauen. Zweitens: Die Menschen, die ihr Eigenes einfach wegwerfen und nur auf Jesus vertrauen, weil sie selbst nichts Gutes haben.

Möchten Sie heute Morgen Ihr Herz einmal überprüfen? Möchten Sie nachforschen, wie Ihr Glaube ist? So wie wir unseren Gesundheitszustand von einem Arzt genau untersuchen lassen, lasst uns jetzt unseren Glauben untersuchen. Oder macht es Ihnen etwas aus? Nun, ich werde Ihnen Fragen stellen, dann antworten Sie ehrlich! An einem Sonntag sind Sie zum Gottesdienst in die Kirche gegangen. An diesem Tag haben Sie den Zehnten gegeben, gebetet und viel in der Gemeinde getan. Wie fühlen Sie sich in diesem Moment vor Gott? Sie sind sehr zufrieden mit sich, nicht wahr? Dagegen haben Sie einmal mit Ihrem Ehepartner oder mit einem Nachbarn arg gestritten und den Zehnten nicht gegeben und Gottes Wort nicht gehorcht. Wie fühlen Sie sich, wenn Sie in diesem Zustand in die Gemeinde gehen? Sie können nicht gut beten, nicht wahr? Ist Ihr Glaubensleben nicht so? Nun, was war der Grund, wenn Sie mit Freude vor Gott standen? Und wenn Sie ohne Freude vor Gott standen, was war der Grund? Mit guten Taten freuen Sie sich, ohne gute Taten freuen Sie sich nicht. Ist das nicht der Beweis dafür, dass Sie nicht auf Jesus vertrauen, sondern bestrebt sind, eigene gute Taten zu tun und darauf zu vertrauen?

Viele sagen zwar mit ihrem Mund: „Pastor, wovon reden Sie eigentlich? Was für gute Taten hätte ich vorzuweisen? Wie könnte ich durch diese vor Gott bestehen? Natürlich geht das nur durch die Gnade Jesu!" Aber in Wirklichkeit vertrauen sie doch jeden Tag auf ihre eigenen Taten, wenn sie zu Gott gehen. Wie legen viele Menschen die Bibel aus? „ David ging mutig zu Goliat. Lasst uns auch so mutig sein! Josef gab seinen Glauben auch im Gefängnis nicht auf. Lasst uns unseren Glauben auch nicht aufgeben! Maria von Magdala traf in einer sehr schwierigen Situation Jesus. Lasst uns in Schwierigkeiten ebenfalls Jesus lieben!" Viele predigen so. Aber die Bibel lehrt uns nicht so! Meine Lieben, die Bibel verlangt nicht, dass wir so handeln, sondern sie lehrt uns so: Wir können das nur durch die Hilfe Jesu Christi schaffen, nachdem wir gesagt haben: „Gott, ich kann das nicht durch eigene Kraft!" Diejenigen, die denken,

69

dass sie selbst etwas tun können, bekommen keine Hilfe von Jesus.

Eines Tages sprach Jesus über die Gebete eines Zöllners und eines Pharisäers. Der Zöllner betete: „Herr, erbarme dich meiner, ich bin ein Sünder!", nicht wahr? Der Zöllner hat nicht seine einzelnen Sünden bekannt wie z. B. ich habe Ehebruch begangen, ich habe gestohlen. Wie ich gestern Abend gepredigt habe, hat er bekannt, dass er von Grund auf Sünder ist: „Ich bin Sünder, in mir gibt es gar nichts Gutes." Der Pharisäer dagegen betete: „Ich habe dies und jenes gut gemacht." Deshalb gab Gott dem Pharisäer keine Gerechtigkeit, sondern nur dem Zöllner. Weil der Pharisäer dachte, dass er gerecht sei, konnte er die Gerechtigkeit von Gott nicht bekommen. Also: Der Zöllner kam als Sünder und ging als Gerechter, der Pharisäer kam seiner Meinung nach als Gerechter und ging immer noch als Sünder. So steht es in der Bibel, nicht wahr?

Auch wenn meine Predigt Sie bisher ein bisschen angestrengt hat, bitte ich Sie doch, weiterhin aufmerksam zuzuhören. Als Jakob zum Vater ging, um gesegnet zu werden, gab es Bedingungen, die erfüllt werden mussten.

Erstens: Jakob hat sich verdeckt und ging dann zum Vater. Er hat sich ganz verdeckt. Was wäre geschehen, wenn er einen Teil von sich nicht verdeckt hätte? Er wäre verflucht worden. Weil Jakob ganz verdeckt war, wurde er gesegnet.

Meine Lieben, diese Evangelisation in Busan hat viel Geld gekostet. Ich weiß nicht, wie dieses Geld zusammengekommen ist. Aber es ist sicher, dass die Geschwister gespendet haben, ohne es zu zeigen. Für Werbung im Fernsehen, Traktate, Plakate haben viele Geschwister viel gespendet. Wofür ich sehr dankbar bin: Obwohl viele Geld gegeben haben, haben sie das nicht gezeigt, sondern verdeckt gespendet. Wir haben da hinten einen

Spendenkasten aufgestellt. Wir wissen nicht wer, aber auch gestern Abend haben wieder viele aus Dankbarkeit gespendet. Diese Spende ist ganz anders als die Spende, mit der sich die Leute hervortun wollen. Man wird gesegnet, wenn man sich verdeckt. Aber viele möchten sich hervortun: Sie spenden Geld, ein Klavier oder ein Pult für die Gemeinde, so dass es jeder sieht.

Wenn wir unsere Taten zeigen möchten, müssen wir nicht nur unsere guten, sondern auch unsere bösen Taten zeigen. Meine Lieben, in der Fernsehwerbung und auf den Traktaten ist mein Foto zu sehen. Weil Pastor Parks Augen schön sind, können wir deshalb nur seine Augen abbilden? Oder weil er einen schönen großen Mund hat, können wir deshalb nur seinen Mund abbilden? Machen Sie das so? Es geht nicht, dass man nur Pastor Parks Nase zeigt, weil seine Nase so wohlgeformt ist. So wie wir das ganze Gesicht zeigen müssen, ob es schön ist oder nicht, wird auch unsere schlechte Seite vor Gott aufgedeckt, obwohl es schön wäre, wenn wir nur unsere gute Seite zeigen müssten. Deshalb muss unser Ich zugedeckt werden, wenn wir zu Gott gehen. Können Sie mir folgen? Selbst wenn Sie für Gott spenden, mag Gott diese Spende nicht, wenn Sie sich dadurch hervortun wollen. Wenn Ihre Gemeinde ein Klavier braucht, spenden Sie ein Klavier. Wenn Ihre Gemeinde ein Pult braucht, spenden Sie ein Pult. Tun Sie das aber nicht in Ihrem Namen, sondern tun Sie bitte alles in Jesu Namen. Bitte verdecken Sie das „Ich". Das ist genau der Punkt, an dem bei vielen der Glaube schiefgelaufen ist.

Wenn Sie auf Ihren Spenden-Umschlag z. B. schreiben würden: „Lieber Vater, ich danke Dir, dass Du es mir ermöglicht hast, einen Frisörsalon zu eröffnen." Darunter Ihr Name. Der Pastor würde das beim Gottesdienst vorlesen: „Herr Soundso eröffnet in der und der Straße einen Frisörsalon. Deshalb hat er als Dank eine Spende gegeben." Das wäre dann teils Spende, teils Werbung. Der heilige Platz Gottes für den Gottesdienst wäre in einen Ort für Werbung verwandelt worden. Das ist ein Beweis dafür, dass die Religion dabei ist, zu verderben. „Gott, ich danke dir, dass du es ermöglichst, dass mein Sohn in Amerika den Doktortitel erwerben kann." Das ist teils Spende, teils Angabe. Wenn Gott das sieht, ist es ihm ein Gräuel. Meine Lieben, jetzt steht da hinten auch ein Spendenkasten. Wenn Sie Gottes Gnade empfangen haben und aus Dankbarkeit etwas spenden möchten, dann spenden Sie so, dass die Ehre allein Jesus zukommt und Sie sich selbst nicht hervorheben. So etwas gefällt Gott.

Heutzutage stehen in den Gemeinden die Menschen zu sehr im Vordergrund. Deshalb ist kein Platz mehr für Gott, wo er arbeiten kann. Auch gibt es keinen Augenblick Zeit für Gottes Wirken. Die erste Bedingung, dass Jakob gesegnet werden konnte, war, dass er sich verdeckt hat. Meine Lieben, es ist noch nicht zu spät: Wenn Sie vor Gott angegeben haben - selbst wenn es nur eine Kleinigkeit war - , oder Sie haben erst noch so einen Gedanken im Herzen, dann schämen Sie sich und verdecken Sie sich bitte! Alles Gute und Schlechte, alles was Sie getan haben, muss verdeckt werden! Weil Jakob mit dem Fell des Bockes bedeckt wurde, konnte er nicht als Jakob erkannt werden: Genauso müssen wir auch vollkommen verdeckt werden. Womit? Mit den Werken Jesu Christi müssen wir bedeckt werden! Alles, was wir getan haben, darf nicht zu sehen sein, sondern was Jesus getan hat, muss zu sehen sein.

Wenn einer von Gott gesegnet wird und dann in den Himmel kommt, was wird er sagen? „Ich habe gar keinen Verdienst." Das wird er nicht nur mit dem Mund sagen, sondern aus ganzem Herzen: „Ich habe gar nichts getan." Einer sagt: „Ach, was habe ich schon getan - ich habe doch gar nichts getan!", aber gleichzeitig tut er sich indirekt hervor. Diese falsche Demut ist Gott ein Gräuel. Es ist vor Gott böse und schmutzig. In Jesu Zeiten waren die Menschen genauso. Wenn sie Almosen gegeben haben, haben sie es ausposaunt. Wenn sie Armen geholfen haben, haben sie auf der Straße die Posaune blasen lassen: „Tätäterä!" Der Herr sagt: Sie haben ihren Lohn schon gehabt. Sie haben auf der Straße gebetet: „Gott..." mit scheinbar gottesfürchtigem Verhalten. Aber Jesus sagt, dass Gott solche Gebete nicht annimmt. Wie schon gesagt: Unser Ich muss vollkommen verdeckt werden. Es darf gar nichts geben, was wir vor den Menschen und vor Gott zeigen können. Warum werden die Menschen verflucht? Weil sie überzeugt sind, dass es richtig ist, was sie tun, so wie Esau: „Ach, Jakob - der kann noch nicht mal jagen, aber ich - ich kann das gut!" Was nützt dieses Selbstvertrauen? Sein Jagen war nicht besser, als den Bock zu Hause einfach aus dem Stall zu holen, nicht wahr? Jakob hat sein Ich ganz verdeckt.

Zweitens: Nicht in seinem, sondern im Namen seines älteren Bruders ist Jakob zum Vater gegangen. Meine Lieben, in wessen Namen müssen wir zu Gott gehen? Wir müssen vor Gott stehen im Namen Jesu Christi, des Erstgeborenen Gottes und unseres älteren Bruders im Glauben. „Gott, ich habe viel gespendet, nimm mich an!" „Ich habe gut gebetet, nimm mich an!" Das ist falsch! „Gott, obwohl ich gespendet habe, kann ich mich dessen überhaupt nicht rühmen. In mir gibt es nur Schmutziges und Böses. In meinen Augen bin ich schon sehr schlecht und böse, wie sehe ich dann erst in deinen Augen aus!? Ich bin sehr böse. Ich bin sehr schlecht. Ich bin wirklich heuchlerisch. Gott, bitte sieh nur auf Jesus und nicht auf mich und nimm mich an! Obwohl ich mich bemühe, Gutes zu tun - ich schaffe es nicht! Deshalb sieh nicht auf mich sondern auf Jesus und rechne Jesu Werke als meine Taten und nimm mich an!" Das ist der wahre Glaube. Obwohl viele Menschen sagen, dass sie Gott glauben, legen sie viel Wert auf sich und haben viel Hoffnung auf sich: „Wenn ich jetzt noch mehr feste Vorsätze hätte - das würde Gott gefallen!" ? Nein! Wir haben verdient, verdammt zu werden. Deshalb ist es unmöglich, Gott zu gefallen, egal was wir tun. Das müssen wir erkennen. Dann könnten wir nur noch auf Jesus Christus vertrauen.

Nun nehmen wir einmal an, ein Mann bräuchte 100.000 DM. Wenn er das Geld nicht aufbrächte, müsste er sterben. Deshalb wäre er zu mir gekommen, um das Geld zu leihen. Aber weil ich es ihm nicht leihen möchte, sage ich: „Oh, ich habe kein Geld..." Wenn er noch jemanden außer mir um das Geld bitten könnte - würde er mich dann weiter anflehen? „Gut, dann lassen Sie es, ich gehe woanders hin." Aber wenn ich der einzige wäre, den er um Geld bitten könnte, würde er mich bis zum letzten Atemzug anflehen. Genauso ist es mit uns, wenn wir die Gnade Jesu erlangen wollen. Diejenigen, die meinen: „Wenn ich weiterhin so Gutes tue, kann ich es schaffen", vertrauen nicht mit ganzem Herzen auf Jesus. Nur wer in seinem Herzen fest erkannt hat, dass er gar nichts von sich erwarten kann, kann mit ganzem Herzen auf Jesus vertrauen. Er hofft mit ganzem Herzen auf Jesus.

Solche Menschen können sofort gerettet werden. Bei Evangelisationen erzähle ich manchmal im kleineren Kreis von zehn bis zwanzig Personen über die Sündenvergebung. Nach der ausführlichen Erklärung sind einige voller Freude, weil sie die Sündenvergebung bekommen haben. Nach der Predigt gestern Abend ist eine junge Frau mit Baby zu mir gekommen und hat gesagt: „Pastor, vorhin, als Sie aufgerufen haben, nach vorne zu kommen, konnte ich nicht wegen des Babys. Könnten Sie mir jetzt weiter erklären?" So habe ich mit ihr angefangen zu reden, und einige Leute sind noch dazugekommen. Ich habe erzählt, wie Jesus unsere Sünde getilgt hat, wie unsere Sünde auf Jesus übertragen wurde, wie unsere Sünde weiß wie Schnee wurde, wie die ewige Erlösung vollbracht wurde. Nachdem ich zu Ende erzählt hatte, hat einer mit dem Kopf genickt, ein anderer konnte vor lauter Freude nicht ruhig bleiben. So ging es mir auch: als ich nach Hause kam, konnte ich vor Freude nicht einschlafen. Ja, es ist wirklich so, ich konnte nicht schlafen. Ich bin Gott sehr dankbar, dass ich für seine Arbeit benutzt werden kann, d. h. die Menschen, die es verdient haben, verdammt zu werden, zum Leben zu führen. Deshalb predige ich jetzt vor Ihnen, bis meine Stimme versagt.

Meine Lieben, wenn Sie wirklich mit diesem Herzen vor Jesus kommen: „Ich habe keine Hoffnung mehr. In mir gibt es nichts Gutes. Ich kann gar nichts Gutes tun. Ich habe wirklich verdient, verdammt zu werden", können Sie alle heute die Sündenvergebung bekommen. Aber einige meinen: „Nein, wenigstens dieses habe ich doch gut gemacht! Herr Soundso ist nur ein Namenschrist, aber ich bin ein ehrlicher Christ." Es gab auch zu Jesu Zeiten schon solche Leute. Die haben Jesus immer verfolgt. Sie haben Jesus nicht angenommen. Sie haben überhaupt nicht auf Jesus vertraut.

Jakob hatte gar keine andere Möglichkeit, vor dem Vater zu bestehen, deshalb musste er nur auf die Mutter vertrauen. Dagegen hatte Esau die Möglichkeit: „Ich kann jagen und kochen - warum soll ich auf die Mutter vertrauen?" Als Folge traf ihn der Fluch.

Meine Lieben, diese Geschichte zeigt uns verschiedene Herzenseinstellungen. Meinen Sie, dass Gott diese Geschichte nur hinzugefügt hat, weil die Bibel sonst zu dünn wäre und nicht so edel aussähe? Mitnichten! Gott wollte uns sein inbrünstig liebendes Herz in jedem Satz, in jedem Wort zeigen. Aber viele Menschen erkennen dies nicht, und sie bemühen sich einfach. Es gibt sehr viele Menschen, die Gottes Willen nicht erkennen.

Ich bin hierher gekommen, um den Einwohnern von Busan Gottes Willen zu erklären. In Busan gibt es sicherlich berühmte Pastoren, auch Pastoren mit Doktortitel. Aber ich bin kein berühmter Mann und habe auch keinen Doktortitel. Früher war ich wirklich ein böser Mensch und habe unter meinen Sünden gelitten. Eines Tages habe ich erkannt: Ich habe es verdient, verdammt zu werden. Gleichzeitig habe ich auch das Geheimnis des kostbaren Blutes des Herrn erkannt: Der Herr hat all meine Sünde von A bis Z so weiß wie Schnee gewaschen. In diesem Moment, als ich die Sündenvergebung empfangen habe, kam Jesus in mein Herz. Seitdem wurde ich geändert, und der Herr hält mich fest. Ich kann ein gutes Glaubensleben führen - nicht, weil ich guten Glauben habe, sondern weil Jesus mich hält. Ich sündige nicht - nicht, weil ich den festen Vorsatz habe, sondern weil Jesus mir die Kraft gibt, die Sünde zu besiegen. Ich muss jetzt bekennen, dass ich ein Mensch bin, der auch heute noch nicht anders kann, als im Sumpf zu versinken, wenn Jesus mich nicht hält.

Meine Lieben, decken Sie Ihr „Ich" auf! Ich meine nicht, dass Sie hier laut über Ihre schlechten Seiten schreien sollen, sondern stimmen Sie in Ihrem Herzen zu, dass Sie schmutzig sind. Werfen Sie solche Gedanken weg: „Ich bin nicht so...". Zu denjenigen, die dieses Herz haben: „Ich bin unmöglich. Ich muss verdammt werden. Jesus muss mich retten. Ich kann nicht, obwohl ich mich bemühe, obwohl ich mich anstrenge.", wird Jesus jetzt kommen.

Jakob hat gar nichts getan. Was hat die Ehebrecherin getan, damit sie gerettet wurde? Was hat der Übeltäter am Kreuz getan, damit er in den Himmel kommen konnte? Sie haben nur erkannt, dass sie Menschen waren, die verdammt werden mussten. Zu solchen Menschen kam Jesus immer und zeigte ihnen den Weg der Rettung. Sind Sie Mitglied im Kirchenchor? Sind Sie Kindergottesdienstlehrer? Sind Sie ein getaufter Christ? Sind Sie Diakon? Denken Sie „Ich bin nicht so ..."? Dann müssen Sie erkennen, dass Sie am weitesten vom Herrn entfernt sind. Diejenigen, die dieses Herz haben: „Ich bin ein Sünder, der verdammt werden muss. Herr, erbarme dich meiner!", können jetzt dem Herrn begegnen. Durch Jakob und Esau zeigt Gott uns das tiefe Geheimnis.

Meine Lieben, man kann nicht den echten Geschmack einer Wassermelone erleben, wenn man vielmals an ihrer Schale leckt. Genauso kann man nicht den echten Geschmack von Maronen erleben, wenn man nur ihre Schale kaut. So nützt es uns auch überhaupt nichts, wenn wir die Bibel nur äußerlich kennen. Ich glaube fest: Nur wenn Sie das versteckte geistliche Geheimnis erkennen, können Sie den Willen Gottes erkennen und ein segensvolles Leben führen.

Bitte senken Sie Ihren Kopf und schließen Sie Ihre Augen! Meine Lieben, ich möchte Ihnen jetzt gerne die Gelegenheit geben, Jesus zu begegnen.

Wer von Ihnen so denkt: „Gott, ich habe bis jetzt ein Glaubensleben geführt, für das ich mich schämen muss. Obwohl ich dachte, ich hätte für den Herrn gelebt, muss ich mich jetzt schämen. Ich habe überhaupt nichts Gutes getan. Ich bin ein Mensch, der verdammt werden muss. Herr, ich möchte heute auch die Gnade Jesu Christi bekommen wie Jakob, der durch die Liebe Rebekkas von seinem Vater gesegnet wurde. Ich möchte all meine eigenen Möglichkeiten wegwerfen und Jesu Gnade bekommen. Jesus, bitte wasche meine Sünde! Vergib mir meine Sünde! Lass mich heute neugeboren werden! Ich hoffe, dass all meine Sünde weiß wie Schnee wird", hebe jetzt bitte seine Hand. Danke sehr!

3
Jesus und
die Ehebrecherin

L assen Sie uns Johannes 8, Vers 1 bis 11 lesen.

„Jesus aber ging zum Ölberg. Und frühmorgens kam er wieder in den Tempel, und alles Volk kam zu ihm, und er setzte sich und lehrte sie. Aber die Schriftgelehrten und Pharisäer brachten eine Frau zu ihm, beim Ehebruch ergriffen, und stellten sie in die Mitte und sprachen zu ihm: Meister, diese Frau ist auf frischer Tat beim Ehebruch ergriffen worden. Mose aber hat uns im Gesetz geboten, solche Frauen zu steinigen. Was sagst du? Das sagten sie aber, ihn zu versuchen, damit sie ihn verklagen könnten. Aber Jesus bückte sich und schrieb mit dem Finger auf die Erde. Als sie nun fortfuhren, ihn zu fragen, richtete er sich auf und sprach zu ihnen: Wer unter euch ohne Sünde ist, der werfe den ersten Stein auf sie. Und er bückte sich wieder und schrieb auf die Erde. Als sie aber das hörten, gingen sie weg, einer nach dem andern, die Ältesten zuerst; und Jesus blieb allein mit der Frau, die in der Mitte stand. Jesus aber richtete sich auf und fragte sie: Wo sind sie, Frau? Hat dich niemand verdammt? Sie antwortete: Niemand, Herr. Und Jesus sprach: So verdamme ich dich auch nicht; geh hin und sündige hinfort nicht mehr."

Ich glaube, dass Sie heute Abend durch Zeugnisse und Gemeindelieder schon viel Gnade bekommen haben. Diese Woche habe ich nicht mehr als neun Stunden zum Predigen, und ich habe gestern Abend und heute Morgen schon zwei Stunden davon verbraucht. Dieses ist die dritte Stunde. Ich wünsche mir, dass Sie alle von der Sünde gerettet werden, bevor diese Evangelisation beendet ist. Deshalb bin ich gespannt und aufgeregt. Meine Lieben, ich möchte in dieser Woche über die Erlösung sprechen. Da dieses Thema ganz entfernt ist von Ihren normalen Gedanken, bitte ich Sie, Ihre Herzen weit zu öffnen.

Ich bin kein guter Redner, aber die Bibel erklärt die Sündenvergebung sehr deutlich. Wenn Sie also aufmerksam diesem Wort zuhören und der heilige Geist Gottes wirkt, können Sie von der Sünde gerettet werden. Meine Lieben, wenn Sie erlöst worden sind und den Herrn in Ihrem Herzen angenommen haben, bin ich sicher, dass wir uns im ewigen Königreich wiedersehen werden. Im letzten Frühling habe ich eine Evangelisation in Jeonju geführt. Dort sind sehr viele Menschen von ihren Sünden befreit worden. Am Ende dieser Evangelisation habe ich diesen Scherz gemacht: „Es gibt zwölf Tore im Himmel, drei im Norden, drei im Osten, drei im Süden und drei im Westen. Wenn wir alle im Himmel ankommen, gehen Sie bitte nicht sofort hinein, sondern warten Sie auf die anderen am mittleren Tor im Süden. Gehen wir zusammen hinein!" Auf meinen Scherz hin riefen die Menschen, die die Sündenvergebung angenommen haben: „Amen, halleluja!" und freuten sich sehr. Meine Lieben, Sie scheinen nicht so glücklich zu sein mit meinem Vorschlag. Ich denke, das liegt daran, dass Sie noch nicht bereit sind für den Himmel. Auf jeden Fall hoffe ich, dass Sie bei dieser Evangelisation von der Sünde erlöst werden, die Sie quält und davon abhält zu Gott zu kommen, so dass wir uns am Tor treffen und zusammen hineingehen können. Da ich schon eine Verabredung mit den anderen Geschwistern in Jeonju getroffen habe, ist es nicht mehr möglich, den Treffpunkt zu ändern. Ich wünsche mir sehr, dass wir uns dort treffen und für ewig gemeinsam mit dem Herrn glücklich leben.

Ich glaube, Sie haben das gleiche Problem, das ich hatte. In mir kamen viele Fragen auf, wenn ich die Bibel las. Es war außergewöhnlich schwer für mich, ein wahres Glaubensleben zu führen und nicht nur äußerlich die Gemeinde zu besuchen. Das größte Problem war die Sünde. Was steht auf diesem Plakat hier hinter mir? „Das Geheimnis der Sündenvergebung und der Wiedergeburt", nicht wahr? Mit Sünde kann man nicht vor Gott stehen. Ich hatte früher wirklich viele Fragen zum Thema Vergebung der Sünde. Ich hörte viele Pastoren predigen, dass man in den Himmel kommen kann, wenn man nur immer fleißig die Kirche besucht. Sie sagten, dass alle, die in die Kirche gehen, an Jesus glauben und deshalb in den Himmel kommen können. Aber manchmal haben sie auch etwas ganz anderes gesagt. So war ich verwirrt und dachte: „Wer kann denn nun eigentlich in den Himmel kommen?" Der Vers: **„Es werden nicht alle, die zu mir sagen: Herr, Herr! in das Himmelreich kommen"** ließ mich zweifeln, ob ich in diesem Zustand meines Glaubens in den Himmel kommen könne oder nicht. Und noch ein weiterer Zweifel plagte mich: Ich hatte zwar gehört, dass Jesus für meine Sünde am Kreuz gestorben ist, aber ich war gar nicht sicher, ob meine Sünden dadurch wirklich weiß wie Schnee geworden waren oder nicht. Wenn ich damals mein Herz betrachtete, hatte ich noch viel Sünde in mir, und ich wollte unbedingt wissen, wie ich von meinen Sünden reingewaschen werden könnte. Zu dieser Zeit sprach Gott mich an und öffnete mein Herz, um mir die Möglichkeit zu geben, mit ihm über meine Sünde zu sprechen.

In der Bibel können wir lesen, dass der Herr damals zwar sehr beschäftigt war, weil er z. B. zu vier- oder fünftausend Menschen predigte, aber sich trotzdem Zeit nahm, mit den Einzelnen zu reden. Dafür bin ich Gott sehr dankbar. In Johannes 3 hat sich Jesus mit Nikodemus unterhalten, in Johannes 4 mit einer samaritischen Frau, in Johannes 5 mit dem Mann, der 38 Jahre krank war und in Johannes 8 mit einer Frau, die beim Ehebruch ertappt worden war. Jesus redete mit seinen Jüngern immer noch im kleinen Kreis, nachdem er vor einer großen Menge gepredigt hatte. So wie Jesus Gespräche zu zweit gehabt hat, haben wir hier auch persönliche Gemeinschaften nach meiner Predigt.

Ich habe die Geschichte über die Ehebrecherin in Johannes 8 schon viele Male in Predigten gehört, und ich selbst habe auch schon oft darüber gepredigt. Aber ich habe immer noch viele Fragen. Die Frau ist auf frischer Tat ertappt worden. Wo ist denn der Mann, der bei der Frau war? Vielleicht konnte er schnell weglaufen. Warum haben sie sie vor Jesus gezerrt? Was hat Jesus auf die Erde geschrieben? usw. ... Als ich diese Geschichte in der Bibel gelesen habe, hatte ich also viele Fragen.

Meine Lieben, ich glaube, das ist gut so; denn es ist vollkommen unmöglich, einfach zu glauben. Man sagt leicht: „Glaube einfach! Glaube einfach!" Es geht zwar in anderen Bereichen, einfach zu glauben, aber nicht beim Glauben. Wenn man bedroht wird: „Wenn du nicht an Gott glaubst, töte ich dich", dann kann man mit dem Mund sagen: „Ich glaube." Aber man glaubt nicht mit dem Herzen. Es ist unmöglich, gegen die natürliche Ordnung einfach zu glauben, solange man noch Unklarheiten im Herzen hat, weil unser Herz sich immer nach der natürlichen Ordnung richtet.

Vor einiger Zeit habe ich einen Zeitungsartikel gelesen. Vor den Asiatischen Spielen hat man die Zufahrtsstraßen zum Flughafen sehr hell beleuchtet. Nach einer Weile entdeckten die Bauern in der Nähe des Flughafens, dass mit ihrem Reis etwas nicht in Ordnung war. Er bekam zwar Blüten, aber keine Körner. Merkwürdig war, dass das nur hier in diesem Gebiet der Fall war, direkt unter der hellen Beleuchtung. Die Bauern verklagten die Verwaltung. Die Regierung beriet sich mit einem landwirtschaftlichen Experten und war zuversichtlich, dass es nicht ihr Fehler war. Aber zu ihrer Überraschung erklärte der Experte, dass auch Reis genügend Schlaf braucht. Zum Wachsen braucht er viel Sonne, aber um Körner zu tragen, braucht er auch viel Schlaf. Von dem Tag an, an dem sie das wussten, wurde die Beleuchtung ab Mitternacht ausgeschaltet. Alles, was Gott geschaffen hat, hat innerhalb der Ordnung seinen eigenen Weg.

Man sagt, dass amerikanische Wissenschaftler einen riesigen Spiegel im Weltraum aufstellen könnten, womit das Sonnenlicht so reflektiert werden könnte, dass für eine bestimmte Stadt die Nacht zum Tag würde. Aber sie wagen nicht, das zu tun, weil dadurch die Ökologie zerstört und eine furchtbare Katastrophe verursacht werden könnte.

Meine Lieben, genau so ist auch unser Glaube nicht erzwingbar. Wenn man z. B. jemanden auffordert zu glauben, wird dieser vielleicht versuchen zu glauben, weil er denkt, dass er nun unbedingt glauben muss. Und solange kein Glaube in ihm entsteht, wird er sich weiterhin bemühen zu glauben, und schließlich wird er versuchen, indem er laut ruft: „Herr, ich glaube an dich!" Meine Lieben, Glaube ist Glaube. Warum muss er das so betonen: „Herr, ich glaube!"? Das bedeutet, dass er immer noch versucht zu glauben, weil er noch nicht den richtigen Glauben bekommen hat. Ich glaube meiner Frau, aber ich habe noch nie zu ihr gesagt: „Ich glaube dir, meine liebe Frau." Es gäbe nichts Komischeres für mich, als eines Tages zu ihr zu sagen: „Ich glaube dir, meine liebe Frau", verstehen Sie? Diejenigen, die besonders betonen, dass sie glauben, sind die, die sich ständig bemühen zu glauben, weil sie noch keinen Glauben bekommen haben. Das ist kein Glaube. Glaube muss natürlich und selbstverständlich sein.

Was ist nun Ihr Problem? Sie wissen, dass Jesus für Ihre Sünde am Kreuz gestorben ist. Sie können aus eigener Kraft sonntags Gottesdienst feiern. Sie können fasten. Sie können spenden. Sie können Mitglied des Chors sein oder ein Kindergottesdienstlehrer. Aber Sie können irgendwie nicht mit Gewissheit glauben: „Meine Sünden sind reingewaschen, so weiß wie Schnee." Irgendetwas in Ihrem Herzen sagt: „Nein, diese Sünde ist immer noch übriggeblieben." Sie wissen zwar, dass Jesus am Kreuz Ihre Sünde weggewaschen hat und sagen mit dem Mund, dass Sie rein und ohne Sünde sind, aber das Problem ist, dass Sie das nicht mit dem Herzen voller Gewissheit glauben können. Jesus möchte, dass unser Herz rein ist und nicht unser Kopf. Da Sie keinen Glauben in Ihrem Herzen haben, können Sie nicht glauben, dass Jesus Sie von Ihren Sünden befreit hat. Deshalb denken Sie immer zuerst an Sünde, wenn Sie vor Gott beten. Sie sagen dann zwar: „Wenn man an Gott glaubt, ist man froh, glücklich und Gott dankbar", aber vor Gott können Sie nur so sagen: „Ich schäme mich, ich bin mangelhaft."

Ich möchte heute Abend nicht über die Tatsache sprechen, dass Jesus am Kreuz für Ihre Sünde gestorben ist; denn es gibt niemanden, der diese Tatsache nicht kennt. Ist irgendjemand hier anwesend, der nicht weiß, dass Jesus am Kreuz für ihn gestorben ist? Ein koreanisches Sprichwort sagt: „Salz auf dem Küchentisch schmeckt erst dann salzig, wenn man es in das Essen streut." Es ist wahr, dass Jesus für unsere Sünden gestorben ist. Also muss die Sünde in Ihrem Herzen weggewaschen sein. Jesus ist für Ihre Sünden gestorben. Trotzdem haben Sie immer noch Sünde in Ihrem Herzen. Das ist kein Glaube!

Da ich Pastor bin, habe ich in der Bibel den Weg des Glaubens gesucht, den Weg, der durch das wertvolle Blut am Kreuz zur Sündenvergebung führt. Wenn Sie auf diesem Weg folgenden Glauben bekommen: „Jesus ist für meine Sünde gestorben, deshalb wurde meine Sünde so weiß wie Schnee", dann werden Sie ohne Schuldgefühl wegen der Sünde die Freiheit und den Frieden genießen. Dann kommt der heilige Geist schließlich in Ihr Herz und führt Sie.

Es gibt in der Bibel viele Geschichten über die Sündenvergebung, deshalb kann ich nicht alle erzählen. Heute Abend werde ich Ihnen aber anhand der Erzählung in Johannes 8, wie die Ehebrecherin von Jesus die Sündenvergebung bekommen hat, erklären, wie auch Ihnen Ihre Sünden vergeben werden können. Lassen Sie uns diese Verse lesen:

„Jesus aber ging zum Ölberg. Und frühmorgens kam er wie-

der in den Tempel, und alles Volk kam zu ihm, und er setzte sich und lehrte sie. Aber die Schriftgelehrten und Pharisäer brachten eine Frau zu ihm, beim Ehebruch ergriffen, und stellten sie in die Mitte ...“

Soweit ist es kein Problem, diese Verse zu verstehen, nicht wahr? Lassen Sie uns Vers 4 zusammen lesen: „... und sprachen zu ihm: Meister, diese Frau ist auf frischer Tat beim Ehebruch ergriffen worden.“ Sie hat sich wahrscheinlich sehr geschämt, weil sie auf frischer Tat ertappt worden ist, nicht wahr? Jetzt lese ich Vers 5: „Mose aber hat uns im Gesetz geboten, solche Frauen zu steinigen. Was sagst du?“ Nun, meine Lieben, hier gibt es etwas sehr Wichtiges. Hier ist eine Sünderin. Hier hält man Gericht über diese Frau. Wer hat sie zuerst verurteilt? Das Gesetz. Es hat diese Frau zum Tode verurteilt. Und wie wird Jesus urteilen? Sein Urteil war ganz anders als das des Gesetzes. Wie hat er geurteilt? Freispruch! Das ist der Unterschied zwischen den beiden Gesetzen. Die einzige Möglichkeit, einen Sünder freizusprechen, der nach dem einen Gesetz mit dem Tode bestraft werden muss, ist die, ein anderes Gesetz auf ihn anzuwenden.

Vor der Predigt hat eine Schwester ein Gemeindelied gesungen. Nehmen wir einmal an, wir hätten hier einen Singwettbewerb. Der beste Sänger ist dann nicht unbedingt auch der Gewinner. Der Gewinner wird bekanntlich nach den Regeln des Wettbewerbs ermittelt. Wenn z. B. eine Regel besagt, dass der Teilnehmer gewinnt, der seinen Mund am weitesten öffnen kann, habe ich die größte Chance, zu gewinnen. Denn es gibt selten einen, der einen so großen Mund hat wie ich. Es hängt also von der Regel ab, wer den Preis bekommt. Genau so kann ein Urteil für dieselbe Sünde unterschiedlich ausfallen, je nach dem Gesetz, das angewendet wird. Die Frau hat Ehebruch begangen. Selbst wenn man diese Frau leben lassen möchte, ist es nach dem Gesetz Mose unmöglich.

Vor etlicher Zeit gab es in Korea Ausgangssperre zwischen Mitternacht und vier Uhr morgens. Verstößt es aber gegen das Gesetz, wenn man heute nach Mitternacht herumläuft? Nein, denn das Gesetz ist geändert worden. Als wir noch die Ausgangssperre hatten, gab es Ausnahmen für die Stadt Kyungju, die Insel Jeju und das Bundesland Nord-Chungchong. Angenommen, die Leute, die auf der Grenzlinie zwischen Nord- und Süd-Chungchong wohnen, hatten eine Party in Süd-Chungchong und sind nach Mitternacht noch draußen. Polizisten eilen herbei, blasen in ihre Trillerpfeifen, verfolgen sie und rufen: „Sie verstoßen gegen die Ausgangssperre!" Was passiert aber, wenn die Leute weiterrennen und nach Nord-Chungchong kommen? Jetzt haben sie das Gesetz nicht gebrochen, denn in Nord-Chunchong gibt es keine Ausgangssperre. Aber wenn sie zurück nach Süd-Chungchong gehen, werden sie verhaftet. Laufen sie wieder nach Nord-Chungchong, haben die Polizisten kein Recht mehr, sie festzunehmen. Wenn man also innerhalb Süd-Chungchong gegen die Ausgangssperre verstößt, muss man Bußgeld bezahlen. Aber in Nord-Chungchong ist man frei, weil es dort keine Ausgangssperre gibt.

Die Frau in Johannes 8 hat nicht nur begierig nach dem Mann geschielt oder den Ehebruch geplant, sondern sie ist auf frischer Tat ertappt worden, d. h. sie hat offensichtlich eine Sünde begangen. Deshalb war es nach dem Gesetz völlig unmöglich, sie vor dem Tod zu retten. Heute Abend möchte ich Ihnen anhand der Bibel erklären, wie diese Ehebrecherin von der Sünde befreit wurde. Was ich Ihnen jetzt sage, könnte sehr verschieden sein von Ihren bisherigen Gedanken. Deshalb möchte ich, dass Sie Ihre Herzen öffnen und aufmerksam zuhören.

Wir kommen zurück auf das Beispiel mit der Ausgangssperre. Was passiert, wenn einer, der in Nord-Chungchong war, nach Mitternacht nach Süd-Chungchong kommt? Er wird festgenommen. Aber angenommen, er ist entwischt und nach Nord-Chungchong zurückgelaufen. Die Polizisten verfolgen ihn bis nach Nord-Chungchong und verhaften ihn dort erneut. Worauf wird der Festgenommene bestehen?

„Da ich in Nord-Chungchong bin, muss ich in Nord-Chungchong vor Gericht gestellt werden."

Nun steht er im Gerichtssaal. Der Richter fragt die Polizisten: „Was ist sein Vergehen?"

„Übertreten der Ausgangssperre, Euer Ehren."

Der Richter sagt: „Hier gibt es keine Ausgangssperre."

Die Polizisten entgegnen: „Aber er ist nach Mitternacht herumgelaufen, das ist wirklich wahr, wir selbst haben ihn gesehen. Wir haben Fotos und auch einen Zeugen."

Aber der Richter stellt fest: „Angeklagter, Sie sind frei."

„Nein, er hat wirklich eine Sünde begangen, er ist auf frischer Tat ertappt worden!"

Der Richter fragt die Polizisten: „Sind Sie fertig mit Ihrer Anklage?"

„Ja."

„Der Angeklagte ist frei. Sie können nach Hause gehen."

Es gibt kein Gesetz, nach dem man ihn bestrafen kann.

Nun, meine Lieben, was verurteilt uns als Sünder? Es ist das Gesetz. Wo kein Gesetz ist, wird Sünde nicht als Sünde gewertet. Angenommen, ich wäre kein Gläubiger und hätte geraucht. Ist das ein Verbrechen? Nach dem koreanischen Gesetz ist das keine Sünde. Aber wenn ein entsprechendes Gesetz verabschiedet würde, müsste ich hingerichtet werden, wenn ich beim Rauchen ertappt würde. Das heißt also: Erst das Gesetz macht die Sünde zur Sünde. Im Römerbrief heißt es: „**Denn die Sünde war wohl in der Welt, ehe das Gesetz kam; aber wo kein Gesetz ist, da wird Sünde nicht angerechnet.**"

Meine Lieben, die Predigt von heute Abend könnte ein bisschen trocken und schwierig sein. Aber wir fahren fort: Die Frau kam zu Jesus. Ist sie aus freien Stücken zu ihm gekommen, oder hat sie jemand zu ihm gebracht? Die Bibel sagt, dass die Schriftgelehrten und Pharisäer sie zu ihm gebracht haben. Aber in Wirklichkeit waren es nicht die Schriftgelehrten und Pharisäer, die sie zu Jesus gebracht haben, sondern es war das Gesetz. Hätte sie ohne das Gesetz zu ihm gebracht werden können? Nein, erst das Gesetz macht die Sünde zur Sünde. Die Sünde bringt uns zu Christus.

Es ist wie ein kleiner Starter in der Neonröhre. Bevor das Licht kommt, blinkt er ganz kurz auf und geht aus. Dann leuchtet die Neonlampe. Haben Sie einmal eine Neonlampe mit einem Starter gehabt, der dauernd blinkt und nicht ausgeht? Der Starter muss ausgehen, nachdem er einige Male geblinkt hat. Was passiert, wenn er nicht ausgeht? Dann kann die Neonröhre nicht ihr helles Licht ausstrahlen.

Das Gesetz ist wie dieser Starter. Im Galaterbrief heißt es: „**So ist das Gesetz unser Zuchtmeister gewesen auf Christus hin, damit wir durch den Glauben gerecht würden**" (Galater 3, 24). Das Gesetz hat uns gelehrt, was Sünden sind: „Ah, solche Sachen mag Gott nicht." „Wir sollen keinen Ehebruch begehen." „Wir sollen nicht töten." Ohne das Gesetz können wir die Sünde überhaupt nicht als solche erkennen. Wenn wir die Sünde nicht erkennen, wird keiner von uns zu Jesus kommen. Wenn Sie von der Sünde gerettet werden möchten, bedeutet das, dass das Gesetz Sie die Sünde hat erkennen lassen. Das Gesetz lässt als der Starter uns die Sünde in unserem Herzen erkennen und muss sich danach zurückziehen, damit Jesus in unser Herz kommen kann. Meine Lieben, so wie die Neonlampe nicht hell leuchten kann, solange der kleine Starter immer weiter blinkt, so kann der heilige Geist nicht in Ihr Herz kommen, solange Sie vom Gesetz gefesselt sind. Erst wenn Sie vom Gesetz befreit worden sind, kann der heilige Geist in Ihr Herz kommen.

Lassen Sie mich zurückgehen zu dieser Ehebrecherin. Sie fragten: „Mose aber hat uns im Gesetz geboten, solche Frauen zu steinigen. Was sagst du?" Was hat Jesus geantwortet? Er hat gar nichts gesagt. Er fing nur an, etwas mit dem Finger auf die Erde zu schreiben. Viele Theologen haben geforscht, um herauszufinden, was er geschrieben hat, und sie haben viele verschiedene Meinungen veröffentlicht. Als ich einmal eine Bibelstunde führte, fragte mich auch ein Mann: „Was hat Jesus mit dem Finger auf die Erde geschrieben, als er die Frau verurteilen sollte?" Ich habe geantwortet: „Ich weiß es nicht."

Es gibt kein Buch, das so deutlich, genau und wahr ist wie die Bibel. Sie ist ein vollkommenes Buch, dem nichts fehlt und dem es an nichts mangelt. Alles, was wir wissen müssen, steht dort geschrieben. In der Bibel steht, dass Jesus geschrieben hat, aber es wird nicht erwähnt, was er geschrieben hat. Ich verstehe das folgendermaßen: Was Gott uns sagen möchte, ist nicht der Inhalt, den Jesus geschrieben hat, sondern die Tatsache selbst, dass Jesus mit dem Finger auf die Erde geschrieben hat. Nun, welche Bedeutung hat diese Tatsache? Ich habe in der Bibel die Stellen gesucht, in denen ein Finger etwas geschrieben hat. In Daniel gibt es die Geschichte, in der der Finger eines Menschen an die Wand geschrieben hat: **„Mene mene tekel u-par-sin."** Und ich habe weiter nach Stellen gesucht, wo der Finger Gottes geschrieben hat, und konnte ein erstaunliches Geheimnis finden: Gott selbst hat mit seinem Finger zweimal geschrieben. Das erste Mal hat er die Zehn Gebote mit seinem Finger auf die Steintafeln geschrieben und sie Mose gegeben. Nun möchte ich den Unterschied erklären zwischen dem, was Gott mit dem Finger auf die Steintafeln geschrieben hat und dem, was Jesus mit dem Finger auf die Erde geschrieben hat.

Das Wichtigste ist, dass er vor der Frau geschrieben hat und nicht irgendwo anders. Warum hat er vor dieser Ehebrecherin geschrieben? Er tat es, während er über sie urteilte. Die Schriftgelehrten und Pharisäer kamen zu Jesus und sagten: „Sie hat Ehebruch begangen und ist auf frischer Tat ertappt worden. Mose befiehlt uns in seinem Gesetz, dass solche gesteinigt werden müssen. Aber was sagst du dazu? Was ist dein Urteil?" Jesus war gezwungen, sie zu verurteilen. Es gibt eine bestimmte Bedeutung in der Tatsache, dass Jesus mit dem Finger auf die Erde geschrieben hat, bevor er sie verurteilt hat, denn sie muss von einem Gesetz verurteilt werden.

Zuerst hat das Gesetz Mose sie verurteilt. Es ist ca. 1500 Jahre vor Christus auf dem Sinai von Gott auf die Steintafeln geschrieben und Mose gegeben worden. Sie hätte sterben müssen, wenn sie nach dem Gesetz, das Gott selbst mit seinem Finger geschrieben hat, verurteilt worden wäre. Meine Lieben, nicht nur die Ehebrecherin, sondern auch Sie und ich, wir hätten vernichtet werden müssen, wenn wir nach dem Gesetz verurteilt worden wären, das er mit seinem Finger auf dem Sinai geschrieben hat. Kein Mensch auf der Erde hat das Gesetz vollkommen gehalten, deshalb müssten alle vernichtet werden.

Bibelwissenschaftler haben mit dem Computer die Bibel erforscht und herausgefunden, dass Mose im Jahre 1492 vor Christus die beiden Steintafeln auf dem Sinai bekommen hat. Während dieser rund 1500 Jahre von dem Zeitpunkt an, als

Mose das Gesetz bekommen hat, bis zu der Zeit, als Jesus in diese Welt kam, konnte niemand das Gesetz vollkommen halten. Deshalb musste jeder, der nach dem Gesetz verurteilt wurde, vernichtet werden. Jesus ist gekommen, um die Frau zu retten, die beim Ehebruch ertappt worden ist, die verdammt werden und sterben musste. Jesus ist gekommen, um nicht nur diese Frau, sondern auch Sie und mich, die heute Abend hier sind, zu retten. Aber Jesus konnte weder sie noch uns mit dem Gesetz retten. Jesus hat sich entschlossen, ein anderes Gesetz einzusetzen, weil nach dem Gesetz Mose jeder zum Tode verurteilt werden muss. Welches andere Gesetz? Das Gesetz der Liebe, der Gnade und des Glaubens. Deshalb hat Jesus mit dem Finger auf die Erde geschrieben.

Die Geschichte über das Gesetz ist zwar ein bisschen trocken, aber trotzdem sehr interessant. Die Bibel sagt, dass Abraham ein Gerechter war und dass er durch den Glauben gerecht geworden ist. Er war Gottes Freund. Er war aber doch kein Mensch, der keinen Fehler machte. Er machte Hagar, die Magd seiner Frau, zu seiner Konkubine. Er betrog die Leute, indem er seine Frau als seine Schwester vorstellte. Abraham war ein normaler Mensch wie wir. Er hat eine Menge Fehler gemacht und viele Sünden begangen. Wie konnte er dann also Gottes Freund sein? Weil es kein Gesetz zwischen Gott und Abraham gab. Zu dieser Zeit lebten die Menschen noch mit Gott ohne irgendein Gesetz. Auch wenn Abraham einen Fehler machte, wurde der nicht als Sünde gerechnet, weil es zwischen Gott und Abraham kein Gesetz gab.

Aber als die Israeliten aus Ägypten auszogen, wollten sie nicht einfach die Gnade von Gott annehmen: „Wir werden nach deinem Wort leben und es gut halten, also segne uns bitte." Sie waren sehr hochmütig. Deshalb hat Gott zu ihnen gesagt:

„In Ordnung, dann gebe ich euch ein Gesetz. Wenn ihr es haltet, werde ich euch segnen. Wenn ihr es brecht, werde ich euch verfluchen." „Alles, was du sagst, werden wir halten." Jedoch nicht ein einziger Mensch konnte es halten. Ein Gesetz aber, das niemand halten kann, ist wertlos.

Angenommen, Sie und ich verabreden uns: Wenn Sie um zwei Uhr morgens hierher kommen, werde ich Ihnen erklären, wie Sie von Ihren Sünden reingewaschen werden können. Wie verabredet komme ich hierher. Aber wenn keiner von Ihnen kommt, ist unsere Verabredung in Wirklichkeit wertlos. Da niemand von uns das Gesetz gehalten hat, musste Gott uns ein neues Gesetz geben. An vielen Stellen spricht die Bibel über diese Sache.

„Es ist hinzugekommen um der Sünden willen, bis der Nachkomme da sei, dem die Verheißung gilt, ..."

Sollen wir dann das Alte Testament wegwerfen, weil das Gesetz jetzt nicht mehr nötig ist? Nein, auf keinen Fall! Durch das Gesetz erkennen wir, dass wir Sünder sind, und wir können zu Jesus Christus kommen. Im Galaterbrief steht, dass das Gesetz der Zuchtmeister ist. Ohne das Gesetz leben wir, wie wir wollen, weil wir nicht erkennen, dass wir Sünder sind. Aber das Gesetz lehrt uns, dass wir Sünder sind, die sterben müssen. Dadurch können wir zu Jesus kommen. Gott hat uns das Gesetz gegeben – nicht, weil es uns gerecht oder heilig machen könnte, sondern um uns erkennen zu lassen, dass wir Sünder sind. Sprechen Sie mir nach: „Durch das Gesetz kommt die Erkenntnis der Sünde."

Wenn Gott erwartet hätte, dass wir heilig werden könnten, indem wir das Gesetz halten, hätte er uns ein Gesetz gegeben, das wir halten können. Aber er hat uns eins gegeben, das wir nicht halten können. Wir können das Gesetz nicht halten

– nicht, weil wir uns zu wenig bemühen oder nicht entschlossen genug sind, sondern weil wir das Gesetz von Natur aus nicht halten können. Denn alle Gebote müssen eingehalten werden, nicht nur ein Teil davon. Wenn man auch nur gegen ein einziges Gebot verstößt, obwohl man alle anderen gehalten hat, bedeutet das, dass man das ganze Gesetz gebrochen hat, und sobald wir ein Gesetz brechen, können wir erkennen: „Ich bin ja ein Sünder!"

Meine Lieben, ohne diese Tatsache zu erkennen, bemühen sich viele Menschen, das Gesetz zu halten und dadurch vor Gott zu bestehen und in den Himmel zu kommen. Die Ehebrecherin steht hier nicht nur für sich selbst, sondern für alle, die wir heute Abend hier sind. Wenn jeder von Ihnen nach dem Gesetz verurteilt werden würde, bliebe Ihnen nichts anderes übrig als zu sterben. Denn es gibt niemanden, der nicht gesündigt hat, und die Bibel sagt: „**Der Sünde Sold ist der Tod.**" Deshalb musste Jesus das Gesetz ändern, um diese Frau zu retten. Verstehen Sie, was ich meine? Das Erste, was Gott geschrieben hat, waren die Zehn Gebote, das Zweite, was Jesus Christus geschrieben hat, war das Gesetz der Liebe. Lassen Sie uns in die Bibel schauen, um dies zu belegen.

„**Siehe, es kommt die Zeit, spricht der Herr, da will ich mit dem Hause Israel und mit dem Hause Juda einen neuen Bund schließen, nicht wie der Bund gewesen ist, den ich mit ihren Vätern schloss, als ich sie bei der Hand nahm, um sie aus Ägyptenland zu führen, ein Bund, den sie nicht gehalten haben, ob ich gleich ihr Herr war, spricht der Herr;**" (Jeremia 31, 31-32).

Der Bund, den Gott schloss, als er die Israeliten aus Ägypten führte, ist das Gesetz, das er ihnen auf dem Sinai gab. Nun sagt Gott, er will einen neuen Bund schließen.

„... sondern das soll der Bund sein, den ich mit dem Hause Israel schließen will nach dieser Zeit, spricht der Herr: Ich will mein Gesetz in ihr Herz geben und in ihren Sinn schreiben, und sie sollen mein Volk sein, und ich will ihr Gott sein. Und es wird keiner den andern noch ein Bruder den andern lehren und sagen: ‚Erkenne den Herrn‘, sondern sie sollen mich alle erkennen, beide, klein und groß, spricht der Herr; denn ich will ihnen ihre Missetat vergeben und ihrer Sünde nimmermehr gedenken" (Jeremia 31, 33-34).

Es ist schon eine Weile her, da sagte meine Frau immer wieder zu mir: „Schatz, du brauchst einen neuen Anzug." Ich hatte gar nicht bemerkt, dass mein Anzug schon sehr abgetragen war. Aber schließlich habe ich einen neuen gekauft. Warum brauchte ich einen neuen Anzug? Weil der alte unbrauchbar geworden war. Warum braucht man neue Schuhe? Wenn sie zu alt sind, muss man neue kaufen.

Es gab das Gesetz, d. h. den Bund zwischen Gott und den Israeliten. Gott hat versprochen:

„... und weil du der Stimme des Herrn, deines Gottes, gehorsam gewesen bist, werden über dich kommen und dir zuteil werden alle diese Segnungen: Gesegnet wirst du sein in der Stadt, gesegnet wirst du sein auf dem Acker. Gesegnet wird sein die Frucht deines Leibes, der Ertrag deines Ackers und die Jungtiere deines Viehs, deiner Rinder und deiner Schafe. Gesegnet wird sein dein Korb und dein Backtrog. Gesegnet wirst du sein bei deinem Eingang und gesegnet bei deinem Ausgang" (5. Mose 28, 2-6).

„Wenn du aber nicht gehorchen wirst der Stimme des Herrn, deines Gottes, und wirst nicht halten und tun alle seine Gebote und Rechte, die ich dir heute gebiete, so werden alle diese Flüche über dich kommen und dich treffen. Verflucht wirst du sein in der Stadt, verflucht wirst du sein auf dem Acker. Verflucht wird sein dein Korb und dein Backtrog. Verflucht wird sein die Frucht deines Leibes, der Ertrag deines Ackers, das Jungvieh deiner Rinder und Schafe. Verflucht wirst du sein bei deinem Eingang und verflucht bei deinem Ausgang" (5. Mose 28, 15-19).

Aber kein einziger Mensch in Israel konnte das Gesetz halten. Es gibt niemanden, weder bei den Israeliten noch in der ganzen Welt, der je das Gesetz vollkommen gehalten hat. Deshalb war das Gesetz aus Gottes Sicht bedeutungslos. Folglich sagte Gott, dass er einen neuen Bund schließen, d. h. den Menschen ein neues Gesetz geben wolle, wie es in Jeremia 31 prophezeit wurde, weil man durch das alte Gesetz nicht vor Gott bestehen konnte. Wer erlässt das neue Gesetz? Gott! Kann Pastor Park das alte Gesetz ändern? Auf keinen Fall! Deshalb fing Jesus an, mit dem Finger auf die Erde zu schreiben. Man weiß nicht, was er geschrieben hat. Jedenfalls war die Frau eine Sünderin, die nach dem Gesetz den Tod verdient hatte, und Jesus war gekommen, um solche Sünder, die getötet werden müssten, zu retten. Also musste er das alte Gesetz durch ein neues ersetzen. Jesus hat das neue Gesetz der Gnade und Liebe geschrieben. Deshalb brauchte diese Frau nicht mehr nach dem alten Gesetz verurteilt zu werden. Wonach wurde sie also jetzt verurteilt? Sie wurde verurteilt nach dem Gesetz der Gnade und der Liebe Jesu.

„Wer unter euch ohne Sünde ist, der werfe den ersten Stein auf sie" (Johannes 8, 7).

Keiner konnte einen Stein aufheben und sie steinigen, und alle gingen weg. Nun fing Jesus an, sie zu verurteilen.

„So verdamme ich dich auch nicht; gehe hin und sündige hinfort nicht mehr" (Johannes 8, 11).

Jesus hat sie nach dem Gesetz der Liebe verurteilt, denn er

hat an ihrer Stelle die Sünde auf sich genommen.

Es gibt auch viele unter Ihnen, die zwischen den beiden Gesetzen hin und her hinken: Manchmal leben Sie unter dem Gesetz Mose, manchmal unter dem Gesetz der Liebe. Manchmal sagen Sie, dass Ihnen all Ihre Sünden vergeben worden sind, manchmal sagen Sie: „Ich bin ein Sünder, der den Tod verdient hat." Deswegen kann Ihr Glaube nicht wachsen. Wenn man unter dem Gesetz leben möchte, muss man es vollkommen halten, aber wenn man zu Jesus kommen möchte, muss man das Gesetz vergessen und die Gnade empfangen. Man kann sich nur für eins entscheiden.

Das Gesetz ist nicht die Sünde. Das Gesetz selbst ist gut. Heutzutage glauben viele Menschen nicht, dass Jesus auf dem Wasser gelaufen ist: „Wie kann ein Mensch über das Wasser laufen? Das spezifische Gewicht eines Menschen ist größer als das des Wassers!", nicht wahr? Ich würde aber nicht an Jesus glauben, wenn er nur das könnte, was wir auch können. Ich glaube an ihn, weil er über das Wasser gelaufen ist, was ich nicht kann. Es gäbe keinen Grund, an ihn zu glauben, wenn er nur das könnte, was ich auch kann, denn dann gäbe es keinen Unterschied zwischen ihm und mir. Jesus ging über den See, nicht wahr?

Ich weiß, wie man auf dem Wasser laufen kann. Wäre es für Sie nicht schön, wenn ich es Ihnen beibringen würde? Denn Sie leben in Busan, einer Küstenstadt. Möchten Sie, dass ich das Geheimnis lüfte? Ich werde es Ihnen verraten, obwohl ich es nicht aus der Bibel gelernt habe. Es ist nicht schwer, auf dem Wasser zu laufen. Hören Sie genau zu! Sie laufen schnell vom Strand aus auf das Wasser zu und machen mit dem linken Fuß den ersten Schritt auf das Wasser. Dann machen Sie mit dem rechten Fuß ganz schnell den nächsten Schritt, bevor der linke Fuß ins Wasser taucht. Das gleiche wieder mit dem linken Fuß, bevor der rechte eintaucht. So können Sie nach Japan oder sogar nach Amerika gelangen. Ich bin nur dann verantwortlich, wenn Sie meinen Anweisungen genau folgen! Aber wenn Sie ertrinken, weil Sie zu lange gebraucht haben, um den einen Fuß vor den anderen zu setzen, dann bin ich nicht verantwortlich. Versuchen Sie es einmal am Haeundae-Strand. Sie werden auf keinen Fall ertrinken! Das war ein guter Scherz, nicht wahr? Meine Lieben, das Gesetz ist so wie meine Anweisungen. Es ist wirklich gut, wenn Sie es halten können. Aber es ist problematisch, weil wir nicht die Fähigkeit haben, den linken Fuß vor den rechten zu setzen, bevor dieser ins Wasser eintaucht. Es ist absolut unmöglich für uns, das Gesetz zu halten.

Ein koreanisches Sprichwort sagt: „Sieh den Baum nicht einmal an, den du nicht erklimmen kannst." Wer hat Sie gelehrt, dass Sie mit ganzem Herzen versuchen sollen, das Gesetz zu halten? Gott wusste schon, dass Sie es nicht halten können. Trotzdem hat er es uns gegeben. Wie hochmütig könnten Sie werden, wenn Sie es gut halten könnten! Aber weil wir es nicht halten können, werden wir demütig und sagen: „Herr, ich bin ein Sünder." Gott kennt uns sehr gut. Er weiß, was wir können und was nicht. Deshalb hat er uns ein Gesetz gegeben, das über unsere Fähigkeiten hinaus geht. Aber wir werden von Satan belogen, der uns zuflüstert: „Streng dich an, das Gesetz zu halten", und bemühen uns dann tatsächlich, es zu halten. Dadurch werden wir blind, so dass wir den Weg der Gnade nicht sehen können.

Als ich zur Fahrschule ging, erklärte der Fahrlehrer einmal: Wenn ein Auto steht, kann man sehen, was im Umkreis von 180

Grad um uns herum ist. Bei 60 km/h verengt sich das Sichtfeld auf 45 Grad, und bei 100 km/h sind es nur noch 15 Grad. Als ich gerade nach Seoul umgezogen war, war Seoul für mich sehr unübersichtlich. Deshalb musste ich zusammen mit meiner Frau auf dem Stadtplan immer erst die Straße suchen, wo wir jemanden besuchen wollten, bevor wir überhaupt losfuhren. Während ich fuhr, sah ich nur geradeaus und hatte keine Zeit, nach links und rechts zu schauen. Wenn wir wieder zu Hause waren und uns unterhielten, berichtete meine Frau mir über die Gebäude, an denen wir vorbeigefahren waren. Dann fragte ich immer: „Sind wir wirklich daran vorbeigefahren?" Da ich in Seoul fremd war, war es für mich sogar schwierig, keine Ampel zu übersehen. Die Polizisten waren das Einzige, an das ich mich erinnern konnte.

Meine Lieben, wenn man genug Zeit hat, kann man in einem 180-Grad- oder sogar 360-Grad-Winkel sehen. Aber wenn man 100 km/h fährt, fliegen die Häuser sehr schnell an uns vorbei. Deshalb kann man nur in einem 15-Grad-Winkel sehen. Während ich von Seoul hierher kam, musste ich auf 400 km Länge alle Schilder beachten. Hätte ich eins von all diesen Schildern übersehen, hätte ich nicht hergefunden. Deshalb hatte ich keine Zeit, nach links und rechts zu sehen.

Da Satan uns im Gesetz eingeschlossen hat, sind wir so damit beschäftigt, es zu halten, dass wir keine Zeit haben, andere Dinge zu beachten. Wir sehen nicht, wo der Weg der Sündenvergebung ist, was das Gesetz der Liebe ist und wie all unsere Sünde uns vergeben ist, sondern bemühen uns nur, das Gesetz zu halten. Das ist der Zustand der meisten Menschen: „Ich habe wieder gesündigt, weil ich mangelhaft bin. Gott, bitte vergib mir." Sogar ein angenehmes Lied kann langweilig und ermüdend werden, wenn man es wieder und wieder hören muss.

Wird Gott also mögen, wenn man das immer wieder weinend sagt? Gott wird sagen: „Bitte hör auf damit, Schluss mit dem Weinen und Klagen! Ihr seid zwar auch nicht schön, wenn ihr lacht, aber wenn ihr dauernd klagt und weint ...!" Meinen Sie nicht?

Gott möchte uns in Freude begegnen. Gott ist derjenige, der die Versöhnung schafft. Gott ist der Herr des Friedens. Solange Sie vom Gesetz gefesselt sind, können Sie in Ihrem ganzen Leben niemals Frieden, Freude und Glück erfahren. Sie müssen nur klagend beten: „Gott, bitte vergib diesem Sünder, ich bin schuldig." Und Sie sagen: „Ich weiß nicht, ob ich in den Himmel kommen kann oder nicht. Das kann ich erst wissen, wenn ich gestorben bin", weil Sie keinen Glauben haben und auf das eindeutige Versprechen Gottes nicht vertrauen können.

Wenn ich zu jemandem sage: „Ich wohne im Stadtteil Daechi-Dong Nr. 316 in Seoul", und er erwidert: „Das glaube ich nicht, bevor ich da gewesen bin", bedeutet das, dass er mir nicht vertraut. Jeder, der mir vertraut, glaubt alles, was ich sage, ohne dorthin zu gehen und nachzusehen.

Ein Bruder, der dafür zuständig ist, meine Predigten auf Kassetten aufzunehmen, brauchte letztens 1.000 Kassetten. Er rief den Händler in Seoul an: „Bitte schicken Sie uns 1.000 Kassetten." Der Händler vertraute uns und schickte sie, ohne vorher Geld zu verlangen, und sagte nur: „Bitte überweisen Sie das Geld." Er schickte 1.000 Kassetten zu einem Fremden in Busan, das ist Glaube. Wenn er Zweifel gehabt hätte: „Was ist, wenn Sie mir das Geld nicht überweisen?", hätte er uns die Kassetten nicht geschickt.

Gott hat deutlich versprochen: „So und so wird die Sünde getilgt, so und so wird man gerettet, so und so kann man in den Himmel kommen." Wenn man diese Tatsache glaubt, weiß man schon, wohin man geht, bevor man stirbt. Weil man nicht glaubt, sagt man, dass man erst nach dem Tod erfahren kann, ob man in den Himmel kommt oder nicht. Es ist zu spät, wenn man erst dann weiß, wohin man gehen muss, wenn man schon vor Gott steht. Es hätte keinen Sinn, wenn Sie es erst wüssten, wenn Sie schon in der Hölle wären. Gott hat uns die Bibel gegeben und Jesus Christus gesandt, damit wir auf dieser Erde schon die Sündenvergebung annehmen und wissen, dass wir in den Himmel kommen können, bevor wir vor Gott stehen. Niemand sagt: „Herr, ich glaube nicht an Gott." Gibt es jemanden, der sagt: „Ich glaube nicht an Gott. Gott, erbarme dich meiner!"? Die meisten sagen, dass sie an Gott glauben. Aber wenn sie nicht an das Versprechen Gottes glauben, bedeutet das, dass sie gar nicht an Gott glauben. Obwohl ich niemals im Himmel war, glaube ich, dass ich in den Himmel komme, denn Jesus ist kein Lügner, und die Bibel lügt auch nicht. Diese Welt ist nicht mein Zuhause. Gott hat mir das ewige Königreich eindeutig versprochen. Er hat auch versprochen, dass er eines Tages wiederkommt, um mich abzuholen. Es gibt zwar diese klaren Versprechen, aber diejenigen, die diese Versprechen nicht annehmen, sagen, dass sie erst dann wissen, wohin sie gehen, wenn sie schon vor Gott stehen.

Meine Lieben, Apostel Paulus wurde nicht wegen seiner guten Werke gerettet. Der Räuber am Kreuz wurde auch nicht wegen seiner guten Taten erlöst. Sie wurden nicht deshalb gerettet, weil sie das Gesetz gehalten oder sich darum bemüht haben. Das Gleiche gilt auch für die Ehebrecherin. Wenn wir durch Einhalten des Gesetzes unsere Sünden reinwaschen und aufhören könnten zu sündigen, bräuchten wir keine Sündenvergebung. Da wir nicht nach dem Gesetz leben können und nur Sünder sind, die das Gesetz nicht vollkommen halten können, brauchen wir das Gesetz der Gnade und der Sündenvergebung. Wie wundervoll das Gesetz der Gnade ist! Das Gesetz macht Sünder zu Sündern, aber das Gesetz der Gnade macht Sünder zu Gerechten. Meine Lieben, ich sage nicht, dass ich in den Himmel komme, weil ich keine Sünde begangen habe. Ich meine auch nicht, dass ich nie gelogen oder nie etwas gestohlen habe.

Vor langer Zeit fand ein Lügen-Wettbewerb statt. Viele ausgezeichnete Lügner versammelten sich und bewarben sich um den Titel des besten Lügners. Der letzte trat auf die Bühne und sagte: „Meine Damen und Herren, ich bin gar nicht sicher, ob ich überhaupt lügen kann, obwohl ich an diesem Wettbewerb teilnehme. Nein, ich kann wirklich gar nicht lügen, weil ich von Geburt an niemals gelogen habe. Ich bin jetzt nur hier, weil meine Nachbarn mich gezwungen haben, bei diesem Wettbewerb mitzumachen. Ich möchte jetzt lieber von dieser Bühne abtreten, weil ich ganz und gar nicht lügen kann." Dieser Mann gewann natürlich den ersten Preis. Derjenige, der sagt „Ich lüge nicht" ist der größte Lügner.

Wir alle haben das Gesetz übertreten, wir alle haben Sünde. Aber der Herr hat das Gesetz geändert und uns, die wir der Sünde verfallen sind, rein und gerecht gemacht. Was hat Jesus gesagt, nachdem er mit dem Finger auf die Erde geschrieben hatte? „Ich verdamme dich nicht, du hast keine Sünde."

Meine Lieben, bevor ich dieses wunderbare Geheimnis verstanden habe, war ich auf die Ehebrecherin immer sehr neidisch, wenn ich die Bibel gelesen habe. Ich habe sie deshalb sehr beneidet, weil diese Frau, die wegen Ehebruchs hätte gesteinigt werden müssen, von Jesus hören konnte: „Du hast keine Sünde." Der Mann, den ich auch beneidet habe, war der Räuber am Kreuz. Was für ein gesegneter Mann er war! Er konnte mit Jesus in

den Himmel gehen, obwohl an ihm die Todesstrafe vollstre.
wurde. Später habe ich erkannt, dass sowohl die Ehebrecherin
als auch der Räuber für mich stehen. Ich konnte auch erkennen, dass die Worte, die Jesus zu der Ehebrecherin und zu dem
Räuber gesagt hat, für mich sind. Seitdem meine Augen geöffnet
worden sind, kann ich sehen, dass alle Geschichten über David,
Paulus usw. auch auf mich zutreffen. Das Wort, das Jesus zu der
Ehebrecherin gesagt hat: „Ich verdamme dich nicht", konnte
ich glauben als das Wort, das Jesus zu mir gesagt hat. Jesus
hat gesagt, dass er mich nicht verdammen wird und dass ich
gerecht bin. Halleluja! Deshalb bin ich gerecht! Nicht weil ich
keine Sünde begangen habe! Wenn es einen Mann gäbe, der
gerecht wäre, weil er nie gesündigt hat, wäre er es durch seine
eigenen Bemühungen. Aber wenn ein Mann gerecht wurde, der
viel gesündigt hat wie ich, wurde er nur durch Gnade gerecht.
Ich wurde von der Sünde gerettet ohne Verdienst, ohne Werke
und ohne Bemühungen, allein durch die Gnade.

Mein Herz, durch die Sünde schwärzer als Tinte,
wurde reingewaschen, wie Schnee so weiß.
Ich eilte zu des Herrn kostbarem Blut,
und rein wurde mein Herz durch den Glauben.

Ich wurde gerettet, nicht weil ich keine Sünde begangen habe
oder weil ich nicht gelogen habe. Ich wurde rein, nur weil ich an
Jesus geglaubt habe, der am Kreuz für mich gestorben ist.

All meine Schätze sind im Himmel angehäuft.
Meines Lebens einziger Ruhm ist das Kreuz.

Am Kreuz wurden alle meine Sünden reingewaschen.

Ich eilte zu des Herrn kostbarem Blut,
und rein wurde mein Herz durch den Glauben.

Viel Zeit ist vergangen. Ich möchte nur noch eins sagen und dann meine Predigt beenden, damit wir noch persönliche Gespräche haben können. Lassen Sie uns Römer 4, 4-5 lesen:

„Dem aber, der mit Werken umgeht, wird der Lohn nicht aus Gnade zugerechnet, sondern aus Pflicht. Dem aber, der nicht mit Werken umgeht, glaubt aber an den, der die Gottlosen gerecht macht, dem wird sein Glaube gerechnet zur Gerechtigkeit."

Kann Gott einen Sünder gerecht nennen? Auf keinen Fall! Sünder sind Sünder, Gerechte sind Gerechte. Gott darf uns, solange wir Sünder sind, nicht gerecht nennen. Damit er uns, die wir Sünder waren, gerecht nennen konnte, hat er mit seinem Urteil gewartet, bis er uns gerecht gemacht hatte. Er hat abgewartet, bis Jesus am Kreuz gestorben war, wo er all unsere Sünden getilgt hat. Gott hat gesehen, dass unsere Sünden vollkommen reingewaschen wurden dadurch, dass Jesus ans Kreuz genagelt wurde.

Gott hat uns erst Gerechte genannt, nachdem Jesus am Kreuz gestorben war. Aus Gottes Sicht hat Jesus all unsere Sünden reingewaschen. Wie ist es aus Ihrer Sicht? Wenn Sie es ebenso sehen wie Gott und glauben: „All meine Sünden sind weggewaschen", dann sind Sie gerecht durch den Glauben. Aber wenn Sie darauf bestehen: „Dennoch bin ich ein Sünder", bedeutet das, dass Sie meinen, Jesus konnte am Kreuz Ihre Sünde nicht reinwaschen. Es gibt viele, die beten: „Herr, bitte vergib mir meine Sünde." Aber denken Sie bitte genau nach! Meine Lieben, hat Jesus am Kreuz Ihre Sünden reingewaschen oder nicht? Ist es nötig, nochmals zu bitten, dass Jesus unsere Sünden wegwaschen soll, obwohl er schon alles getan hat? Sie könnten ja erwidern: „Sündigen wir denn nicht immer wieder?" Aber die Antwort darauf ist: „Sind die Sünden, die Sie noch begehen werden, nicht schon reingewaschen?" Genau hier können wir den Unterschied der Gedanken sehen zwischen dem, der Glauben hat und dem, der keinen Glauben hat. Der Glauben hat, sagt: „Aha, all meine Sünden sind ja schon reingewaschen worden, so weiß wie Schnee." Der keinen Glauben hat, sagt: „Aber ich bin doch noch ein Sünder."

Diejenigen, die keinen Glauben haben, vertrauen nicht auf die Gnade Jesu am Kreuz, sondern auf ihre eigenen Werke und Anstrengungen. Sie fallen automatisch unter das Gesetz und können dann nicht anders als zu versuchen, das Gesetz zu halten. Aber im Galaterbrief heißt es, dass wir nicht mehr als Knechte unter dem Gesetz leben, nachdem der Glaube zu uns gekommen ist.

Ich möchte morgen Vormittag weiter darüber erzählen. Es tut mir leid, dass meine Predigt so trocken war, weil ich über viele Dinge gesprochen habe. Jedenfalls hat Jesus diese Ehebrecherin nicht nach dem Gesetz Mose verurteilt. Wenn sie nach diesem Gesetz verurteilt worden wäre, hätte sie gesteinigt werden müssen. Jesus hat sie nach dem Gesetz der Liebe und Gnade verurteilt, das ganz anders ist als das des Mose. Würden Sie heute Abend vor dem Gesetz Mose stehen, würden Sie bestimmt verdammt. Kommen Sie bitte unter das Gesetz der Gnade, dann werden Sie heute Abend von der Sünde befreit.

Schließen Sie bitte Ihre Augen und senken Sie den Kopf. Meine Lieben, Sie haben heute Abend die erstaunliche Geschichte gehört, dass Jesus Christus kam und nicht durch das Gesetz, sondern durch die Liebe all Ihre Sünde vergeben hat. Gewiss ist es unmöglich, in einer Stunde alles zu erklären.

Aber wenn einer von Ihnen jetzt denkt: „Gott, ich bin genau wie diese Ehebrecherin. Ich bin böse, schlecht und schmutzig wie sie. Wie diese Ehebrecherin, die von Jesus die Verheißung der Sündenvergebung bekommen hat, möchte auch ich heute Abend von dir die Sündenvergebung empfangen. Ich möchte durch das kostbare Blut Jesu am Kreuz von allen meinen Sünden befreit werden. Gott, bitte erbarme dich meiner und rette mich!", wenn Sie von der Sünde gerettet werden möchten und wenn Sie durch den Glauben wiedergeboren werden und die ewige Erlösung empfangen möchten, dann heben Sie bitte Ihre Hand! Vielen Dank.

4

Der Mann,
der 38 Jahre krank war

Ich lese im Johannes-Evangelium, Kapitel 5, 1-9.

„Danach war ein Fest der Juden, und Jesus zog hinauf nach Jerusalem. Es ist aber in Jerusalem beim Schaftor ein Teich, der heißt auf hebräisch Betesda. Dort sind fünf Hallen; in denen lagen viele Kranke, Blinde, Lahme, Ausgezehrte. Sie warteten darauf, dass sich das Wasser bewegte. Denn der Engel des Herrn fuhr von Zeit zu Zeit herab in den Teich und bewegte das Wasser. Wer nun zuerst hineinstieg, nachdem sich das Wasser bewegt hatte, der wurde gesund, an welcher Krankheit er auch litt. Es war aber dort ein Mensch, der lag achtunddreißig Jahre krank. Als Jesus den liegen sah und vernahm, dass er schon so lange gelegen hatte, spricht er zu ihm: Willst du gesund werden? Der Kranke antwortete ihm: Herr, ich habe keinen

Menschen, der mich in den Teich bringt, wenn das Wasser sich bewegt; wenn ich aber hinkomme, so steigt ein anderer vor mir hinein. Jesus spricht zu ihm: Steh auf, nimm dein Bett und geh hin! Und sogleich wurde der Mensch gesund und nahm sein Bett und ging hin. Es war aber an dem Tag Sabbat."

Guten Morgen, meine Lieben! Heben Sie bitte Ihre Hand, wenn Sie während dieser Evangelisation die Sündenvergebung empfangen haben! Danke schön. Ich hoffe, dass Sie alle bis Freitag an dieser Evangelisation teilnehmen und alle ohne Ausnahme von Ihren Sünden befreit werden, wodurch Sie in Jesus und Jesus in Ihnen ohne jedes Hindernis bleiben können.

Vor langer langer Zeit gab es einen Salzverkäufer in der Kangwon-Provinz. Er ging mit einer Kiepe voll Salz von Dorf zu Dorf und machte Tauschgeschäfte. Manchmal bekam er Reis, manchmal Getreide, manchmal auch Waldhonig. Eines Tages war er wie gewöhnlich mit seinem Salz unterwegs, durch Berg und Tal, und rief laut „Saaaalz!!!" Weil der Tag sehr warm war, ruhte er sich in einem Dorf im Schatten eines Baumes aus. Ein alter Mann, der im Schatten dieses Baumes mit anderen Männern Schach spielte, sprach ihn an: „Herr Salzverkäufer, kommen Sie doch näher!" Der alte Mann sah nicht so aus, als ob er Salz kaufen wollte. Aber trotzdem ging er zu ihm: „Herr, meint Ihr mich?"

„Ja, hören Sie mich an. Früher war ich ein Knecht bei Jinsa* Lee. Dann bin ich hierher gekommen und habe dieses Dorf gegründet. Weil das Ackerland groß und fruchtbar ist, leben wir hier ohne Mangel, und es geht uns gut. Ich habe gese-

---

* Jinsa ist der Titel für einen Mann, der das erste Staatsexamen bestanden hat und zu den Akademikern gehört.

hen, dass die Kinder dieses Jinsa die Schreib- und Leseschule besucht haben. Deshalb möchten wir unsere Kinder auch lesen und schreiben lernen lassen. Können Sie uns einen Lehrer empfehlen, der gut lehren kann? Sie kennen doch sicher so einen Mann, weil Sie das ganze Land bereisen." Als der Salzverkäufer das hörte, hatte er eine Idee in seinem Herzen: „In diesem Gebiet gibt es nur Analphabeten. Als ein Lehrer gut behandelt zu werden ist besser, als Salz zu verkaufen." Deshalb sagte er sofort: „Eigentlich habe ich früher in Seoul als Lehrer gearbeitet. Durch die unruhige politische Situation habe ich mich als Salzverkäufer getarnt." Da freuten sich die Dorfältesten sehr und versprachen, ein Schulgebäude zu bauen. Sie baten ihn, die Dorfkinder zu unterrichten.

Da eine sofortige Zusage seiner Ansicht nach nicht so gut ausgesehen hätte, zögerte er und erweckte den Eindruck, dass er es nur ungern tun würde. Aber schließlich sagte er doch zu. Dann folgte eine Sitzung der Dorfältesten. Von diesem Tag an begannen sie, die Schule und das Haus für den Lehrer zu bauen. Sie behandelten den Salzverkäufer sehr zuvorkommend, indem sie ihm einen Seidenanzug, einen Mantel und einen sehr teuren Hut kauften. Während die Gebäude errichtet wurden, verbrachte der Salzverkäufer eine friedliche, bequeme Zeit bei gutem Essen und Wein.

Am Tag nach der Einweihung kamen ca. 10 Kinder, um zu lernen. Aber wie konnte ein ungebildeter Salzverkäufer die Kinder lehren? Obwohl ihm fast das Herz stehen blieb, musste er mit dem Unterricht beginnen, weil er jetzt nicht mehr zurück konnte. Verlegen zwinkerte er mit den Augen und sprach dann die Kinder an:

„Sagt mir nach!"

„Jawohl!"

„Tanne Tan".

„Tanne Tan".

„Fenster Fen".

„Fenster Fen".

„Kinder Kin".

„Kinder Kin".

„Heute lernen wir nur diese drei. Zu Hause müsst ihr wiederholen." Die Kinder waren überglücklich, weil sie lernen durften, und lernten alles auswendig: Tanne Tan, Fenster Fen, Kinder Kin. Dadurch bekamen am nächsten Tag alle die Note 1.

„Himmel Him, Trage Tra, Hut Hut; heute lernen wir auch drei Dinge, lernt sie auswendig!" Die Kinder riefen auf der Straße laut „Himmel Him, Trage Tra, Hut Hut", so dass das ganze Dorf in einen Lernrausch verfiel. Sogar die Frauen, die sonst nicht in die Schule gehen durften, redeten untereinander auf dem Weg zum Wasserschöpfen: „Warum dürfen wir Frauen nicht lesen und schreiben lernen? Lasst uns jetzt von unseren Kindern lernen!" Die Schule lief sehr gut, deshalb brachten die Dorfältesten alles mögliche mit, Fleisch, Kuchen, Kissen usw. Sie dachten: Unser Lehrer gibt sich wirklich viel Mühe. So wurde er gut bezahlt, und die Leistungen der Schüler wurden immer besser. Jeden Tag lernten sie etwas Neues: „Bambus Bam, Eiche Ei, ..." Auch die Bauern lernten gut: „Hacke Ha, Trage Tra, ..." Jeden Morgen war das Dorf erfüllt von den Stimmen der Lernenden, obwohl sie gar keine Bücher hatten und dem Lehrer nur mit geschlossenen Augen alles nachplapperten. Der Lehrer, der überhaupt kein Grundwissen hatte, war nach sechs Monaten mit seiner Kunst am Ende, weil sein Wortschatz ausgeschöpft war. „Herr Lehrer, letztes Mal haben Sie gesagt 'Eiche Ei', warum sagen Sie jetzt 'Eiche Che'?" Weil sein Wortschatz verbraucht war, hatte er jetzt einfach anders gelehrt. „Ihr Dummerchen, das kann man doch auch so sagen!"

„Aha, geht das auch so?"

„Siehst du, Eiche Ei war richtig, und Eiche Che ist auch richtig, das ist wirklich einfach!"

Weil er das Lernen so leicht machte, mochten ihn alle Kinder sehr. Manchmal erzählte der Lehrer von seinen Reiseerlebnissen als Salzverkäufer, und die Kinder hörten ihm gespannt zu.

Aber eines Nachts hat der Lehrer tief nachgedacht: „Wenn der Schwanz zu lang ist, wird einer drauftreten. Ich muss mich jetzt mit dem Erreichten zufriedengeben. Wenn ich weiter gierig bliebe und alles aufgedeckt würde, würde mich ein vorzeitiger Tod ereilen." Am nächsten Morgen sind die Schüler gekommen. „Kinder, mir geht es ganz schlecht, deshalb könnt ihr heute früher nach Hause gehen." Dann packte er alle Geschenke und alles Geld, das er bisher bekommen hatte, ein und lief davon, als es dunkel war.

Die Kinder waren ahnungslos und kamen morgens wie immer zur Schule. Sie riefen: „Herr Lehrer, Herr Lehrer!" Aber er war weder im Schulzimmer noch in der Kammer noch in der Toilette. Weinend suchten die Kinder den Lehrer überall. Aber er tauchte nicht mehr auf. Das ganze Dorf war traurig und vermisste ihn sehr. „Herr Lehrer, Sie haben uns Hoffnung und Freude gegeben und sich viel Mühe gemacht, um uns zu lehren, wo sind Sie hingegangen?" Die Dorfältesten konnten es schließlich nicht mehr mit ansehen, wie die Kinder weinend nach ihrem Lehrer riefen. Deshalb wählten sie zwei junge Männer aus, die gut laufen konnten, und schickten sie nach Seoul, um einen anderen Lehrer ausfindig zu machen und mitzubringen.

Als sie mit dem neuen Lehrer unterwegs zu ihrem Dorf waren, erzählten sie ihm, wie gut der vorige Lehrer die Kinder unterrichtet hatte und dadurch im ganzen Dorf ein regelrechter

Lernboom ausgelöst worden war. Als der neue Lehrer das hörte, wurde er unsicher und dachte: „Werde ich das auch so gut können wie mein Vorgänger, der so sehr geliebt wurde?"

An seinem ersten Schultag, bevor er mit dem Unterricht begann, sagte er zu den Kindern:

„Nun sagt mal auf, was ihr bisher gelernt habt!" Voller Selbstvertrauen fing ein Kind an:

„Bambus Bam, Eiche Ei, Himmel Him, Trage Tra, Hut Hut." Als der Lehrer das hörte, blieb ihm die Luft weg. Aber er konnte nicht sagen, dass der Vorgänger alles falsch gemacht hatte, weil die Kinder ihn von ganzem Herzen verehrten.

„Kinder, hört mir mal zu! Der Lehrer, der euch bisher gelehrt hat, ist kein normaler Mensch. Er ist ein vom Himmel gekommener, besonderer Lehrer, deshalb hat er euch soooo gut gelehrt, aber ich kann das nicht so wie er! Bitte, lernt jetzt auch von mir, obwohl ich das nicht so gut kann!"

„Jawohl!"

Die Kinder waren sehr gespannt, knieten sich hin und begannen zu lernen.

„Habt ihr einmal dieses Zeichen gesehen?"

„Nein."

„Das ist das Zeichen für Hanl (=Himmel), und wir sprechen es so aus: Tson. Sprich mal nach: Hanl Tson.*"

„Herr Lehrer, ich habe eine Frage: Hanl Ha (=Himmel Him) ist richtig, wieso jetzt auf einmal Hanl Tson? Das ist falsch!"

„Ja, der gute Lehrer hat so gelehrt, aber jetzt lernt so wie ich es euch sage!"

Einige Kinder sagen „Hanl Tson", einige „Hanl Ha", und es

---

* „Hanl Tson" ist das erste von 1000 chinesischen Zeichen, die nacheinander gelernt werden müssen, so wie das „A" in unserem Alphabet.

gab ein großes Durcheinander.

„Lernen wir jetzt das zweite Zeichen: Ta (=Erde) Dsi.“

„Herr Lehrer, wieso Ta Dsi, das heißt doch richtig Ta Ta.“

„Goml (=schwarz) Chyon.“

„Goml Gom!“

„Nuru (=gelb) Hoang.“ „Nuru Nu!“

„Dsib (=Haus) U.“

„Dsib Dsib!“

Es war unmöglich, die Kinder richtig zu lehren. Deshalb ging der Lehrer zu den Dorfältesten und sagte: „Ich kann nicht mehr weiter diese Kinder unterrichten, weil sie von einem so hervorragenden Lehrer gelernt haben.“ Und er ging fort aus diesem Dorf.

Es war für diese Leute in dem abgelegenen Dorf unmöglich zu unterscheiden, was richtig war: Hanl Ha oder Hanl Tson. Aber, meinen Lieben, wenn diese Kinder mit dem, was sie gelernt hatten, zum Staatsexamen gegangen wären, wäre ihre Unwissenheit sofort aufgedeckt worden. In diesem abgelegenen Dorf jedoch konnten sie nicht erkennen, was richtig war. Sie haben einfach nachgeplappert „Hanl Ha, Ta Ta“, weil es so schön einfach und bequem war.

Meine Lieben, Sie lachen jetzt, aber es ist gar nicht zum Lachen! Auch in der heutigen Zeit gibt es viele Gläubige, die es so machen. Weil sie keine Ahnung haben, führen sie ihr Glaubensleben oberflächlich und ungenau. Obwohl es unbequem und hart ist, muss man von „Hanl Tson“ an genau lernen. „Ta Dsi, Goml Chyon, Nuru Hoang …“. So muss man lernen. Obwohl es schwer ist, man darf nicht oberflächlich sein und einfach sagen „Hanl Ha ist richtig und Hanl Tson ist auch richtig.“

Meine Lieben, warum glauben Sie an Jesus, warum besuchen

Sie die Gemeinde, warum sind Sie heute hierher gekommen? Meine Lieben, warum sind wir mühselig und beladen, warum läuft unser Glaubensleben nicht gut? Der Grund ist: Weil wir wegen der Sünde aus Eden ausgestoßen worden sind. Mit der Sünde können wir nicht vor Gott bestehen. Wegen der Sünde steht eine Mauer zwischen Gott und uns. Wenn ein Schaf seinen Stall verlässt und alleine in der Wildnis ist, hat es Angst und leidet. Genauso ist das Leben eines Menschen, der Gott verlassen hat. Obwohl man Geld hat, obwohl man schön ist, obwohl man hochgebildet ist, obwohl man eine hohe Position hat, hat man keinen echten Frieden, wenn man Gott verlassen hat. Warum glaubt man an Jesus? Um von der Sünde, die als eine Mauer zwischen Gott und uns steht, befreit zu werden und die Beziehung zwischen Gott und uns wiederherzustellen und um frei und ohne Hemmungen vor Gott stehen zu können wie Adam und Eva vor dem Sündenfall. Deshalb glauben wir an Jesus. Aber wie können wir die Sünde wegwaschen? Wenn man nicht ganz genau weiß, wie die Sünde weggewaschen werden kann, muss man in der Bibel forschen. „Bambus Bam, Eiche Ei" ist unsinnig. Noch unsinniger ist es, wenn man versucht, nach seinen eigenen Vorstellungen die Sünde loszuwerden.

Meine Lieben, ich sage das nicht, um jemanden zu blamieren. Ich habe einige Studenten gefragt, die an einer Bibelkonferenz teilgenommen haben:

„Welche Gnade habt ihr erfahren?"

„Wir haben etwas getan, um die Sündenvergebung zu bekommen."

„Was habt ihr getan?"

„Der Hauptprediger hat gesagt, wenn wir all unsere Sünden aufschreiben und das Papier dann ins Lagerfeuer werfen, werden all unsere Sünden weggewaschen."

Das ist genau wie „Bambus Bam, Eiche Ei." Wo steht in der Bibel, dass wir die Sünden aufschreiben und ins Feuer werfen sollen, um von der Sünde befreit zu werden? Wer hat das so gemacht: David oder Paulus oder Petrus? Oder hat Jesus uns das so befohlen? Weil man es nicht weiß, glaubt man, „Eiche Ei, Bambus Bam" wäre richtig.

Ein Mitarbeiter von „Asia Radio" hat mich gebeten, für die Koreaner in China, Nordkorea und Russland über die Sündenvergebung zu predigen. Deshalb habe ich es getan. Nach der Sendung habe ich von vielen Pastoren zustimmende Briefe bekommen. Einige Pastoren haben nach meinen Büchern gefragt, einige haben geschrieben, dass sie meine Predigtkassetten in ihrer Gemeinde verwenden. Aber einige haben geschrieben, dass sie die Predigt komisch fanden, weil die Methode der Sündenvergebung ganz anders ist als sie es bis jetzt gelernt haben.

Ich sage Ihnen deutlich: Lasst uns jetzt aufhören, ein „Eiche Ei"-Glaubensleben zu führen! Wir müssen es genau wissen und nach der Bibel von unserer Sünde gereinigt werden. Auch wenn Sie Ihre Sünden aufschreiben und verbrennen, wird Ihre Sünde nicht getilgt. Das ist der „Eiche Ei"-Glaube. Können Sie mir folgen? Das Thema dieser Evangelisation lautet: „Das Geheimnis der Sündenvergebung und Wiedergeburt." Wie kann man Sündenvergebung bekommen und wiedergeboren werden? Welcher Weg ist der Weg zur Sündenvergebung, den die Bibel uns nennt? Sie müssen ihn in dieser Evangelisation genau im Wort finden. Wie schrecklich wäre es, wenn Sie glauben, dass alle Ihre Sünde verbrannt ist, weil Sie sie auf ein Papier geschrieben und verbrannt haben, und Sie nach Ihrem Tod doch in die Hölle gehen müssten! In den Himmel können nur diejenigen gehen, die keine Sünde haben. Wer Sünde hat, kann niemals in den Himmel kommen! Ohne Sündenvergebung Zungenreden, weissagen, böse Geister austreiben – das alles ist nicht biblisch, weil der heilige Geist nicht in die Herzen von Sündern kommen kann. Es ist auch wichtig, dass wir Zungenreden und weissagen, aber zuerst muss unsere Sünde in uns weiß wie Schnee werden. Erst wenn unsere Sünde weiß wie Schnee geworden ist, kommt der heilige Geist in unser Herz. Jesaja 59, 1-2 sagt: **„Siehe, des Herrn Arm ist nicht zu kurz, dass er nicht helfen könnte, und seine Ohren sind nicht hart geworden, so dass er nicht hören könnte, sondern eure Verschuldungen scheiden euch von eurem Gott, und eure Sünden verbergen sein Angesicht vor euch, dass ihr nicht gehört werdet."** Obwohl man groß, schön, klug, reich, gebildet ist, kann der heilige Geist nicht kommen, weil man Sünde hat. Deshalb müssen wir die Sündenvergebung empfangen.

Eine junge Frau war von einem bösen Geist besessen. Diese Frau war ungläubig, aber sie hat in eine gläubige Familie eingeheiratet. Ihre Schwiegereltern waren gläubig, aber die junge Frau hatte keinen Glauben. Die Schwiegermutter sagte immer: „Du bist ungläubig, du musst den heiligen Geist bekommen!" Deshalb ging die junge Frau auf einen Berg beten, um den heiligen Geist zu bekommen. Tagelang fastete sie und schrie: „Vater, gib mir den heiligen Geist!" Aber zu jemandem, der Sünde hat, kann der heilige Geist nicht ins Herz kommen. Aber der Teufel kam in ihr Herz und sagte: „Ich bin der heilige Geist!" Die Frau kam sehr glücklich nach Hause und sagte weinend zu ihrer Schwiegermutter: „Mutter, ich war bis jetzt ganz falsch!" Die Schwiegermutter dachte, dass ihr Schwiegertochter gläubig geworden sei, aber zwei Tage später wurde ihr Verhalten etwas seltsam, und nach 10 Tagen war sie völlig verrückt.

Meine Lieben, Sie beten, während Sie Sünde in Ihrem Herzen haben: „Heiliger Geist, komm zu mir!" Der heilige Geist kann aber nicht kommen – aber nicht, weil er nicht will. Er kann deshalb nicht kommen, weil Sie Sünde im Herzen haben, nicht wahr? Bevor Sie die Sündenvergebung empfangen haben, sind Gaben wie Zungenreden, Prophetien usw. nicht vom heiligen Geist. Meine Lieben, das muss anhand des Wortes genau aufgedeckt werden. Satan kommt und wirkt in uns, als ob er der heilige Geist wäre, um uns zu täuschen. Deshalb muss Ihr Herz von der Sünde vollkommen gereinigt werden, damit der heilige Geist in Sie kommen kann. Erst wenn unsere Sünde durch das Blut des Herrn weiß wie Schnee geworden ist, kann der heilige Geist in unser Herz kommen. Von diesem Moment an können wir mit dem Herrn wandeln. Unser Herr Jesus Christus ist heilig. Jesus ist der Herr der Liebe. Er ist nicht wankelmütig, d. h. er ist nicht so, dass er mal kommt, mal geht, mal kommt, mal geht usw. Gott sagt, nachdem unser Herz von der Sünde gereinigt wurde und der heilige Geist einmal in uns gekommen ist, wird er uns in Ewigkeit nicht mehr verlassen. Die Bibel sagt: **„Er wird euch einen andern Tröster geben, dass er bei euch sei in Ewigkeit"** (Joh. 14, 16). Aber viele Menschen meinen, sie hätten die Kraft Gottes oder auch nicht, je nach Gefühl, weil sie von ihrer Sünde noch nicht vollkommen gereinigt sind. Dieses Gefühl kommt nicht von Gott, verstehen Sie? Jesus sagt, dass Sie zuerst von der Sünde befreit sein sollen, bevor Sie den Zehnten geben, beten oder fasten. Wenn Sie von der Sünde befreit worden sind, werden Sie automatisch geändert, weil der heilige Geist in Ihr Herz kommt.

Meine Lieben, gestern war der 7. Oktober. Das war mein Geburtstag. Das ist mein zweiter Geburtstag. Ich bin am 1. 6. 1944 geboren und am 7. 10. 1962 wiedergeboren. Ich habe also zwei Geburtstage. An einem davon bin ich durch meine Eltern nach dem Fleisch geboren, an dem anderen bin ich durch den heiligen Geist Gottes wiedergeboren, nachdem ich von der Sünde gereinigt wurde. Gestern war mein 25. Wiedergeburtstag. Ich habe früher wegen der Sünde große Sorge gehabt. Ich war immer beschäftigt damit, meine Sünden zu bekennen. Obwohl ich damals gerne morgens ausgeschlafen hätte, bin ich immer ganz früh in die Gemeinde gegangen, als noch niemand da war, und habe gebetet. Damals war die Elektrizitätsversorgung noch nicht so gut, so dass das Licht während der Gebetsstunden oft ausging. Deshalb hatten wir immer Petroleumlampen an. Ich machte immer die Lampen an, läutete die Glocke für die Gebetsstunde und begann, kniend meine Sünden zu bekennen. Wenn ich meine Sünden nur innerlich bekannt hätte, wäre ich schläfrig geworden, aber wenn ich laut gebetet hätte, hätte ich mich vor den anderen geschämt. Deshalb kam ich so früh, wenn noch niemand da war. So habe ich immer meinen Tag angefangen: „Gott, gestern habe ich gelogen, jemanden gehasst, bitte vergib mir!" Sobald ich hörte, dass jemand zur Gebetsstunde kam, hörte ich damit auf und nahm an der Gebetsstunde teil. Nach der Gebetsstunde, als alle anderen weg waren, begann ich, die restlichen Sünden zu bekennen. Dann bemühte ich mich, an diesem Tag nicht zu sündigen. Ich habe sehr viel gelogen, vielleicht kam das daher, dass ich einen größeren Mund habe als andere. Ein Freund fragte mich z. B.:

„Wieviel hast du für deine Uhr bezahlt?"

„100 Mark." Dabei habe ich 50 Mark dazugerechnet. Aber wenn ich die Offenbarung las: **„Und alle Lügner, deren Teil wird in dem Pfuhl sein, der mit Feuer und Schwefel brennt; das ist der zweite Tod"** (Offb. 21, 8), dachte ich, ich gehe in die Hölle, und bemühte mich, nicht mehr zu lügen. Aber am nächsten Tag musste ich wieder bekennen: „Gott, ich habe diese Sünde begangen, bitte vergib mir! Lass mich heute nicht sündigen!" Aber immer wenn ich den Mund aufmachte, kam automatisch eine Lüge heraus. Deshalb wollte ich gar nichts mehr sagen. Immer wenn mich jemand etwas fragte, brummte ich nur mit geschlossenem Mund: „Hm, hm, hm." Das ging so ungefähr bis 10 Uhr, aber danach war mein Mund warmgelaufen und fing wieder an zu lügen, ohne es zu merken. Das hat mir großen Kummer gemacht. Deshalb bin ich eines Tages zu dem Pastor gegangen: „ Pastor, äußerlich bin ich ein braver Schüler, aber ich bin ein sehr böser Mensch! Ich habe diese und jene Sünde begangen." Obwohl ich mich sehr schämte, hatte ich mir vorgenommen, dem Pastor alles zu bekennen.

„Wie kann meine Sünde vergeben werden?"

„Du musst bekennen."

Also bekannte ich wieder, aber es änderte sich nichts. Dann fragte ich den Pastor erneut. Er sagte, ich solle rechtschaffene Frucht der Buße bringen.

„Wie kann ich diese Frucht der Buße bringen?"

„Wenn du etwas gestohlen hast, musst du alles bezahlen, wenn du jemandem einen Verlust zugefügt hast, musst du ihn begleichen."

Da dachte ich: „Ach, das ist mir unmöglich, ich gehöre nicht zum auserwählten Volk", weil ich nicht alles wieder gutmachen konnte, was ich getan hatte. Als ich noch in der Schule war, habe ich z. B. Schulkameraden zu einer Bäckerei gebracht und sie gezwungen, mir Kuchen zu kaufen, gelogen, gehasst, ich war eifersüchtig, neidisch... Wie konnte ich das alles jemals wieder gutmachen? Ich war enttäuscht, weil ich dachte, dass ich nicht zum auserwählten Volk gehöre. Ich war frustriert und litt sehr darunter. „Ich gehe sowieso in die Hölle, deshalb will ich jetzt noch mehr sündigen und das Leben nach meinen Wünschen genießen, bis ich sterbe." Ich fing an, zu trinken, zu rauchen, zu streiten. Je mehr ich das alles tat, desto schlimmer fühlte ich mich. Wenn ich sonntags die Glocken der Gemeinde hörte, konnte ich das nicht ertragen. Ob ich in die Gemeinde ging oder nicht – ich war so oder so verzweifelt. Ich versuchte mit allen Möglichkeiten, gegen die Sünde zu kämpfen. Ich habe gestanden, Buße getan, geweint, gefastet, nächtelang gebetet. Aber je mehr ich so etwas tat, desto schwerer wurde die Sünde in meinem Herzen. Gleich nachdem ich bekannt hatte, fühlte ich Erleichterung, aber schon wenige Tage später erinnerte ich mich wieder an diese Sünde, und in meinem Herzen wurde es dunkel.

Meine Lieben, wie können wir eigentlich von der Sünde befreit werden? Meine Heiligen! Obwohl ich Sie jetzt Heilige genannt habe, weiß ich nicht ganz genau, ob Sie wirklich Heilige sind oder ob Sie noch Nicht-ganz-Heilige sind. Wie das Wort „Heilige" sagt, Heilige sind das heilige Volk, die heilige Menge. Die Heiligen müssen ohne Sünde, ohne Tadel und rein sein. Wer Sünde hat, ist kein echter Heiliger, nicht wahr? Hier darf man nicht ungenau denken, sondern ganz präzise. Sie hören so etwas nicht gerne, stimmt's? Gibt es jemanden unter Ihnen, der so denkt: „Warum piesackt der Pastor uns so, er könnte uns doch sagen, wie gut unser Glaube ist und wie wir von Gott Gaben bekommen können. Pastor Park ist sehr problematisch." Können Sie nicht verstehen, warum ich so reden muss? Ich will Ihnen Hanl-Tson beibringen und nicht Bambus-Bam oder Eiche-Ei. Verstehen Sie mich bitte so und hören Sie mir weiter zu!

In diesem Jahr habe ich viele Evangelisationen in verschiedenen Gemeinden geführt. Auch führe ich seit langem Evangelisationen und Konferenzen in Lepra-Siedlungen,

Kasernen, Schulen, Gefängnissen usw. Es gab immer viele Menschen, die ihre Hände gehoben haben, nachdem ich sie zur Sündenvergebung eingeladen habe. Äußerlich sehen sie unschuldig aus, aber sie können ihr Gewissen nicht belügen. Jeder weiß, dass er Sünden im Herzen hat, die noch nicht beseitigt sind. Wenn einer mit der Bibel unterm Arm sagt: „Kinder, lasst uns in die Gemeinde gehen", sieht er fromm und anständig aus. Die Geschichte über Naaman in 2. Könige 5 beschreibt diese Sache sehr genau. Äußerlich glänzte er in seiner Rüstung als Feldhauptmann, aber innerlich verfaulte er an Aussatz. Sein Zustand ist der Zustand der heutigen Gläubigen. Äußerlich führen sie ihr Glaubensleben sehr gut als Diakon, Älteste, Chormitglied, Kindergottesdienstlehrer. Aber innerlich leiden sie unter der Sünde, weil sie ihre Sünde nicht beseitigen können. Es gibt viele solche Menschen!

Nun denken wir noch einmal über die Ehebrecherin nach, über die ich gestern Abend gesprochen habe. Viele sind mit Steinen gekommen, um sie zu töten. „Wer unter euch ohne Sünde ist, der werfe den ersten Stein auf sie." Keiner konnte sie steinigen. Warum? Äußerlich schien es so, als ob sie keine Sünde hätten und die Frau die einzige Sünderin wäre, aber innerlich waren alle Sünder. Meine Lieben, Sie dürfen nicht die Sünde in Ihrem Herzen ungenau bekennen und ungenau beseitigen! Wenn die Sünde nicht ganz genau und vollkommen beseitigt ist, werden Sie das am Jüngsten Tag bitterlich bereuen! Ein Mitgliedsausweis Ihrer Gemeinde oder eine Bescheinigung für ein Kirchenamt ist kein Passierschein für den Himmel! Verstehen Sie? Der einzige Passierschein ist das Herz, das von der Sünde reingewaschen und weiß wie Schnee geworden ist. Alles, was Sie für die Gemeinde getan haben, ist unnütz für den

Himmel, wenn Ihre Sünde nicht vollkommen getilgt ist.

Nun, meine Lieben, wie können wir von unserer Sünde reingewaschen werden? Was ist eigentlich die richtige Methode laut Bibel? Viele wissen darüber nichts. Obwohl sie zehn, zwanzig, dreißig Jahre geglaubt haben, sind sie immer noch Sünder, und wenn sie sterben, gehen sie in die Hölle, nicht wahr?

„Warum glauben Sie an Jesus?"

„Ich glaube, um von der Sünde befreit zu werden."

„Sind Sie von der Sünde befreit?"

„Ja, gewiss."

„Dann haben Sie keine Sünde mehr?"

„Doch, Sünde hab ich noch."

Das ist irgendwie unlogisch. Wenn die Sünde getilgt worden ist, kann keine Sünde mehr da sein. Wenn aber doch noch Sünde da ist, ist die Tilgung unsinnig. Jesus wurde gekreuzigt, um unsere Sünde wegzuwaschen. Aber wenn man immer noch Sünde hat, ist der Tod Jesu umsonst. Meinen Sie nicht?

Ich kann jetzt nicht alles auf einmal erklären. Deshalb gehe ich schrittweise vor. Da Sündenvergebung in unserem Herzen geschieht, ist der Zustand Ihres Herzens sehr wichtig, damit Sie von der Sünde befreit werden können.

John Wesley, der Gründer der Methodistenkirche, hat aufopfernd für Gott gearbeitet. Er hat Hausbesuche gemacht, Armen geholfen, in Armenvierteln evangelisiert. Deshalb gaben ihm die Leute den Spitznamen „Eiferer". Er hat in England gearbeitet, wollte aber auch in Amerika evangelisieren. Damals gab es keine Flugzeuge und nicht so gute Schiffe wie heute, deshalb fuhr er mit einem kleinen Schiff, um den Atlantik zu überqueren. Unterwegs kam ein Sturm auf. Voller Angst stieg er zitternd ganz hinunter ins Schiff. Aber plötzlich hörte er Gemeindelieder singen. Er ging dem Singen nach und fand einige Männer in schäbiger Kleidung, die versuchten, den Mast zu sichern. Das Schiff war kurz vorm Kentern, aber diese Männer sangen ohne Angst mit friedlichem Gesichtsausdruck weiter. „Was sind das für Leute, die kurz vor dem Tod so ruhig sein können, und ihr Gesicht strahlt...?" Das konnte er nicht verstehen. „Ich bin Pastor und Missionar, aber ich bin nicht so wie sie..." Glücklicherweise kam das Schiff doch noch heil nach Amerika. Als sie ankamen, hat einer der Männer, die auf dem Schiff singend den Mast gesichert hatten (er hieß Spangenberg), John Wesley gefragt:

„Herr Wesley, darf ich Sie etwas fragen?"

„Ja, gern."

„Wissen Sie, wer Jesus Christus ist?" Er hat dem Missionar diese Frage gestellt!

„Ja, ich weiß das sehr gut! Jesus Christus ist der Retter, der kam, um die ganze Menschheit von der Sünde zu erlösen."

„Richtig. Aber hat der Heiland, der Retter der ganzen Menschheit, auch Sie, John Wesley, von der Sünde erlöst? Sind Sie jetzt in der Sünde? Oder sind Sie von der Sünde gerettet?"

Rettung bedeutet „Herausholen aus einer Gefahr". Wenn man ertrinkend im Meer zappelt und dabei sagt: „Ich bin gerettet, du bist gerettet, wir sind gerettet...", dann ist das unlogisch. Er kann erst dann sagen „Ich bin gerettet", wenn ihn jemand aus dem Meer gefischt hat. Wenn man in der Sünde zappelt und sagt „Ich bin gerettet", widerspricht sich das genauso. John Wesley konnte nicht antworten. Natürlich hätte er mit seinem Wissen gut antworten können, aber aus dem Herzen konnte er nichts sagen und senkte nur den Kopf. Seine Mission in Amerika wurde ein Reinfall, und schließlich kam er zurück in seine Heimat nach England. Eines Tages besuchte er dort eine kleine Gemeinde, die sich in einer schmalen Seitengasse befand, und setzte sich in die hinterste Reihe. Dort hörte er zu, wie die Erklärung Martin Luthers zum Römerbrief vorgelesen wurde. Durch dieses Wort konnte er erfahren, dass all seine Sünde vergeben war. Von da an wurde er verändert. Auch Apostel Paulus, D. L. Moody und Spurgeon waren so. Solche wahren Gottesknechte führen ihr Glaubensleben nicht aus eigener Kraft und nicht für den eigenen Namen, sondern durch Jesu Kraft besiegen sie die Sünde, verkünden sie das Wort und leben sie.

Eines Tages ist Jesus zum Teich Betesda gegangen. Ab und zu kam ein Engel und bewegte das Wasser. Wer zuerst ins Wasser stieg, nachdem sich das Wasser bewegt hatte, wurde gesund, an welcher Krankheit er auch litt. Deshalb sammelten sich Kranke mit vielerlei Krankheiten um diesen Teich herum: Blinde, Lahme, Ausgezehrte... Wenn das heute wäre, gäbe es auch Krebskranke darunter. Unter den vielen Kranken gab es einen Mann, der seit 38 Jahren krank war und sich gar nicht bewegen konnte. Jesus kannte seinen Zustand und näherte sich ihm und fragte: „Willst du gesund werden?" Der Mann war so arm dran, dass er nur auf einen glücklichen Zufall warten konnte, denn die anderen Kranken waren natürlich immer schneller als er, wenn sich das Wasser bewegt hatte. Wie das koreanische Sprichwort sagt „Wer lange krank ist, hat keine guten Kinder mehr", hatte auch er niemanden mehr, vielleicht war ihm die Frau weggelaufen. Er lag nur da. Wenn ihm jemand etwas zu essen gab, aß er. Er war so arm dran, dass er seine Ausscheidungen an Ort und Stelle verrichten musste. Dieser Mann lebte mit einer vagen Hoffnung: „Wenn alles schläft, kann ich es doch irgendwie schaffen, als Erster ins Wasser zu gelangen, wenn es sich bewegt."

Meine Lieben, es tut mir leid – aber ist euer Glaube jetzt nicht genau so? Obwohl Sie gut glauben möchten – geht es Ihnen nicht wie diesem Mann, der 38 Jahre krank war, und haben Sie nicht eine vage, unrealistische Erwartung: „Mein Glaube wird vielleicht besser werden – irgendwie, irgendwann – wenn ich weiter so lebe"? Jesus ist nahe zu diesem Mann gekommen, jedoch niemand wusste, wer er war. Der Herr besucht auch Ihre Herzen. Die Bibel sagt: **„Siehe, ich stehe vor der Tür und klopfe an. Wenn jemand meine Stimme hören wird und die Tür auftun, zu dem werde ich hineingehen und das Abendmahl mit ihm halten und er mit mir"** (Offenbarung 3, 20). Jesus Christus klopft oft an die Tür unseres Herzens. „Möchtest du gesund werden? Möchtest du einen besseren Glauben haben? Möchtest du siegreich leben? Möchtest du von der Sünde befreit werden?" Was meinen Sie? Kann unser Herr den Mann gleich heilen? Natürlich! Aber wie denkt dieser Mann? Er sagte sinngemäß: „Ich weiß nicht, wer Sie sind, aber Sie könnten mich ja bitte ins Wasser tragen, wenn es sich wieder bewegt hat."

Meine Lieben, Jesus wirkt nicht so, dass wir alles fleißiger und besser machen, sondern er ändert uns grundsätzlich. Dem Mann ist es unmöglich, aus eigener Kraft ins Wasser zu gehen. Meine Lieben, hier gibt es etwas Interessantes. Wie steht es geschrieben: Wer wird das Wasser bewegen? Das ist der Engel. „Der Engel" bedeutet hier „das Gesetz". In der Bibel steht: Als Gott uns das Gesetz gab, hat er es uns durch Engel gegeben. In der Bibel „vermisst keins das andere", d. h. zu jeder Bibelstelle gehört das passende Gegenstück. Wenn wir durch das Halten des Gesetzes gerecht und heilig werden wollen, ist das genauso, als wenn der seit 38 Jahren Gelähmte als Erster ins Wasser springen will, obwohl er sich nicht bewegen kann – nämlich unmöglich.

Meine Lieben, wenn dieser Mann als Erster hätte ins Wasser gehen und geheilt werden können, hätte er nicht Jesus gebraucht, nicht wahr? Weil es unmöglich war, kam Jesus, um diesen Mann zu retten. Lasst uns eine andere Stelle in der Bibel lesen: **„Wir wissen aber: was das Gesetz sagt, das sagt es denen, die unter dem Gesetz sind, damit allen der Mund gestopft werde und alle Welt vor Gott schuldig sei"** (Römer 3, 19). Hören Sie gut zu! Ist das Gesetz gut oder böse? Es ist gut. Es ist problematisch, weil wir es nicht halten können. Aber es gibt nichts Besseres als das Gesetz, wenn man alles ohne Ausnahme halten kann, nicht wahr? Das bedeutet: Das Gesetz ist nutzlos, obwohl es gut ist, weil wir es nicht halten können. Können Sie das verstehen? Warum sind Sie zum Sünder geworden? Weil Sie das Gesetz nicht gehalten haben. Was das Gesetz sagt, das sagt es zu den Menschen, die das Gesetz gebrochen haben. Zu wem sagt es: Du sollst nicht lügen, ehebrechen, stehlen, betrügen...? Es sagt das zu den Leuten, die lügen, ehebrechen usw., nicht zu denen, die gar nichts tun, nicht wahr? Der Grund, warum Gott uns gesagt hat, wir sollen nicht stehlen usw. ist: Weil wir so etwas tun. Wir können durch das Gesetz schon nicht mehr vor Gott bestehen. Weil keiner das Gesetz vollkommen halten kann, ist der ein Heuchler, der behauptet, dass er das Gesetz halten kann. Er verhält sich, als ob er es halten kann, obwohl er es nicht kann. **„Nun aber ist ohne Zutun des Gesetzes die Gerechtigkeit, die vor Gott gilt, offenbart, bezeugt durch das Gesetz und die Propheten"** (Römer 3, 21). Gott hat im Alten Testament, als er uns das Gesetz gegeben hat, gesagt: „Wenn ihr alles haltet, werden ihr gerecht." Deshalb haben wir uns sehr bemüht, das Gesetz zu halten, um gerecht zu werden. Jedoch wir haben alle das Gesetz gebrochen. Der Weg, gerecht zu werden ohne Zutun des Gesetzes, ist offenbart.

Meine Lieben, hier ist ein Glas: Nehmen wir an, das ist eine Gerechtigkeit. Das ist Pastor Parks Gerechtigkeit. Geht dieses Glas, also diese Gerechtigkeit, kaputt oder nicht, wenn ich eine Sünde begehe? Es geht kaputt! Werde ich dann nicht versuchen, das Glas wieder zusammenzukleben? Weil ich ohne Gerechtigkeit nicht in den Himmel kommen kann, versuche ich sie zu reparieren, wenn ich eine Sünde begehe, während ich gleichzeitig bete: „Herr, vergib mir diese Sünde." Deshalb sagt Jesaja 64, 5: „**Alle unsre Gerechtigkeit ist wie ein befleck-tes Kleid.**" Was zerbrochen ist, was kaputtgegangen ist, das ist unsere Gerechtigkeit. Wir bemühen uns immer wieder, unsere Gerechtigkeit zu reparieren und in Ordnung zu bringen, um in den Himmel zu kommen, aber wenn wir die eine Seite reparieren, ist die andere schon wieder kaputt, und wenn wir die andere reparieren, ist die eine wieder undicht. In Gottes Augen sind diese Bemühungen unsinnig, deshalb sagt er: „Hör auf, deine Gerechtigkeit zu reparieren. Ich werde dir Jesu Gerechtigkeit geben. Komm damit in den Himmel!"

Um in den Himmel zu kommen, muss man die Gerechtigkeit haben. Wessen Gerechtigkeit geht kaputt, wenn ich sündige? Meine Gerechtigkeit geht kaputt, aber Jesu Gerechtigkeit geht nicht kaputt! Wenn Jesus Sünden begehen würde, wäre das wirklich ein großes Problem. Wenn die Gerechtigkeit Jesu kaputt ginge, hätten wir keine Möglichkeit, in den Himmel zu kommen, nicht wahr?

Meine Gerechtigkeit ist schon kaputtgegangen, zerbrochen. Ich kann es aber wagen, laut zu sagen, dass ich in den Himmel komme, weil ich Jesu Gerechtigkeit bekommen habe. Egal, welche Fehler ich machen werde, Jesu Gerechtigkeit geht nicht kaputt! Deshalb nehme ich die Gerechtigkeit Jesu an, und Jesus hat meine kaputte, schmutzige Gerechtigkeit auf sich genommen. Als Gott diesen Jesus gesehen hat, hat er gesagt: „Weil er Sünde hat, muss er getötet werden." Deshalb ist Jesus um unseretwillen am Kreuz gestorben. Das bedeutet: Alles, was wir getan haben, ist auf Jesus übertragen worden, im Gegenzug ist all seine Gerechtigkeit, nämlich dass er gut und aufrichtig gelebt hat und dem Wort Gottes gehorsam war, auf uns übergegangen.

Deshalb dürfen wir unsere „gute Gerechtigkeit" nicht mitnehmen, wenn wir in den Himmel kommen. Die Unverständigen sehen auf ihre eigene Gerechtigkeit, d. h. sie vergleichen sich mit anderen, schätzen sich höher nach ihrem eigenen Maßstab, trösten sich damit und wollen sich dadurch in Ordnung bringen. Dann meinen sie, mit ihrer eigenen Gerechtigkeit vor Gott bestehen zu können. Aber nach dem Maßstab Gottes können sie nicht angenommen werden. Solche müssen in die Hölle gehen!

Aber all meine Gerechtigkeit ist zerbrochen, deshalb kann ich mit meiner eigenen Gerechtigkeit nicht zu Gott gehen, und ich zittere, weil ich denke „Ich bin unmöglich." Dann sagt Jesus zu mir:

„Pastor Park!"

„Ja?"

„Ich gebe dir meine Gerechtigkeit. Nimm meine Gerechtigkeit und geh."

Mit Jesu Gerechtigkeit kann ich freimütig gehen. Ich bin gerecht, nicht wahr? Meine Lieben, die Gerechten sind keine besonderen Menschen. Diejenigen, die Gerechtigkeit haben, das sind die Gerechten. Wer sind die Reichen? Die, die viel Geld haben. Wer sind die Bettler? Die, die kein Geld haben und betteln müssen, die sind Bettler, nicht wahr? Also: Die Gerechten sind keine besonderen Menschen. Wer die Gerechtigkeit hat, ist ein Gerechter.

Die Bibel sagt: **„Da ist keiner, der gerecht ist, auch nicht einer"** (Römer 3, 10). Wenn man seine eigene Gerechtigkeit betrachtet, gibt es keinen, der gerecht ist. Aber es gibt viele Gerechte, die Jesu Gerechtigkeit, die von Gott gekommen ist, haben. Es steht geschrieben, dass Noah ein Gerechter ist. Jakobus 5, 16 sagt: **„Des Gerechten Gebet vermag viel."** Im Psalm steht geschrieben: **„Der Weg der Gerechten ist anders als der Weg der Gottlosen."** Es steht auch geschrieben: **„Das Gebet der Gerechten wird von Gott erhört."** Es gibt keinen Gerechten durch eigene Gerechtigkeit. Aber wenn wir Jesu Gerechtigkeit haben, dann sind wir Gerechte, oder nicht?

Meine Lieben, womit steigen wir in den Zug ein? Mit einer Fahrkarte. Egal wie wir sie bekommen haben, wir können einsteigen, wenn wir die Fahrkarte haben. Wenn wir nur die Gerechtigkeit haben, können wir in den Himmel kommen. Wir gehen in den Himmel mit Jesu Gerechtigkeit, durch die der Herr uns gerecht gemacht hat. Deshalb kann ich so singen:

Einst werde ich in den Himmel eingehen,
vielleicht ist der Tag gar nicht mehr fern,
dann kann ich mutig vor Gott bestehen
dank der Gerechtigkeit meines Herrn.

Wir kommen freimütig in den Himmel. Nehmen wir mal an, Sie konnten keine Fahrkarte kaufen, weil Sie kein Geld hatten. Würden Sie dann voller Angst sein beim Einsteigen, weil nicht Sie selbst die Fahrkarte gekauft hätten, sondern ich für Sie? Auf keinen Fall! Wenn man nur die Fahrkarte hat, kann man ruhig im Zug sitzen und alles genießen. Um in den Himmel zu kommen, nehmen wir die Gerechtigkeit mit, um mit dem Zug zu fahren, nehmen wir die Fahrkarte mit. Egal was für ein Mensch ich bin – ich kann mutig in den Himmel gehen, weil ich die Gerechtigkeit Jesu habe.

Es ist gar kein Problem, einige Schmerzen auszuhalten, weil wir nach einer Weile in den Himmel kommen, nicht wahr? Ist es ein Problem, wenn wir ein paar Tage nichts zu essen haben oder mit Füßen getreten werden? Oder wenn wir von anderen ausgeschimpft werden? Immer wenn ich verreise, stecke ich den Personalausweis und den Führerschein in den Reisepass. Egal wohin ich gehe, der Führerschein ist dabei, weil er im Reisepass steckt. Wenn der Pass ins Wasser fällt, fällt auch der Führerschein ins Wasser. Wenn ich den Pass aus dem Wasser rette, ist der Führerschein auch gerettet. Wenn ich den Reisepass an die Wand nagele, ist auch der Führerschein angenagelt. Wenn ich den Pass verbrenne, verbrennt auch der Führerschein. Genau wie in diesem Beispiel der Führerschein im Reisepass ist, so bin ich in Jesus. Durch den Glauben an Jesus sind alle meine Sünden vergeben. Deshalb lebt Jesus für immer in mir und ich in Jesus. Wenn der Reisepass nach Seoul fährt, fährt der Führerschein mit. Wenn der nach Busan fährt, fährt der Führerschein auch nach Busan. Genauso bin ich in Seoul, wenn Jesus in Seoul ist. Wenn Jesus in Busan ist, bin ich auch in Busan. Wenn er ins Himmelreich geht, gehe ich auch mit. Es ist nicht so, dass ich mit einer Leiter in den Himmel klettere, weil ich so kräftig bin. Es ist vollbracht durch Jesus. Wenn wir vor Gott bestehen wollen, müssen wir genauso gerecht sein wie er. Das erklärt Römer 3, 21 ganz genau. „**Ohne Zutun des Gesetzes ist die Gerechtigkeit Gottes offenbart.**" Das ist genau die Gerechtigkeit, die Jesus uns gegeben hat. Jesus ist für all Ihre Sünden am Kreuz gestorben. Vers 22 sagt: „**Ich rede aber von der Gerechtigkeit vor Gott, die da kommt durch den Glauben an Jesus Christus zu**

allen, die glauben.“

Meine Lieben, zwei Menschen können nie genau gleich gerecht sein. Einer ist besser, der andere schlechter. Wenn wir durch unsere Taten gerecht gemacht würden, könnte diese Gerechtigkeit nie gleich sein. Aber, meine Lieben, wir gehen nicht durch unsere Taten, sondern durch die Gnade Jesu in den Himmel. Weil die Gerechtigkeit Jesu bei allen gleich ist, gibt es keinen Unterschied zwischen denen, die diese Gerechtigkeit bekommen haben. Sie hat überhaupt nichts zu tun mit unseren Taten. Vers 23 sagt: „**Denn es ist hier kein Unterschied: sie sind allesamt Sünder und ermangeln des Ruhmes, den sie bei Gott haben sollten.**“ Gott sagt Ihnen, dass Sie gerecht sind. Wenn Pastor Park Ihnen sagt, dass Sie gerecht sind, hat dieses Wort keinen Wert, weil meine Worte keine Kraft haben. Aber wie ist es, wenn Gott sagt „Du bist gerecht“? Kann Gott einen gerecht nennen, der nicht gerecht ist? Gott kann einen Sünder nicht gerecht nennen. Ich konnte nicht verstehen, warum Gott mich gerecht nennt, obwohl ich gesündigt habe. Ich habe genau nach dem Grund geforscht und konnte folgendes herausfinden: Gott hat Jesus am Kreuz sterben lassen und all meine Sünde getilgt, um mich gerecht zu machen, weil er mich liebt. Gott sah zuerst auf Jesus, der all meine Sünde weggewaschen hat, und dann auf mich und konnte mich dann gerecht nennen.

„Gott, wie ist meine Sünde weggewaschen worden?“

„All deiner Sünde Sold ist bezahlt worden am Kreuz vor 2000 Jahren! Deshalb bist du gerecht geworden.“

Die Bibel sagt das so. Wir glauben daran. Ich glaube nicht an Jesus, der nicht alle meine Sünde wegwaschen konnte durch sein Sterben am Kreuz, sondern ich glaube an Jesus, der all meine Sünde wegwaschen konnte durch sein Sterben am Kreuz! Ich glaube an Jesus, der meine Sünde weiß wie Schnee gewaschen hat.

Einige sagen, dass Jesus unsere Erbsünde, aber nicht unsere täglichen Sünden weggewaschen hat. Das ist, was die Theologen heute behaupten. In der Bibel steht so etwas nicht. Die Bibel sagt, dass Jesus all unsere Sünde am Kreuz getilgt hat. Wenn Jesus nur unsere Erbsünde, nicht aber die täglichen Sünden weggenommen hat – wie kann dann die tägliche Sünde getilgt werden? Wir können mit unserer Kraft die Sünde nicht weg-waschen. Jesus muss sie wegnehmen. Als Jesus unsere Sünde getilgt hat, hat er nicht gesagt „Ich wasche die Hälfte weg, die andere Hälfte musst du selber tilgen". „Ich werde 99,99 Prozent wegnehmen, du musst wenigstens die restlichen 0,01 Prozent selbst wegwaschen", das hat er auch nicht gesagt. Angenommen ich habe jetzt 100 Sünden, 99 davon hat Jesus weggenommen. Wegen der einen, die übriggeblieben ist, muss ich in die Hölle gehen!

Das kostbare Blut des Herrn am Kreuz ist vollkommen. Weil es vollkommen ist, kann es nicht einige Sünden tilgen und einige übrig lassen. Es hat alle Sünden vollkommen getilgt. In der Bibel gibt es sehr viele Stellen darüber. In der Bibel gibt es viele Geschichten über die Sündenvergebung. In den letzten 25 Jahren habe ich die Bibel durchforscht, um alle Geschichten herauszufinden, die über die Methoden der Sündenvergebung berichten, z. B. im Alten Testament, wie man damals gerettet werden konnte und wie David von der Sünde befreit wurde. Deshalb habe ich Ihnen das genau auf dem Grund von Gottes Wort erklärt.

Es ist nicht so, dass wir bekennen müssen „Ich habe gestohlen, ich habe getötet, ich habe gelogen." Wir müssen gestehen, dass wir Menschen sind, die von Natur aus nicht anders können als sündigen. Wenn ein Spion sich stellt, muss er nicht sagen „Ich habe ein Geheimnis verraten", sondern er muss gestehen, dass er ein Spion ist. In uns gibt es gar keine Hoffnung. So wie ein Birnbaum nur Birnen hervorbringen kann und ein Apfelbaum nur Äpfel, so können wir nur Sünden hervorbringen, weil wir ein Sündenbaum sind. Je mehr wir uns bemühen, nicht mehr zu sündigen, desto mehr Sünden begehen wir. Versuchen Sie doch einmal, nicht zu sündigen. Dann werden Sie noch mehr sündigen. Erst wenn Sie das versucht haben, können Sie verstehen, was ich meine. Deshalb muss Jesus alles vollkommen für uns tun.

Es ist nicht so, dass Jesus ein bisschen Sünde übrig gelassen hat, als er am Kreuz starb. Er hat alle Sünde vollkommen getilgt durch seinen Tod am Kreuz. Das Wort „Jesus" bedeutet „Rettung von Gott". An Jesus zu glauben heißt an die Tatsache zu glauben, dass Jesus mich von der Sünde gerettet hat. Die Tatsache zu glauben, dass Jesus all meine Sünde getilgt hat, das ist das Glauben an Jesus. Zu glauben, dass all meine Sünde weiß wie Schnee gewaschen ist, ist an Jesus zu glauben. Obwohl Jesus am Kreuz gestorben ist, ist sein Tod nutzlos, wenn meine Sünde noch übrig ist. Das ist so, als ob man eine Fahrkarte kauft und sie nicht benutzt, dann ist sie nutzlos.

Wie wird unsere Sünde weggewaschen? Sie kann nur durch Jesu Blut getilgt werden. Morgen Vormittag werde ich genau erklären, wie die Sünde, die im Herzen bleibt und die uns ein Hindernis ist, durch Jesu Blut weggenommen werden kann. Morgen werde ich den Prozess erklären, wie unsere Sünde vernichtet wurde. Übermorgen werde ich erklären, wie man nach der Sündenvergebung mit dem Herrn zusammen wandelt, d. h. wie man sein Glaubensleben führen kann. Damit werde ich dann die Evangelisation abschließen.

Meine Lieben, vor 25 Jahren habe ich unter der Sünde

133

sehr gelitten. Das bedeutet nicht, dass ich die Gemeinde nicht besucht hätte. Ich war Mitglied der Jugendgruppe und des Chors und Kindergottesdienstlehrer. Nachdem ich lange unter der Sünde gelitten hatte, wurde ich durch die Gnade Gottes von der Sünde befreit. Nach der Sündenvergebung wurden meine Augen aufgetan für die Bibel, und ich glaube, dass es jetzt meine Aufgabe ist, alles über die Sündenvergebung zu verkünden, was in der Bibel steht. Damals bereitete ich alles vor, um als Missionar ins Ausland zu gehen. Als ich fast alles vorbereitet hatte, sagte Gott in meinem Herzen: „Geh nicht ins Ausland, bleib in Korea! Verkünde das Evangelium den Menschen, die die Sündenvergebung nicht kennen!" Es war für mich sehr schwer, meinen Wunsch, Missionar zu werden, aufzugeben. Aber durch die Führung Gottes verkündige ich heute noch die Sündenvergebung in ganz Korea. Ich möchte nicht, dass ich nur Ihre Ohren fröhlich mache. Wenn das Wort in Ihr Herz kommt und Ihr Herz dadurch rein, weiß wie Schnee und fleckenlos wird, werde ich diese Arbeit mit Freude weiterhin tun, egal welche Schwierigkeiten mich noch erwarten.

Meine lieben Bürger von Busan, es ist für mich das erste Mal, dass ich hier in Busan eine so große Evangelisation führe, obwohl ich einmal in der Nähe von Busan im Luftwaffenstützpunkt eine Evangelisation geführt habe. In dieser Evangelisation jetzt möchte ich erfahren, dass viele Menschen sagen „Ich bin von der Sünde befreit", „Ich bin wiedergeboren", „Das Problem zwischen Gott und mir ist gelöst", „Ich habe das ewige Leben bekommen", „Ich kann froh sein, selbst wenn ich heute sterben müsste". Ich glaube, der Herr freut sich auch darüber. Ich wünsche mir mit meinem ganzen Herzen, dass Sie alle so werden.

5

Der Mundschenk und der Bäcker des Königs

Wir lesen 1. Mose 40, 1-23:

„Und es begab sich danach, dass sich der Mundschenk des Königs von Ägypten und der Bäcker versündigten an ihrem Herrn, dem König von Ägypten. Und der Pharao wurde zornig über seine beiden Kämmerer, gegen den Obersten über die Schenken und gegen den Obersten über die Bäcker, und ließ sie setzen in des Amtmanns Haus ins Gefängnis, wo Josef gefangen lag. Und der Amtmann gab ihnen Josef bei, dass er ihnen diente. Und sie saßen etliche Zeit im Gefängnis. Und es träumte ihnen beiden, dem Schenken und dem Bäcker des Königs von Ägypten, in einer Nacht einem jeden ein eigener Traum, und eines jeden Traum hatte seine Bedeutung. Als nun am Morgen Josef zu ihnen hineinkam und sah, dass sie traurig waren, fragte er sie und sprach: Warum seid ihr heute so traurig? Sie antworteten: Es hat uns geträumt, und wir haben niemand, der es uns auslege. Josef sprach: Auslegen gehört Gott zu; doch erzählt mir's. Da erzählte der oberste Schenk seinen Traum und sprach zu Josef: Mir hat geträumt, dass ein Weinstock vor mir wäre, der hatte drei Reben, und er grünte, wuchs und blühte, und seine Trauben wurden reif. Und ich hatte den Becher des Pharao in meiner Hand und nahm die Beeren und zerdrückte sie in den Becher und gab den Becher dem Pharao in die Hand. Josef sprach zu ihm: Das ist seine Deutung: Drei Reben sind drei Tage. Nach drei Tagen wird der Pharao dein Haupt erheben und dich wieder in dein Amt setzen, dass du ihm den Becher in die Hand gebest wie vormals, als du sein Schenk warst. Aber gedenke meiner, wenn dir's wohlgeht, und tu Barmherzigkeit an mir, dass du dem Pharao von mir sagst und mich so aus diesem Hause bringst. Denn ich bin aus dem Lande der Hebräer heimlich gestohlen worden; und auch hier hab ich nichts getan, weswegen sie mich hätten ins Gefängnis setzen dürfen. Als der oberste Bäcker sah, dass die Deutung gut war, sprach er zu Josef: Mir hat auch geträumt, ich trüge drei Körbe mit feinem Backwerk auf meinem Haupt und im obersten Korbe allerlei Gebackenes für den Pharao, und die Vögel fraßen aus dem Korbe auf meinem Haupt. Josef antwortete und sprach: Das ist seine Deutung: Drei Körbe sind drei Tage. Und nach drei Tagen wird der Pharao dein Haupt erheben und dich an den Galgen hängen, und die Vögel werden dein Fleisch von dir fressen. Und es geschah am dritten Tage, da beging der Pharao seinen Geburtstag. Und er machte ein Festmahl für alle seine Großen und erhob das Haupt des obersten Schenken und das Haupt des obersten Bäckers unter seinen Großen und setzte den obersten Schenken wieder in sein Amt, dass er den Becher reiche in des Pharao Hand, aber den obersten Bäcker ließ er

aufhängen, wie ihnen Josef gedeutet hatte. Aber der oberste Schenk dachte nicht an Josef, sondern vergaß ihn.

Meine Lieben!

Man sagt, das Leben eines Christen sehe zwar ganz einfach aus, leicht zu verstehen und zu führen, aber in Wirklichkeit sei es gar nicht so. Natürlich bin ich nicht derjenige, der die Kraft hat, dieses Problem zu lösen. Der einzige Grund, warum ich heute Abend hier stehen kann, ist, dass ich eine wunderbare Erfahrung machen durfte. Ich habe lange unter meiner Sünde gelitten, aber eines Tages wurde all meine Sünde reingewaschen, so weiß wie Schnee.

Heute bekam ich einen Brief. Meine Tochter in Seoul hat ihn mir geschickt. Ich habe eine Tochter in der neunten Klasse und einen Sohn in der sechsten. Weil ich seit mehreren Tagen von meinen Kindern getrennt bin, konnte ich es kaum erwarten, den Brief zu öffnen. Ich werde ihn vorlesen.

„Papa, es ist jetzt kurz nach Mitternacht. Ich bin so glücklich, dass ich Dir einen Brief schreiben muss. Während Du gerade die Evangelisation in Busan leitest, verrichtete Satan in unserem Haus sein Werk. Mein Bruder Young-Kuk hatte schreckliches Fieber und weinte vor Schmerzen. Meine Tante und ich beteten gemeinsam aus ganzem Herzen. Nach dem Gebet vergingen seine Kopfschmerzen, und er fiel in tiefen Schlaf. Ich kann nicht anders, ich muss einfach vor lauter Freude diesen Brief schreiben. Mach Dir keine Sorgen um seine Gesundheit. Gott hat ihn vollkommen geheilt."

Ich kann mich noch an den Tag erinnern, als meiner Tochter ihre Sünde vergeben wurde. Eines Tages hatte sie Unterricht im Chemielabor, und plötzlich explodierte eine Flasche mit Salzsäure, weil die Schüler, die das Labor vorher benutzt hatten, die Säure auf der Lampe stehen ließen. Unglücklicherweise bekam meine Tochter die Säure auf den Kopf. Die Schulkrankenschwester brachte sie eilig ins Krankenhaus, wo ihr Kopf mit Alkohol gereinigt und verbunden wurde. Dann schickte man sie nach Hause. Ich habe erst später davon erfahren, doch weil sie im Krankenhaus versorgt worden war, dachte ich, es sei alles in Ordnung. Seltsamerweise war die Wunde aber nach zwei Wochen immer noch nicht verheilt. Meine Frau sah es sich an und stellte fest, dass die Kopfhaut am Absterben war. Sie brachte unsere Tochter sofort zu dem Krankenhaus, wo meine Schwägerin arbeitet. Zu ihrer Überraschung stellten die Ärzte fest, dass die Salzsäure bei der ersten Behandlung nicht vollständig entfernt worden war. Meine Tochter musste sofort operiert werden.

Ohne zu wissen, was geschehen war, war ich inzwischen auf dem Weg zur Kirche, nachdem ich im Gefängnis das Evangelium verkündet hatte. Einer meiner Pastorkollegen schlug vor: „Lass uns kurz am Krankenhaus halten und ein Gemeindemitglied besuchen!" Als ich das Auto abstellte, rannte mein Sohn auf mich zu: „Papa, Papa, Eun-Sook wird gerade operiert!" Wir eilten zum Behandlungsraum und sahen, wie ein Arzt gerade das abgestorbene Stück aus ihrer Kopfhaut entfernte. So etwas ist kein schöner Anblick für einen Vater. Der Doktor legte einen Verband um ihren Kopf, und für etwa zehn Tage konnte sie nicht zur Schule gehen, also ging ich in die Schule, um ihre Abwesenheit zu entschuldigen. Der Direktor wollte mich sprechen: „Das alles tut mir sehr leid, die Schule wird selbstverständlich alle Kosten der Behandlung übernehmen, egal wie hoch sie sein werden." Aber ich habe kurz nachgedacht: „Warum traf die Säure bei 67 Schülern in der Klasse gerade meine Tochter?" und sagte: „Ich bin ein Diener Gottes und glaube, dass dieser

Unfall nicht zufällig passiert ist. Es muss Gottes Wille gewesen sein. Ich danke Ihnen für das Angebot, aber ich werde Ihr Geld nicht annehmen, denn ich möchte diese Angelegenheit nicht einfach dadurch erledigen, dass ich einfach das Geld von der Schule annehme und die Krankenhauskosten damit bezahle. Ich möchte erfahren, warum Gott den Unfall zugelassen hat." So habe ich das Angebot des Direktors abgelehnt.

Nach zehn Tagen musste meine Tochter mit einem Kopfverband zur Schule gehen. Ich habe sie morgens mit dem Auto hingebracht, weil der Bus zu dieser Zeit immer überfüllt war. Das habe ich ungefähr einen Monat lang getan, obwohl ich morgens immer sehr beschäftigt bin. Normalerweise habe ich nicht viel Zeit, mit meinen Kindern über den Glauben zu reden, obwohl ich Pastor bin, aber nun konnten meine Tochter und ich jeden Morgen auf dem Weg zur Schule über ihren Glauben sprechen. Während dieser Gespräche fand ich heraus, dass sie unter ihrer Sünde litt. Manchmal hielt ich unterwegs oder vor der Schule an und sprach mit ihr über das Evangelium. Als ich anhand der Bibel sagte: „Deine Sünde ist so und so getilgt worden", konnte sie schließlich mit Gewissheit die Sündenvergebung annehmen. Wir, meine Tochter und ich, konnten die wunderbare Freude der Sündenvergebung bekommen, weil all ihre Sünde in ihrem Herzen weiß wie Schnee wurde. Zu meinem Erstaunen begann sie sich von diesem Tag an viel zu verändern: verändert im Gebet, verändert im Lesen der Bibel, verändert in ihrer Art zu denken, verändert in allen Bereichen ihres Lebens. Nicht nur für meine Tochter, sondern für jeden, der die Sündenvergebung annimmt und von all seiner Sünde im Herzen erlöst wird, ist es unmöglich, nicht verändert zu werden.

Ich musste meine Kinder bisher oft allein zu Hause lassen, weil ich häufig im Land herumreise zu Evangelisationen. Ich bin Gott sehr dankbar dafür, dass meine Kinder in seiner Gnade gut heranwachsen. Oft komme ich mit meiner Frau zu Evangelisationen, genau wie dieses Mal, und wir fühlten uns nie ganz wohl dabei, unsere Kinder allein zu Hause zu lassen und wünschten uns eine gläubige Schwester, die sich um sie kümmern könnte. Schließlich fanden wir eine, die Gott liebt und nun bei uns lebt. Seit sie bei uns eingezogen ist, hat sich die Atmosphäre in unserem Heim verändert, meine Kinder fühlen sich viel wohler. Wenn schon mein Haus sich nach dem Einzug einer Schwester so sehr verändert hat, um wieviel mehr werden unsere Herzen verändert, wenn erst Jesus darin wohnt!

Meine Lieben, Jesus ist nicht jemand, der schläft. Wenn er in unser Herz kommt, wird er all unsere Sünde vergeben; wenn er der Herr in unserem Herzen wird, dann ist es für uns unmöglich, nicht verändert zu werden. Ihr Leben wird nicht mehr von Ihnen selbst geführt, Sie brauchen sich nicht mehr zu bemühen, die Sünde zu besiegen, der Versuchung zu widerstehen, die Bibel zu lesen und zu beten. Im Gegenteil, Sie werden es schwierig finden, nicht zu beten, nicht die Bibel zu lesen und so weiter.

Nun, die Frage ist, wie können wir durch den Glauben die Sünde in unserem Herzen reinwaschen, so dass Jesus ohne Problem in unser Herz einziehen kann, nicht wahr? Natürlich ist Gott überall. Trotzdem kann er sich nicht überall niederlassen. Nur in reinen Herzen, in denen sich keine Sünde befindet, kann er Ruhe finden. Angenommen, er möchte in Ihr Herz einziehen, aber Ihr Herz ist voller Sünden, dann kann er nicht hinein. Wenn er trotzdem hineinkäme, würde er sich äußerst unwohl fühlen.

Wie also kann unsere Sünde so reingewaschen werden, dass sie weiß wird wie Schnee? Heute Abend haben wir 1. Mose 40 gelesen. Es geht darum, was sich im Gefängnis ereignete, als Josef dort war, weil er der Versuchung durch die Frau des Potifar widerstanden hatte. Eines Tages versündigten sich der Mundschenk und der Bäcker des Pharao gegen ihren Herrn. Sie wurden ins Gefängnis gebracht, wo Josef war. Ich wollte gern verstehen, was Gott uns mit dieser Geschichte sagen will. Es gelang mir nicht, bis ich eines Tages beim sorgfältigen Lesen eine wunderbare Entdeckung machte. Lassen Sie uns nun 1. Mose 40, 1 gemeinsam lesen: „**Und es begab sich danach, dass sich der Mundschenk des Königs von Ägypten und der Bäcker versündigten an ihrem Herrn, dem König von Ägypten.**"

Lassen Sie es aufgeschlagen und sehen Sie mich an. Zwei Personen kommen in 1. Mose 40, 1 vor, nicht wahr? Wer sind sie? Der Mundschenk und der Bäcker. Weil der Pharao ein großer König war, hatte er eine Menge solcher Beamter wie z.B. einen Stallmeister, einen Kammerdiener, einen Mundschenk, einen Bäcker usw. Vers 1 sagt, zwei Beamte versündigten sich gegen ihren Herrn. Wer war der Schlimmere von beiden? Das erwähnt die Bibel nicht. Sie sagt nur, dass beide sündigten. Wir wissen zwar nicht, welche Sünde sie begangen haben, aber auf jeden Fall haben sie gesündigt und wurden ins Gefängnis gebracht.

Aber, meine Lieben, hier endet die Geschichte nicht! Beide haben gleich gesündigt, aber einer wird gerettet, der andere aber verdammt. So endet 1. Mose 40. Aber welcher ist gerettet, und welcher ist verdammt? Spannend, nicht wahr? Beide haben gleichermaßen gesündigt. Wie kommt es, dass der eine gerettet wurde und der andere getötet? Meine Lieben, das Himmelreich ist kein Ort, in den man mit Sünde hineinkommen kann. Obwohl wir alle gesündigt haben, gibt es unter uns die, die gerettet werden, und die anderen, die verdammt werden. Es ist nicht so, dass man in die Hölle kommt, weil man viele Sünden begangen hat, und es ist auch nicht so, dass man in den Himmel kommt, weil man wenige Sünden begangen hat. Als Jesus am Kreuz starb, gab es zwei Verbrecher, die die gleiche Sünde begangen hatten. Aber der eine wurde gerettet, der andere verdammt.

Verstehen Sie nun, warum Gott 1. Mose 40 geschrieben hat? Diese beiden Beamten, der Mundschenk und der Bäcker, verkörpern zwei Arten von Menschen. Alle Menschen auf dieser Erde haben gesündigt. Einige von ihnen werden gerettet, andere vernichtet. Ich glaube, 1. Mose 40 wurde geschrieben, um uns diese Tatsache erkennen zu lassen.

Auch jeder von Ihnen hat schon gesündigt. Wie können Sie nun feststellen, ob Sie erlöst oder verdammt werden? Können Sie das erst erkennen, wenn Sie vor Gott stehen? Auf keinen Fall! Heute Abend müssen Sie Ihren Glauben überprüfen. Wenn Ihr Glaube so ist wie der des Mundschenks, werden Sie gerettet. Ist es aber der Glaube des Bäckers, so werden Sie verdammt. Um Sie diese Tatsache erkennen zu lassen, hat Gott diese Geschichte geschrieben. Wie sind Sie? Sind Sie wie der Mundschenk oder wie der Bäcker? Denken Sie jetzt: „Pastor, bevor ich antworte, lassen Sie mich hören, wie der Mundschenk gerettet und wie der Bäcker verdammt wurde"? Ja, lassen Sie mich das erklären.

Meine Lieben, um erlöst zu werden, müssen wir wissen: Wenn Gott uns rettet, wird er es ganz allein tun. Er braucht unsere Kraft nicht dazu. Als er die Welt erschaffen hat, hat er da die Menschen zuerst oder zuletzt gemacht? Zuletzt. Warum hat er sie zuletzt gemacht? Hätte er sie zuerst erschaffen und alles andere später, hätten sie sich nicht zurückhalten können und sich ständig eingemischt.

„Oh mein Gott, dieses Meer ist viel zu groß! Und wofür soll der Himmel so weit sein?"

„Gott, mach' diesen Fluss nicht zu tief. Wir könnten darin ertrinken!"

„Meine Güte! Dieser Fels ist viel zu schwer, mach' ihn leichter!"

Einmal legte sich ein Mann unter einen Maronenbaum, um sich von der harten Arbeit auszuruhen. Kurz bevor er einschlief, sah er hinauf in die Baumkrone und sagte zu sich: „Hat Gott die Welt erschaffen? Das kann ja wohl nicht sein! Er hat es ziemlich dumm angefangen. Warum hat er diese kleinen Maronen für so einen großen Baum gemacht, wo doch die dicken Kürbisse an dünnen Ranken wachsen? Wie kann er so etwas tun? Wenn ich Gott wäre, hätte ich große Maronen an großen Bäumen gemacht und kleine Kürbisse an dünnen Pflanzen. Dann bräuchten wir nur eine Marone zu pflücken, und das ganze Dorf hätte zu essen!"

Während er so murrte, schlief er ein und schnarchte. Nach einer Weile fiel eine Marone vom Baum und traf mit ihrer stacheligen Hülle den Schläfer an der Stirn. Vom plötzlichen Schmerz überrascht wachte er auf. Und noch bevor er die Stacheln aus seiner Haut zog, fiel er auf die Knie und sagte: „Dank sei Dir, Gott! Wäre die Marone so groß wie ein Kürbis gewesen, wäre mein Kopf jetzt Brei. Vielen Dank, dass Du sie so klein gemacht hast."

Meine Lieben, Gottes große Weisheit ist für uns unergründlich, nicht wahr? Denken wir nicht auch so wie dieser Mann? Wir erkennen nicht alles, was Gott für uns vorbereitet hat, und handeln sehr oft mit unseren eigenen begrenzten Gedanken und Methoden gegen Gott. Gott möchte uns gern von unserer Sünde erlösen, aber wir murren oft mit unseren Gedanken und Methoden gegen den Willen Gottes und blockieren seine Pläne. Das ist der Grund, warum viele Menschen nicht errettet werden können.

Als Gott die Welt erschaffen hat, brauchte er die Hilfe der Menschen nicht. Er hat in sechs Tagen alles geschaffen und schuf den Menschen zuletzt. Was tat Gott, als Adam zum ersten Mal die Augen aufschlug? Ist er eilig hin- und hergelaufen, um Himmel und Erde zu erschaffen? Nein, er ruhte aus nach getaner Arbeit. Ruhe herrschte zwischen Gott und den Menschen. Wissen Sie, wann diese glückliche Ruhe zerbrochen ist? Die Menschen waren nicht zufrieden und wollten etwas Besseres sein und versuchten leichtfertig, so wie Gott zu werden dadurch, dass ihre Augen aufgetan würden. Deshalb haben sie die Frucht vom Baum der Erkenntnis von Gut und Böse gegessen. In diesem Moment zerbrach die Ruhe, und Unglück und Leid kamen über sie, nicht wahr? War das, was Adam leichtfertig getan hat, gut für uns? Nein! Leider sind wir nicht anders, weil wir Adams und Evas Nachkommen sind. Auch heute noch versuchen viele, alles aus eigener Kraft zu tun, deshalb können sie nicht gerettet werden.

Als Jesus auf dieser Welt war, teilte er viel Gnade aus und segnete die Menschen. Es ist aber nicht so, dass alle Menschen zu ihm kamen, um gesegnet zu werden und die Gnade zu erhalten. Gerade die, die glaubten, sie seien gute Menschen, murrten gegen ihn, verhielten sich feindlich und wollten ihn sogar töten. Auf der anderen Seite waren die, die gar nichts tun konnten, wie die Ehebrecherin, die Samariterin, der Mann, der 38 Jahre krank war und die Leprakranken. Sie kamen zu Jesus, und sie empfingen seine Gnade und seinen Segen. Wenn Sie nicht gerettet werden, liegt das nicht daran, dass Sie etwas nicht gut machen, sondern daran, dass Sie vieles gut machen. Mit anderen Worten: Weil Sie denken, dass Sie etwas gut machen können, geben Sie Gott keine Gelegenheit, in Ihnen zu wirken, sondern bemühen sich selbst.

Es gab da einmal eine französische Dame. Sie lebte alleine und hatte nur ein rosa Schweinchen als Schoßtier. Viele Leute haben heutzutage Hunde, Katzen und sogar Schlangen als Haustiere. Manche halten sich eine Schlange im Auto, um es vor Einbrechern zu schützen. Jedenfalls behandelte diese französische Dame das Schwein wie ein Familienmitglied, nicht wie ein Tier: Sie aßen gemeinsam am Tisch, badeten zusammen und schliefen im selben Bett. Als das Schwein Geburtstag hatte, kaufte sie ihm Chanel No.5, das sich sonst nur reiche Leute wie Filmstars leisten. Bei jeder Gelegenheit badete sie das Schwein in Milch und parfümierte es dann ein.

Eines Tages musste sie für eine Weile verreisen. „Es tut mir so leid, Schweinchen, aber ich werde so bald wie möglich zurückkommen!" Sie stellte ihm genügend Futter auf den Tisch, richtete das Bett her und füllte die Badewanne, bevor sie das Haus verließ. Natürlich vergaß sie auch nicht, es ein letztes Mal einzuparfümieren. Während der Reise konnte sie sich vor lauter Sorge um das Schwein kaum auf ihre Arbeit konzentrieren. Eilig kam sie nach Hause zurück und suchte ihren Liebling, um ihn zu umarmen. Doch sie konnte das Schweinchen nirgends finden. Es war weder im Bad noch in der Küche oder in einem der anderen Zimmer. Sie weinte und machte sich Vorwürfe: „Es war mein Fehler. Ich hätte es niemals allein lassen dürfen!" Doch sie gab nicht auf und entschloss sich, auch außerhalb des Hauses zu suchen. Sie suchte unter den Bäumen im Garten und überall, bis sie es schließlich laut grunzend in einer Jauchengrube fand. Ärgerlich, weil das Schwein ja noch das teure Parfüm trug, rief sie: „Komm da heraus, Schweinchen!" Doch das rührte sich nicht vom Fleck und sah so fröhlich aus wie noch nie.

Die Bibel erwähnt **„...einen goldenen Ring durch die Nase** einer Sau..." (Sprüche 11, 22), in diesem Fall „Chanel No.5 für ein Schwein". Meine Lieben, das Schwein liebt von Natur aus den Schmutz. Selbst wenn wir das Schwein mit Chanel No.5 oder noch teurerem Parfüm einreiben - ohne seine Natur zu verändern, kann das Schwein nicht anders, als in den Schmutz zurückzukehren. Genauso ist es mit uns. Wir sind innerlich mit Sünden befleckt. Wenn wir unser Inneres nicht ändern, sondern uns nur äußerlich mit einer schicken Frisur, vorteilhaftem Make-up, teuren Kleidern, Diamantringen usw. verschönern, bleibt uns nichts anderes übrig, als in Sünde zu fallen und schmutzig zu bleiben.

Es muss für ein Schwein sehr ermüdend sein, immer in Milch gebadet, parfümiert und gewindelt zu werden und dann noch bei uns im Bett schlafen zu müssen. Viel lieber wäre es doch in der Suhle oder der Jauchengrube, und wenn Sie Sünde im Herzen haben, würden Sie sich auch wohler fühlen, wenn Sie trinken, spielen und weitere Sünden begehen würden als hier zu bleiben. Den meisten Leuten ist es zu langweilig, jede Woche eine Stunde im Gottesdienst zu sitzen. Wenn es sie doch froh macht, am Gottesdienst teilzunehmen, warum beschweren sie sich dann, eine Stunde sei zu lang? Wegen dieser Klagen werden die Predigten immer kürzer, 20 Minuten oder sogar nur noch eine Viertelstunde. In Seoul erfreut sich der Sieben-Uhr-Gottesdienst besonderer Beliebtheit. Die Leute gehen so früh wie möglich zur Kirche, von sieben Uhr bis zehn vor acht. Sie wollen nur deshalb den Gottesdienst nicht versäumen, weil sie Angst haben, dass sonst auf der Fahrt ins Grüne etwas passiert.

„Kinder, lasst uns heute in den Holiday-Park gehen!"

„Oh ja, Papa, das ist toll!"

Sie gehen schnell in die Kirche, während ihre Kinder im Auto warten, das schon fertig gepackt ist mit Grill und Gaskocher. Die Kinder drängeln, damit ihre Eltern schnell zurückkommen, und so wird der Gottesdienst für sie zu einer Last. In der Kirche sitzen sie in der letzten Reihe, murren: „Unser Pastor predigt wieder so lang!", und kaum ist der Gottesdienst vorbei, laufen sie hinaus wie Vögel, die aus ihrem Käfig befreit werden. Sie setzen sich ins Auto, treten aufs Gaspedal und machen, dass sie wegkommen. Haben sie Interesse daran, Gott zu dienen, oder wollen sie lieber ihre Freizeit genießen? Sie haben mehr Interesse am Genießen als am Gottesdienst. Daran sieht man, wie es in unseren Herzen wirklich aussieht.

Meine Lieben, ist alles in Ordnung, sobald ein Mann, der innerlich mit Sünde verschmutzt ist, im besten Anzug, ordentlich frisiert und herausgeputzt, oder eine Frau, sorgfältig geschminkt, parfümiert und mit teurer Perlenkette um den Hals, zur Kirche gehen? Auf keinen Fall! Unser Inneres muss geändert werden. Unser Inneres!

Jesus hat zu den religiösen Menschen gesagt: **„Ihr seid wie übertünchte Gräber. Hat nicht der, der das Äußere geschaffen hat, auch das Innere geschaffen? Innen seid ihr voll Unrat."** Das hat Jesus selbst gesagt! Seine Worte gelten nicht nur für die Schriftgelehrten und Pharisäer von damals. Solange Sie nicht von Ihrer Sünde gereinigt sind, sind Sie genauso! Was nützt die Taufe bei den Menschen, deren Herzen voller Sünde sind? Bedeutet es etwas, Diakon oder Ältester zu sein, wenn man voller Sünde ist? Nein! Das ist das Gleiche wie teures Parfüm für ein Schwein. Daher leben die Menschen zwei getrennte Leben: In der Kirche sind sie Heilige, außerhalb leben sie nur allzu weltlich, nicht wahr? Das Licht der Christenheit wird immer kleiner. Wir leben in einer Zeit, in der wir das strahlende Licht der Christen nicht mehr sehen können.

Meine Lieben, ich bitte Sie heute Abend eindringlich: Versuchen Sie nicht, sich äußerlich zu verhalten, als ob Sie gut an Jesus glauben, ohne dass das Sündenproblem in Ihrem Herzen gelöst ist! Ich arbeitete viele Jahre in Daegu als Pastor, und ich wurde bekannt als der „Erlösungspastor". Viele Menschen kommen deshalb zu mir wegen ihres Sündenproblems. Darunter waren auch solche, die schon seit ihrer Taufe als Baby Christen waren. Einige von ihnen waren Diakone oder Älteste, manche sogar Pastoren. Ich habe gesagt: „Es tut mir leid, Ältester Kim, aber Ältesten kann nicht vergeben werden."

„Wie bitte? Warum keinen Ältesten? Steht das in der Bibel?"

„Selbstverständlich! Wissen Sie, wem vergeben werden kann? Den Sündern." An vielen Stellen in der Bibel steht, dass die Sünder von der Sünde befreit werden. Obwohl Gott ganz gewiss die Sünde vergeben kann, kann er nicht einen Sündenlosen aus der Sünde retten. Kann die beste Strandwache etwa Leute retten, die gar nicht ertrinken? Gott will den Sündern zwar vergeben, aber er kann niemandem vergeben, der glaubt, er sei kein Sünder. „Sind Sie ein Ältester oder ein Sünder? Sie müssen sich für eine Möglichkeit entscheiden. Es steht nirgends in der Bibel geschrieben, dass Jesus bei einem Ältesten die Sünde weggewaschen hat. Auch Diakone müssen erst Sünder werden, wenn sie wollen, dass ihnen die Sünde vergeben werden soll. Älteste müssen Sünder sein, um von den Sünden befreit zu werden. Selbst Pastoren müssen Sünder sein, wenn sie von ihren Sünden gereinigt werden wollen."

Wenn ich den Leuten sage: „Wenn Sie von der Sünde gerettet werden möchten, heben Sie bitte die Hand!", melden sich viele. Wenn ich sie dann bitte aufzustehen, zögern sie. Warum? Sie wollen nicht zeigen, dass sie Sünder sind. Dem Hauptmann Naaman wurde aufgetragen, sich siebenmal im Jordan zu waschen. Er murrte: „Wie? Ich kann mich doch nicht ausziehen, so dass alle Leute den Aussatz an meinem Körper sehen können." Eigentlich hätte er die Antwort verdient: „Du bist noch nicht bereit für die Heilung. Geh nach Hause und mach', was du willst!"

Die Vergebung der Sünden anzunehmen ist für manche Leute ganz einfach, aber für andere ist das sehr schwer. Wenn einer verzweifelt ist, nichts mehr hat, was er vorzeigen kann und weiß, dass er Verdammnis verdient, dann kann er ganz leicht von seiner Sünde befreit werden. Aber wenn einer klug und stolz ist und glaubt, dass er ein gutes Glaubensleben führt, ist er meilenweit entfernt von der Vergebung der Sünden. Wir schmücken uns gerne äußerlich, so wie die Frau, die das Schwein mit Parfüm eingerieben hat, weil es so einfach ist. Wir dienen der Gemeinde, indem wir zum Beispiel dort Fußböden und Fenster putzen, Geld für gute Zwecke spenden und unsere Nachbarn mit zum Gottesdienst nehmen. Solche Dinge tun wir gern, aber wir wollen folgendes nicht hören: „Öffnen Sie Ihr Herz, gestehen Sie, dass Sie ein Sünder sind und nehmen Sie die Sündenvergebung an!"

Meine Lieben, jede Nacht kann man in jeder Stadt in Korea Unmengen von Neon-Kreuzen sehen. Ich weiß gar nicht, wieviele Kirchen wir in Korea haben. Arme und Reiche spenden mit ganzem Herzen für Gott viel Geld und bauen luxuriöse Kirchen auf teuren Grundstücken. Jede dieser prächtigen Kirchen wurde mit ihren Tränen und Mühen gebaut. Solche Dinge tun sie gern. Aber wenn sie sich von ihrer Sünde reinwaschen sollen, laufen sie einer nach dem anderen davon. Wie kommt das? Ich glaube, viele von Ihnen haben Opfer gebracht, die Sie sich eigentlich gar nicht leisten konnten, ohne dass Ihre Sünde nun vergeben ist. Es gibt viele, die fasten und nächtelang für ihre Kirche beten, aber es gibt nicht viele, deren Sünde weggewaschen ist. Das macht Gott traurig und tut ihm weh. Wissen Sie, was Jesaja sagte?

„Höret des Herrn Wort, ihr Herren von Sodom! Nimm zu Ohren die Weisung unsres Gottes, du Volk von Gomorra! Was soll mir die Menge eurer Opfer? spricht der Herr. Ich bin satt der Brandopfer von Widdern und des Fettes von Mastkälbern und habe kein Gefallen am Blut der Stiere, der Lämmer und Böcke. Wenn ihr kommt, zu erscheinen vor mir - wer fordert denn von euch, dass ihr meinen Vorhof zertretet? Bringt nicht mehr dar so vergebliche Speisopfer! Das Räucherwerk ist mir ein Greuel! Neumonde und Sabbate, wenn ihr zusammen-kommt, Frevel und Festversammlung mag ich nicht! Meine Seele ist feind euren Neumonden und Jahresfesten; sie sind mir eine Last, ich bin's müde, sie zu tragen. Und wenn ihr auch eure Hände ausbreitet, verberge ich doch meine Augen vor euch; und wenn ihr auch viel betet, höre ich euch doch nicht; denn eure Hände sind voll Blut" (Jesaja 1, 10-15).

Jesaja hat es sehr deutlich gesagt. Kein anderes Buch im Alten Testament beschreibt die Vergebung der Sünden einsichtiger als das Buch Jesaja. Die Kapitel 44, 53 und andere handeln von der Sündenvergebung. Gott sagt darin, dass er den Zehnten, Gebete und alles, was wir für ihn tun, nicht annehmen wird, bevor wir von unserer Sünde befreit sind.

„Siehe, des Herrn Arm ist nicht zu kurz, dass er nicht helfen könnte, und seine Ohren sind nicht hart geworden, so dass er nicht hören könnte, sondern eure Verschuldungen scheiden euch von eurem Gott, und eure Sünden verbergen sein Angesicht vor euch, dass ihr nicht gehört werdet" (Jesaja 59, 1-2).

Gott nimmt also das Opfer eines Sünders nicht an. Meine Lieben, wie wir genau wissen, hat Gott im Alten Testament niemals Opfertiere mit Mängeln wie Lahmheit oder Flechten akzeptiert, nicht wahr? Was bedeutet das? Gott will keine Opfer oder Anbetung von jemandem, der Sünde hat. Gott sagt, dass man zuerst von der Sünde gereinigt sein muss. Aber es gibt viele unter uns, die das Äußere, an dem Gott gar kein Interesse hat, zwar schön schmücken, aber innerlich voller Sünde sind! Können solche Menschen in den Himmel kommen? Gehören sie zu Jesus? Kann Gott wirklich in ihnen wohnen? Auf keinen Fall! Meine Lieben, ich sage es noch einmal: Es ist wie Parfüm für ein Schwein.

Wie können wir denn gerettet werden? Ich werde nun davon sprechen, wie wir von der Sünde reingewaschen werden und vor Gott bestehen können. In 1. Mose 40 wurde der Mundschenk gerettet, während der Bäcker vernichtet wurde, obwohl sie sich in gleicher Weise versündigt hatten. Um ein richtiges Glaubensleben führen zu können, müssen wir den Grund hierfür erkennen. Sie müssen sich keine Sorgen mehr machen, wenn Ihr Glaube so ist wie der des Mundschenks. Ist Ihr Glaube aber wie der des Bäckers, so müssen Sie sofort umkehren und so werden wie der Mundschenk. Im ersten Vers von 1. Mose 40 haben sich beide versündigt. Aber am Ende dieses Kapitels wurde einer gerettet, der andere vernichtet. Muss zwischen dem ersten und letzten Vers nicht ein Grund angegeben sein, warum der Mundschenk gerettet und der Bäcker getötet wurde? Ja, die Antwort ist darin enthalten. Kein anderes Buch ist systematischer und logischer strukturiert als die Bibel. Angenommen, in einem Mathematikbuch für Grundschüler gibt es eine Lücken-Aufgabe. Die erste Zahl in der Aufgabe ist 30. Dann kommt die Lücke, dann kommt 50. Was gehört in die Lücke? 40. So ist auch die Bibel aufgebaut. Ich glaube, dass Gott die Bibel geschrieben hat, um Ihnen die Antwort zu geben, damit Sie auch denselben Glauben haben können wie der Mundschenk.

Nun schauen wir in die Bibel. In 1. Mose 40, 2 heißt es: „**Und der Pharao wurde zornig über seine beiden Kämmerer, gegen den Obersten über die Schenken und gegen den Obersten über die Bäcker, ...**" Wir müssen hier herausfinden, warum der Mundschenk gerettet wurde. Und wir müssen erfahren, aus welchem Grund der Bäcker getötet wurde. Ich bin sicher, dass Sie die gleiche Bibel haben wie ich. Schauen wir noch einmal hinein und sagen Sie mir, warum der Mundschenk gerettet wurde. Lesen Sie irgendwo, dass der Mundschenk aus ganzem Herzen bereute und Buße tat? Oder dass er unter seiner Sünde litt oder Tränen des Bedauerns vergoss? Nichts dergleichen. Seltsam, nicht wahr? Aber Gott muss durch die Geschichte des Mundschenks doch den Weg zur Rettung gezeigt haben, damit wir gerettet werden können, nicht wahr? Die meisten Menschen glauben, dass sie etwas tun müssen, um gerettet zu werden, z. B. inbrünstig beten, das Evangelium verkünden, unter Tränen bereuen usw.

Meine Lieben, wenn Gott das gewollt hätte, wäre der Mundschenk früh am Morgen aufgestanden und hätte unter Tränen Buße getan, und dieses Verhalten müsste irgendwo erwähnt sein. Das wäre logisch. Habe ich willkürlich interpretiert? Erstaunlicherweise können wir kein einziges Wort darüber finden, dass der Mundschenk Buße getan hat. Heutzutage glauben die meisten Menschen, dass sie etwas tun müssen, um gerettet zu werden. In der Bibel dagegen ist davon keine Rede. Was hat der Mundschenk getan? Hat er Tränen vergossen, Buße getan und bedauert? Tut mir leid, aber das steht überhaupt nicht in der Bibel. Was jetzt? Wir brauchen also nicht Buße zu tun? Brauchen wir nicht zu weinen? Wir müssen nicht beten? Nein, das sage ich nicht. Ich sage nicht, wir müssen nicht Buße tun. Ich sage nicht, wir brauchen keine Gebete. Ich sage nicht, wir müssen nicht in der Bibel lesen. Ich sage auch nicht, wir brauchen der Gemeinde nicht zu dienen. Was ich sagen will, ist, dass all diese Dinge nichts mit der Erlösung zu tun haben. Dies sind nicht die Voraussetzungen, unter denen wir gerettet werden.

Jetzt müssen wir den Unterschied zwischen dem Bäcker, der getötet wurde, und dem Mundschenk, der gerettet wurde, herausfinden. Was ist der Unterschied? Als ich das Kapitel 40 gelesen habe, ist mir nur ein Unterschied aufgefallen, und zwar der zwischen ihren Träumen. Sehen Sie das auch so? Als Josef am Morgen zu ihnen kam, sahen sie sehr traurig aus.

„Warum macht ihr so traurige Gesichter? Habt ihr Sorgen?"

„Nun, wir träumten, aber wir konnten unsere Träume nicht deuten."

„Traumdeutung ist Gottes Sache. Doch erzählt mir die Träume!"

Der Mundschenk erzählte Josef den ganzen Traum: „Weil ich für den Wein des Königs zuständig bin, musste ich dem König Wein bringen, aber der Becher war leer. Da ich nicht den leeren Becher bringen konnte, schaute ich mich um, und gerade in diesem Moment sah ich einen Weinstock vor mir, und aus dem Weinstock kamen drei Reben. Sie grünten, wuchsen und blühten, und sofort wurden die Trauben reif."

Wie glücklich muss er gewesen sein, als er plötzlich diesen Weinstock sah, während er in großer Sorge war, weil er keinen Wein hatte!

„Sofort nahm ich die Trauben und presste ihren Saft in den Becher, dann brachte ich ihn dem Pharao."

Nachdem Josef den Mundschenk gehört hatte, sagte er, dass das ein guter Traum war. Die beiden waren verwundert und fragten ihn, warum.

„Die drei Reben sind drei Tage. Von heute an in drei Tagen wird der Pharao deinen Kopf erheben und dich wieder in dein Amt einsetzen."

Meine Lieben, nun müssen wir wieder herausfinden, warum dieser Traum bedeutet, dass der Mundschenk gerettet wird. Der Mundschenk nahm die Trauben und presste sie aus. Ich verstand zuerst überhaupt nicht, was das bedeutet, denn ich bin kein sehr kluger Mann. Manchmal vermute ich zwar, dass die Botschaft in einem Bibelvers enthalten ist, aber ich kann sie nicht klar erkennen. In diesem Fall aber erlaubte mir Gott, sie zu verstehen, nachdem ich gebetet hatte und es noch einmal im Zusammenhang mit anderen Büchern der Bibel gelesen hatte. Der Weinstock bedeutet Jesus. Jesus ist der wahre Weinstock des Lebens. Vor den König zu gehen bedeutet, vor Gott zu bestehen, dem König der Könige. Der Mundschenk hatte nichts, was er dem König bringen konnte. Das bedeutet, dass wir zwar vieles haben, aber nichts, was wir vor Gott bringen können. Der Mundschenk schaute sich im Traum um und sah einen Weinstock, an dem die Trauben reif wurden. Er nahm sie und presste sie aus, so dass der Saft herauslief. Das symbolisiert, dass Jesus, der wahre Weinstock des Lebens, zerschlagen und ans Kreuz genagelt wurde und sein Blut vergoß. Das heißt, der Traum des Mundschenks bedeutet folgendes:

„Gott! Ich muss vor dir stehen, aber ich habe nichts, was ich dir darbringen könnte. Ich komme einfach zu dir mit nichts als nur mit dem Glauben an das kostbare Blut Jesu, der für mich am Kreuz starb. Bitte nimm mich an um dieses Blutes willen." Das ist das Bekenntnis unseres Glaubens. Deshalb dürfen Sie sonst nichts haben als das Blut Jesu Christi am Kreuz, wenn Sie vor Gott stehen. Der Zehnte, vierzigtägiges Fasten, Almosen für die Armen, durch all diese Dinge kann niemals die Rettung geschehen.

Meine Lieben, Gott sieht nur, ob wir mit ganzem Herzen nur auf das kostbare Blut Jesu Christi vertrauen, dann rettet er uns. Aber einige vertrauen zwar auf das Blut Jesu, sie mischen jedoch andere Dinge dazu. Einige mischen noch 20% gute Taten dazu, andere 40%, wieder andere sogar 60%, weil sie gut sind, wieder andere bringen nur 1% gute Taten zu dem Blut, das Jesus für uns am Kreuz vergoss. Aber auch das kann Gott nicht annehmen. Wenn auch nur ein kleines bisschen eigene Werke oder gute Taten dazugelegt werden, kann die Rettung nicht geschehen. Wir müssen uns allein auf das Blut Jesu verlassen, der am Kreuz für all unsere Sünde starb. Das ist die Botschaft aus dem Traum des Mundschenks. Er hatte nichts als einen leeren Becher, als er dem König etwas bringen sollte. Wie groß war seine Sorge! Wir können uns vorstellen, wie überglücklich er war, als er den Weinstock sah. Der grünte, wuchs und blühte, und die Reben brachten reife Trauben hervor. „Welch ein Glück!" Sofort pflückte er sie und presste sie aus und brachte dem König den Saft. Das bedeutet: Wir waren verzweifelt, weil wir keine Möglichkeit hatten, aus eigener Kraft in den Himmel zu gehen. Dann schauten wir auf das Blut Jesu, das uns von unserer Sünde reingewaschen hat. Nun können wir voller Freude zu Gott gehen. Das ist der Glaube des Mundschenks.

Meine Lieben, niemand von uns kann leben ohne zu sündigen. Wir können nicht nach dem Wort Gottes leben, d. h. ohne ein einziges Gesetz zu übertreten. Deshalb hat Gott uns seinen Sohn Jesus Christus gesandt. Das kostbare Blut, das von seiner Stirn, seinen beiden Händen, seiner Seite und seinen Füßen vergossen wurde, hat mehr als genug Macht, unsere Sünde wegzuwaschen. Deshalb müssen wir nur allein auf sein Blut vertrauen, wenn wir vor Gott gehen.

Mit drei verrosteten Nägeln
hat damals das Volk
Jesus Christus ans Kreuz geschlagen.
Ich höre heute das Hämmern,
und es berührt mein Herz:
Sein Blut hat meine Sünde getilgt.

Wenn Jesus unsere Sünde nicht hätte wegwaschen können, müssten Sie selbst versuchen, die Sünde zu beseitigen. Wenn er nur die Hälfte Ihrer Sünde getilgt hätte, müssten Sie sich selbst bemühen und versuchen, die andere Hälfte wegzubekommen. Aber wenn das kostbare Blut Jesu all Ihre Sünde weggewaschen hat, können Sie unter keinen Umständen länger ein Sünder sein. Deshalb nennt Gott uns gerecht. Er nennt uns gerecht, nicht weil unsere Taten gut sind, nicht weil wir nur ganz wenige Sünden begehen, nicht weil wir unter Tränen Buße tun, sondern weil das kostbare Blut seines Sohnes Jesus Christus unsere Sünde vollkommen und endgültig weggewaschen hat.

Jesus Christus hat am Kreuz all unsere Sünde getilgt. Er hat unsere Sünde für ewig reingewaschen. Trotzdem versuchen viele, allein im Vertrauen auf ihre eigenen Taten zu Gott zu kommen, ohne sich auf ihn zu verlassen. Wenn wir etwas gut machen, gehen wir voller Freude vor Gott. Wenn wir aber etwas nicht gut machen, werden wir deprimiert und schlecht gelaunt. So ändert sich unser Herz hundertmal am Tag. Unzählige Male begehen wir Fehler. Deshalb können wir niemals vor Gott bestehen, wenn wir im Vertrauen auf solche Taten zu ihm gehen, verstehen Sie? Himmelhoch jauchzend am Morgen, zu Tode betrübt am Abend. Sind wir nicht so, meine Lieben? Das fröhliche Herz, das wir direkt nach dem Gottesdienst haben, ändert sich schon, während wir nach Hause gehen, nicht wahr? Wenn wir nach einer Woche wieder in die Gemeinde kommen, sind wir frustriert. Wenn wir im Vertrauen auf unser Herz, das sich jeden Moment ändert, in den Himmel kommen möchten, werden wir wankelmütig und letztendlich verderben. Aus diesem Grund sollten wir uns nicht auf uns selbst verlassen. Unseren Taten ist schon bestimmt, verdammt zu werden. Deshalb gehen wir zu Gott nur im Vertrauen auf seine Gnade.

Meine Lieben, stellen Sie sich einmal vor, ich, Pastor Park, sterbe heute. Möglicherweise werden die einen sagen: „Oh, wie schade!", andere: „Ach, wie schön!" Auf jeden Fall wird es eine Bestattung geben. Man wird meinen Körper entweder verbrennen oder begraben. Dann komme ich Loblieder singend zum Herrn. Schließlich stehe ich vor Gottes Gericht. Dann erscheint Satan und sagt:

„Ich freue mich sehr, dich zu sehen, ich habe lange auf dich gewartet. Setz dich!"

Und er beginnt mit der Anklage gegen mich: „Gott, Pastor Park wurde am soundsovielten dort und dort in Korea geboren. Von Geburt an hatte er eine stark ausgeprägte Neigung zur Sünde, deshalb ist es gar nicht so leicht, alle Sünden aufzuzählen, die er begangen hat. Lass mich anfangen: An diesem Tag hat er ein Erdnussfeld geplündert, an jenem Tag hat er Trockenfrüchte gestohlen, dann hat er sich mit jemand geschlagen, dann und dann hat er gelogen, da geflucht..." Während ich der Anklage zuhöre, wird mir klar, wie schlecht ich gewesen bin. Vielleicht wird es Ihnen allen so gehen. Es könnte noch einige Jahre dauern, bis Satan seine Anklage beendet hätte.

„Das ist noch nicht alles, Gott. Er ist hinterlistig... Daher muss er in die Hölle geworfen werden." Damit schließt Satan seine Anklage, und danach tritt Jesus auf. Solange Satan redet, bin ich ganz entmutigt, aber als Jesus kommt, habe ich neuen Mut. Er sagt: „Mach dir keine Sorgen, Ock-Soo Park. Ich bin für dich da. Sorge dich nicht. Vater, ich nehme Parks Sünden zur Kenntnis, derentwegen der Satan ihn eben angeklagt hat. Aber bitte schau einen Moment auf meine Seite. Wie kam ich zu dieser Lanzenwunde? Und warum habe ich die Narben von einer Dornenkrone an meiner Stirn und Nagelmale an meinen Händen? Sind sie nicht Beweis genug, dass ich die Strafe für all seine Sünden, die Satan aufgezählt hat, bereits empfangen habe? Bin ich nicht für ihn am Kreuz gestorben? Verschwinde, Satan! Engel! Heißt Ock-Soo Park ohne weitere Verzögerung willkommen!" Die Posaunen ertönen. „Gibt es keine Krone, die für ihn vorbereitet wurde?" „Aber natürlich, hier ist sie, Herr!"

Das ist nur eine Vorstellung. Ich bin nicht sicher, ob ich wirklich eine Krone bekomme. Sollte es tatsächlich so sein, werde ich sie nicht länger als fünf Minuten tragen. Nachdem die Fotos und ein Video gemacht sind, werde ich sie abnehmen und Jesus anbieten: „Jesus, diese Krone gebührt dir allein! Was habe ich getan, um diese Krone zu verdienen? Du hast mich von meinen Sünden reingewaschen, du hast mir dein Wort gegeben und mir alle meine Gaben geschenkt. Ich selbst habe gar nichts getan. Ich gebe dir diese Krone. Bitte nimm sie an." Ich werde ihm die Krone zu Füßen legen und nur ab und zu die Bilder betrachten und mir das Video ansehen.

Meine Lieben, das kostbare Blut unseres Herrn Jesus Christus am Kreuz hat alle unsere Sünden vollständig weggewaschen. Es hat uns so vollkommen reingewaschen, dass Satan keine Anklage gegen uns findet. Halleluja! Wenn das kostbare Blut Jesu unsere Sünden nicht weggewaschen hätte, wäre sein Tod bedeutungslos. Das heißt, das Blut, das er am Kreuz vergossen hat, um unsere Sünde zu tilgen, wäre unrein. Aber er ist eben nicht umsonst gestorben. Er hat unsere Sünden vollkommen weggewaschen. Deshalb glauben wir an Jesus. Weil allein Jesu Blut genügt, brauchen wir unsere eigenen guten Taten nicht darunter zu mischen. Weil allein Jesu Blut genügt, müssen wir nicht noch einmal bestraft werden. Gott gibt sich mit der Strafe zufrieden, die Jesus an unserer Stelle ertragen hat. Deshalb kann ein so schmutziger, böser Mensch wie ich dank des kostbaren Blutes Jesu aufrecht vor Gott stehen. Jetzt bin ich ja nur ein einfacher Mensch, aber eines Tages werde ich Engel als meine Diener haben.

„Engel!"

„Jawohl, mein Herr!"

„Hol die zweite Frucht vom Baum des Lebens herunter! Ich möchte sie probieren."

Wie dem auch sei, solche Gnade erlangen wir allein durch Jesu kostbares Blut. Manche Menschen können diese Gnade nicht bekommen, weil sie zu dem Blut Jesu immer etwas addieren möchten, obwohl sie nicht gut in Mathe sind. Subtrahieren Sie alles, was Sie addiert haben und vertrauen Sie allein auf das Blut Jesu! Können Sie mir folgen?

Josef hat den Traum des Mundschenks ausgelegt: „Das ist ein wirklich glücklicher Traum! Drei Reben sind drei Tage. In drei Tagen wirst du befreit werden. Wenn du gerettet bist, denk an mich. Bitte, vergiss mich nicht!"

Der Bäcker neben dem Mundschenk hörte diese Deutung und sagte nun mit einem strahlenden Lächeln:

„Ich habe auch geträumt."

„Was hast du geträumt?"

„Mein Traum ist so ähnlich wie seiner. Ich trug drei Körbe mit feinem Backwerk auf meinem Kopf...", und er erzählt voll froher Erwartung weiter: „Im obersten Korb trug ich allerlei Gebackenes, aber die Vögel haben alles herausgefressen."

„Das ist kein guter Traum."

„Warum nicht?"

„Die drei Körbe sind drei Tage. Nach drei Tagen wird der Pharao dich hinrichten und dich an einem Galgen aufhängen lassen. Die Vögel werden das Fleisch von dir fressen." Das ist zwar eine schreckliche Geschichte, aber sie ist wahr! Das feine Backwerk bedeutet nichts anderes als Jesus Christus. Wenn wir das Abendmahl feiern, brauchen wir Brot und Wein. Jesus ist das Brot des Lebens. Der Bäcker brauchte nur dieses Brot, um vor dem Pharao zu bestehen. Aber das Problem war, dass er noch etwas anderes zum Brot dazugelegt hat. Die Vögel am Himmel bedeuten Satan. Es gibt auch in der Bibel viele Begriffe, die mehr als eine Bedeutung haben. Das Wort „Pass" kann zum Beispiel ein Reisepass sein oder über einen Berg führen. Das Lamm in der Bibel steht sowohl für Jesus als auch für die Gläubigen. Das Gleiche gilt für die Vögel. An manchen Stellen bedeuten sie Heilige. In diesem Kapitel symbolisieren sie jedoch Satan, genau wie die Vögel, die die verstreute Saat vom Weg auffressen.

Meine Lieben, wenn wir vor Gott stehen, sollten wir nur auf das Brot vertrauen, das Jesus ist. Aber wir addieren immer andere Dinge dazu, die uns gefallen, und deshalb kann Gott uns nicht annehmen. Also werden wir verdammt. Das sagt uns Gott durch diese Geschichte.

Meine Lieben, wir haben heute Abend darüber gesprochen, warum der Mundschenk gerettet und der Bäcker vernichtet wurde. Der Mundschenk steht für die Menschen, die folgendes Herz haben: „Ich habe nichts, was ich dir bringen kann. Sieh nur darauf, dass Jesus sein Blut für mich vergossen und meine Sünden abgewaschen hat, und nimm mich bitte einfach an." Der Bäcker steht für die Menschen, die immer etwas dazulegen, indem sie selbst dies und jenes tun, obwohl Jesus für sie am Kreuz gestorben ist. Die Bibel weist uns darauf hin, dass Menschen, die so glauben wie der Bäcker, verdammt werden. Hören Sie gut zu, denn das ist der Grund, warum Leute, die „gut" an Gott glaubten, wie die Schriftgelehrten, Pharisäer und Sadduzäer, Jesus verfolgt haben, als er auf der Erde war. Die Menschen, die Jesus bei sich aufnahmen, waren alle Sünder wie die Ehebrecherin, die Samariterin, Aussätzige usw. Meine Lieben, es ist kein Problem, dass wir unser Glaubensleben nicht gut führen können, sondern es ist oft ein Problem, wenn wir meinen, dass wir es gut führen. Wenn wir wirklich nichts tun können, kann Jesus an unserer Stelle handeln. Wenn wir selbst unsere Sünden nicht beseitigen können, tilgt der Herr sie. Aber er kann gar nichts für uns tun, solange wir selbst versuchen, unsere Sünden zu tilgen.

Meine Lieben, obwohl Ausscheidungen schmutzig sind, ist es nicht schlimm, solange sie in der Toilette sind. Das ist der Ort für Ausscheidungen. Es wäre sehr wohl ein Problem, wenn Sie sie auf dem Esstisch hätten, nicht wahr? Solange Sünder in dieser sündigen Welt sind, ist das kein Problem. Aber wenn sie in den Himmel kommen möchten, dürfen sie keine Sünde mitnehmen. Können Sie das verstehen? Deshalb müssen Sie in dieser Welt von Ihren Sünden reingewaschen werden, bevor Sie zum Himmelreich kommen. Ihre Sünden müssen reingewaschen werden, bevor Sie Ihrer Gemeinde dienen, bevor Sie spenden und bevor Sie für den Herrn Ihr Leben lassen.

Eines Tages fand Leonardo da Vinci einen großen Felsen auf dem Hügel bei seinem Haus. Er verbrachte den ganzen Tag damit, ihn zu betrachten, und kam erst nach Einbruch der

Dunkelheit nach Hause. Am nächsten Tag ging er wieder hin und betrachtete ihn. Mehrere Tage tat er nichts anderes als den Felsen anzuschauen. Aber eines Tages fing er an, den Felsen mit Hammer und Meißel zu bearbeiten. Unaufhörlich fuhr er damit fort. Ein Freund fragte ihn:

„Hallo, Leonardo!"

„Oh, kommst du mich besuchen?"

„Was in aller Welt machst du da?"

„Das siehst du doch! Schau genau hin!"

„Ich sehe nichts als einen Felsen."

„Sieht das für dich nur wie ein Felsen aus?"

„Ja! Was soll es denn sonst sein?"

„Siehst du denn nicht? In diesem Felsen ist ein Engel. Er ist im Felsen eingeschlossen. Ich zerbreche den Felsen, um den Engel zu befreien." Er hämmerte und meißelte weiter an dem Stein. Nach einiger Zeit zeigte sich tatsächlich mehr und mehr die Form eines Engels, wie er gesagt hatte. Als alles, was um den Engel herum war, abgehauen war, erschien der Engel. Er sah also den Engel schon in etwas, was für die anderen Leute noch wie normaler Fels aussah.

Meine Lieben, Sie sehen zwar für die anderen arm, unwissend und niedrig aus, aber Sie sind aus der Sicht Jesu Menschen, die schon in das Bild Gottes verwandelt worden sind. Sie alle sind schon das Bild Gottes, aber Sie waren von den Sünden verdeckt. Jesus hat am Kreuz alle die bösen, schmutzigen Sünden beseitigt, die Sie verdeckten, so wie Leonardo da Vinci den Felsen mit Hammer und Meißel abgebrochen hat, um den wunderschönen Engel hervorzubringen. So wird nun auch das heilige Bild Gottes in uns zum Vorschein gebracht. So wie Leonardo da Vinci den Felsen zerbrach, will Jesus Ihre Sünden beseitigen und auch die Angst in Ihrem täglichen Leben. Er will Traurigkeit und Leiden wegnehmen, so dass er Ihnen den wahren Frieden und die Zufriedenheit gibt, die nur er hat. Glauben Sie an Jesus Christus! Vertrauen Sie auf ihn!

Es wird Zeit, meine Predigt zu beenden, damit wir noch persönlich miteinander sprechen können. Das Einzige, was ich noch betonen möchte, ist, dass mich Jesus von meiner schmutzigen Sünde erlöst hat. Es war der 7. Oktober 1962. Heute ist der 8. Oktober. Das heißt, gestern genau vor 25 Jahren wurde ich gerettet. So wie ich aus der Sünde gerettet bin, wünsche ich jedem von Ihnen, dass auch Sie die Vergebung der Sünden durch Jesu kostbares Blut annehmen. Das ist alles, was ich mir wünsche. An dem Tag, als Jesus in mein Herz kam, habe ich zum ersten Mal die echte Freude geschmeckt.

Heute nach dem Abendessen habe ich geduscht. Beim Haare waschen kam dieses Lied aus meinem Herzen:

Ohne ihn könnte ich nichts tun,
ohne ihn würde ich sicher versagen;
ohne ihn würde ich dahintreiben wie ein Schiff ohne Segel,
Jesus, oh Jesus!
Kennst du ihn heute schon?
Du kannst ihn nicht zurückweisen;
oh Jesus, oh Jesus!
Wie verloren wäre ich ohne ihn.

Dieses Lied ist mein Zeugnis. Manchmal denke ich zurück an meine Zeit ohne Jesus, vor 1962. Ich bin in tiefer Sünde herumgeirrt und war unglücklich und entmutigt. Seit Jesus in mein Herz kam, wurde ich erstaunlicherweise Tag für Tag geändert. Der einzige Grund, warum ich heute Abend vor

Ihnen stehen kann, ist Jesus Christus. Nur, weil er am Kreuz gestorben ist und dadurch alle meine Sünden getilgt hat. Ich hatte wirklich gar keine Hoffnung. Ich wollte mich umbringen. Ich war so frustriert, dass ich zur Armee gehen wollte. Aber sogar die schickten mich nach Hause, weil ich einen abgebrochenen Schneidezahn hatte. Ich war zu nichts nütze in dieser Welt. Aber Jesus hat mich angenommen. Heute Abend will er Sie alle annehmen. Er möchte Sie alle in seine liebenden Arme schließen.

Meine Lieben! Empfangen Sie die Vergebung der Sünden. Kommen Sie her zu ihm und lassen Sie sich von Ihren Sünden reinigen. Ich bin sicher, dass Sie verändert werden. Lassen Sie mich an dieser Stelle schließen. Morgen möchte ich ausführlich erklären, wie man von der Sünde befreit werden kann.

6

Die ewige Erlösung

Bis jetzt habe ich darüber gesprochen, wie unsere Herzenseinstellung sein muss, um die Sündenvergebung zu bekommen. Heute Morgen und heute Abend möchte ich erklären, wie unsere Sünden getilgt werden können. Von 1. Mose bis zur Offenbarung gibt es viele Stellen in der Bibel, die davon berichten. Dazu werde ich in meiner Predigt mehrere Verse lesen.

Und immer, wenn ich etwas frage, möchte ich, dass Sie still für sich selber antworten. Ich hoffe, dass diese Stunde heute Morgen die wertvollste, segensreichste Stunde wird, die Sie je in Ihrem Leben gehabt haben. Ich wünsche mir von ganzem Herzen, dass das Evangelium in Ihrem Herzen nicht als Wissen, sondern als Glaube, nicht als Theorie, sondern als Tatsache angenommen wird. Nun möchte ich zuerst Hebräer lesen. Ich lese von Kapitel 10, Vers 1.

„Denn das Gesetz hat nur einen Schatten von den zukünftigen Gütern, nicht das Wesen der Güter selbst. Deshalb kann es die, die opfern, nicht für immer vollkommen machen, da man alle Jahre die gleichen Opfer bringen muss. Hätte nicht sonst das Opfern aufgehört, wenn die, die den Gottesdienst ausrichten, ein für allemal rein geworden wären und sich kein Gewissen mehr gemacht hätten über ihre Sünden? Vielmehr geschieht dadurch alle Jahre nur eine Erinnerung an die Sünden. Denn es ist unmöglich, durch das Blut von Stieren und Böcken Sünden wegzunehmen" (Hebräer 10,1-4). Überspringen wir ein Stückchen und lesen ab Vers 10 weiter. „Nach diesem Willen sind wir geheiligt ein für allemal durch das Opfer des Leibes Jesu Christi. Und jeder Priester steht Tag für Tag da und versieht seinen Dienst und bringt oftmals die gleichen Opfer dar, die doch niemals die Sünden wegnehmen können. Dieser aber hat ein Opfer für die Sünden dargebracht, und sitzt nun für immer zur Rechten Gottes und wartet hinfort, bis seine Feinde zum Schemel seiner Füße gemacht werden. Denn mit einem Opfer hat er für immer die vollendet, die geheiligt werden. Das bezeugt uns aber auch der heilige Geist. Denn nachdem der Herr gesagt hat: „Das ist der Bund, den ich mit ihnen schließen will nach diesen Tagen", spricht er: „Ich will mein Gesetz in ihr Herz geben und in ihren Sinn will ich es schreiben, und ihrer Sünden und ihrer Ungerechtigkeit will ich nicht mehr gedenken." Wo aber Vergebung der Sünden ist, da geschieht kein Opfer mehr für die Sünde" (Hebräer 10, 1-18).

Ich habe bis Vers 18 gelesen. Meine Lieben, ich lebe in Daechi-dong in Seoul. Meine Wohnung ist nicht weit weg vom

Olympiastadion. Es ist gut zu Fuß zu erreichen. Während der Marathonlauf der Asiatischen Spiele stattfand, war es sehr unbequem, weil die ganze Marathonlaufstrecke für Autos gesperrt war. Aber die Schlagzeilen der Zeitungen sagten, dass die Spiele mit großem Erfolg beendet wurden. Ein Artikel berichtete, dass die Computer sich so weit entwickelt hätten, dass man in Hundertstel Sekunden messen und die Informationen sekundenschnell an das Pressezentrum weiterleiten konnte. Ich kenne mich nicht gut in technischen Dingen aus, aber ich glaube, dass dadurch vieles sehr bequem geworden ist. Seit einiger Zeit benutzen wir Halbleiter, von denen man früher meinte, sie seien völlig nutzlos, weil es keine Leiter und keine Nichtleiter sind. Doch dank der Halbleiter-Revolution wurde unser Leben unvorstellbar bequem. Jetzt können wir uns unser tägliches Leben nicht mehr ohne Halbleiter vorstellen, weil zum Beispiel Computer unverzichtbar geworden sind. Die Entdeckung der Halbleiter machte es möglich, so viele bequeme Maschinen zu erfinden. Jetzt zeichnen wir diese Evangelisation mit Videokameras auf. Wenn ich mir zu Hause die Videos von den Konferenzen und den Evangelisationen ansehe, merke ich, dass die Welt wirklich bequem geworden ist. Es ist sehr gut, dass ich mir auch diese Evangelisation im Film ansehen kann, damit alles wieder in mein Gedächtnis zurückkommt, was ich vergessen habe. Immer wenn ich Sie vermisse, werde ich mir die Bänder ansehen, die wir gerade aufzeichnen.

Meine Lieben, durch ein hochentwickeltes Gerät kann man unsere inneren Organe, die wir mit unseren Augen nicht sehen können, wie zum Beispiel Herz, Leber, Magen usw., betrachten. Doch leider sind die Menschen nicht in der Lage, ein Gerät zu erfinden, das unser geistiges Herz sehen kann. Ich weiß nicht, ob je eins erfunden wird, aber wenn, dann werde ich eins kaufen, egal wie teuer es sein wird. Ich werde es am Eingang unserer Gemeinde aufstellen und die Herzen der Geschwister, die in die Gemeinde kommen, betrachten, so wie das Sicherheitspersonal am Flughafen unser Gepäck durch Röntgen kontrolliert. Angenommen, Sie besuchen meine Gemeinde, und ich sitze hinten auf meinem Stuhl und schaue auf den Bildschirm des Gerätes. „Sie, Ältester Kim, haben noch Sünden in Ihrem Herzen. Kommen Sie doch bitte zu mir!" Und ich zeige ihm das Foto von seinem Herzen. „Dies ist das Foto Ihres Herzens, das immer noch schmutzige Sünde hat. Tun Sie Buße!" Klingt das nicht großartig, meine Lieben?

„Bruder Lee, komm herüber. Lass mich ein Foto von dir machen, um zu prüfen, ob du einen guten Glauben hast."

„Klick."

„Großartig. Alle deine Sünden sind weggewaschen." Ich bin sicher, dass es eine lange Schlange von Leuten gäbe, die sehen wollten, wie ihr Herz aussieht und ob ihre Sünden weggewaschen sind. Wie wäre es mit 5000 Dollar für ein Bild? Zu teuer? Wie wäre es mit 500? Jedenfalls wäre es wirklich toll, wenn ich so ein Gerät hätte.

Die Menschen denken und planen wie sie möchten, aber sie kennen ihr Herz nicht, d. h. sie wissen nicht, wieviel Sünde es hat. Unser Herz muss genau untersucht werden, aber es gibt kein Gerät, mit dem man es betrachten kann. In der Bibel steht geschrieben: **„Es ist das Herz ein trotzig und verzagt Ding; wer kann es ergründen?"** (Jer. 17, 9). Das heißt, keiner kennt das Herz. Meine Lieben, es ist sehr interessant, dass die Bibel der Spiegel unserer Herzen ist.

Es gab eine Frau, die als Krankenschwester nach Deutschland gegangen ist. Dort wurde sie gerettet, obwohl sie schon in Korea in die Gemeinde ging. Ist ihre Rettung „Made in Germany", weil sie in Deutschland gerettet wurde? Nein! Die Rettung in Deutschland ist genau die gleiche wie in Korea. Es gibt auch keine Rettung, die „Made in Korea" ist. Alle Rettung ist „Made im Himmel". Diese Schwester ist in Deutschland gerettet worden, aber ihre Rettung ist auch „Made im Himmel". Jedenfalls war sie sehr glücklich über ihre Erlösung, und sie fragte einen Missionar in Deutschland: „Kennen Sie einen Pastor in Korea, der den richtigen Weg der Sündenvergebung lehrt?" Er sagte ihr, er kenne Pastor Ock-Soo Park in Daegu City, der über Sündenvergebung spricht. Deshalb schickte diese Schwester mir einen Brief. „Pastor Park! Ich wurde auf die und die Art gerettet, und Sie wurden mir von einem Missionar genannt. Bitte schicken Sie mir einen Plan, falls Sie bald eine Evangelisation haben." Wir haben jedes Jahr zahlreiche Evangelisationen einschließlich 3-4 große in den größeren Städten in Korea. Als ich ihren Brief bekam, bereiteten wir gerade eine große Evangelisation in Daegu vor. Ich schickte ihr einen Brief, um sie zu informieren, dass eine Evangelisation von soundsoviel Tagen stattfinden werde. Sie wollte ihren Vater in diese Evangelisation einladen. Also führte sie ein teures Ferngespräch und bat ihren Vater: „Vater! Bitte nimm unbedingt an der Evangelisation von Pastor Park teil!" Er lebt in Namhae und ist der Eigentümer der Busgesellschaft von Namhae. Er ist ein alter Mann, der eine Konfuzianische Schule besucht und viel über Konfuzius und Mancius gelernt hat. Er wollte überhaupt nichts mit Christen zu tun haben, aber seine Tochter hatte ihn trotz hoher Telefonkosten flehend gebeten. Deshalb wusste er nicht, was er tun sollte. Seine Tochter befürchtete, dass ihr Vater nicht gehen würde. Deshalb gab sie einer Kollegin, die Korea besuchen wollte, um dort Urlaub zu machen, Geld und bat sie: „Ich werde die Hälfte deines Flugtickets bezahlen. Könntest du

169

bitte meinen Vater zu der Evangelisation von Pastor Park bringen?" Deshalb nahm er an der Evangelisation teil, genau wie eine Kuh, die zum Schlachthof geschleppt wird. Er kam zu mir und stellte sich vor, damit seine Tochter wusste, dass er da war. „Meine Tochter heißt Soundso, ich bin ihr Vater." Im Laufe der Evangelisation wurde es ihm immer langweiliger, und er sagte sich: „Sie sagen immer, dass Jesus gute Werke getan hat. Das ist alles." Er konnte es kaum abwarten, bis er nach Hause gehen konnte. Er schlug nur die Zeit tot, weil er seine Tochter nicht enttäuschen wollte, indem er mitten in der Konferenz aufgab. Er lief mürrisch und mit finsterem Blick herum. Immer wenn er mich sah, sagte er: „Pastor Park, Sie geben sich viel Mühe." Aber all meine Mühe brachte ihm gar nichts. Da er durch sein Desinteresse sich nirgends angeschlossen hatte, war er immer allein. Er warf nur einen Blick in eine Gruppe nach der anderen.

Es war Donnerstagabend, der vorletzte Abend der Evangelisation. Nach der Predigt hatte ich dazu eingeladen, nach vorne zu kommen, wenn jemand von der Sünde erlöst werden wollte. Aber der alte Mann ist nicht nach vorne gekommen. Er war wieder so gelangweilt, dass er zuerst nach draußen ging, aber da war es dunkel. Als er wieder hereinkam, waren alle Gruppen noch in Gespräche vertieft. Weil er nicht wusste, was er sonst machen sollte, setzte er sich ganz hinten hin. Der heilige Geist arbeitet wirklich auf phantastische Art und Weise. Wir reden viel, aber wenn nur ein Wort ins Herz kommt, wird man geändert. Durch die Kraft des Wortes hat dieser alte Mann an diesem Abend das Geheimnis der Vergebung verstanden. Halleluja! Er fragte sogar, ob wir die Evangelisation verlängern könnten. Jedenfalls konnte er vor Dankbarkeit seinen Mund nicht mehr halten.

Einige Zeit später rief er mich an. „Pastor, ich kann nicht verlangen, dass Sie extra zu mir kommen, aber wenn Sie mal an meinem Wohnort vorbeifahren, machen Sie doch bitte unbedingt bei mir Zwischenstation." Weil er so gefleht hat, bin ich extra vorbeigefahren. Ich bin an seiner Tür vorbeigefahren, zurückgefahren und habe ihn besucht. Er empfing mich mit seinem ganzen Herzen. Er hatte Essen aus teurem rohen Fisch für mich zubereitet. Er sagte, die Fische aus seiner Gegend schmecken am besten, weil das Wasser dort so sauber sei. In der Tat leide ich immer, wenn ich Leute besuche, die an der Küste wohnen, weil ich keinen rohen Fisch mag. Nach dem Abendessen erzählte er mir: „Pastor, ich hatte immer viel Spaß beim Bogenschießen mit alten Freunden aus meiner Nachbarschaft, bis ich zu der Evangelisation ging. Nachdem ich zurückgekommen war, habe ich die ganze Bibel in ca. einem Monat durchgelesen! Ich habe ohne Pause die Bibel, die ich in meinem Leben noch nie aufgeschlagen hatte, gelesen, anstatt zum Bogenschießen und zur konfuzianischen Schule zu gehen." Wie erstaunlich arbeitet der Heilige Geist! Er fuhr fort: „Und ich bemerkte, dass es einige sehr eigenartige Geschichten in der Bibel gibt."

„Welche Geschichten meinen Sie?"

„Immer wenn ich die Bücher des Konfuzius las, lernte ich nur gute Dinge daraus, wie zum Beispiel „Hab Geduld, denn wer sich geduldet, hat keine Feinde." In der Bibel gibt es auch viele gute Geschichten, aber ich kann auch einige lesen, die peinlich sind."

„Welche sind das?"

„Ich las über das Verhältnis zwischen Schwiegervater und Schwiegertochter, zwischen einer Tochter und ihrem eigenen Vater usw. Warum stehen solche schmutzigen Geschichten in der heiligen Bibel?"

171

Meine Lieben, Sie kennen doch sicher auch diese Geschichten in der Bibel, nicht wahr? Juda hat mit Tamar, seiner Schwiegertochter, geschlafen, die dann einen Sohn zur Welt brachte. Lot hatte Beziehungen mit seinen Töchtern. Bruder mit Schwester... „Ich dachte, weil die Bibel ein heiliges Buch ist, gibt es in ihr nur gute Geschichten, aber ich las auch einige peinliche. Ich wurde rot beim Lesen. Pastor, sagen Sie mir, warum stehen solche Dinge in der Bibel?" Pastoren bekommen alle möglichen Fragen gestellt. Ich wusste nicht, wie ich antworten sollte. Es ging mir ähnlich wie dem Lehrer, der seine Schüler aufforderte:

„Wenn ihr Fragen habt, dann fragt."

„Wie viele Haare sind auf meinem Kopf?"

„Du Flegel, frag nur über den Inhalt der Lehrbücher, die wir benutzen."

„Wie viele Buchstaben sind in unseren Lehrbüchern?"

Aber der Mann folgte mit ganzem Herzen dem Herrn, hatte alles aufgegeben, was für ihn wichtig war, und hatte seinen Glauben gewechselt zum Herrn. Deshalb konnte ich nicht einfach sagen, dass ich es nicht wusste. So etwas hätte ich nur zu Menschen sagen können, die ich schon länger kannte. Ich konnte nicht einfach irgendeine Erklärung abgeben, so als ob ich die Antwort wüsste. So eine schwierige Situation trifft einen Pastor oft. Ich betete einen Moment um Hilfe von Gott: „Herr, ich bin so dumm, dass ich seine Frage nicht beantworten kann. Bitte gib mir Weisheit, damit ich ihm seine Frage beantworten kann, die sehr wichtig für ihn ist."

Ich habe meine Augen kurz geschlossen, und Gott hat mir die Antwort gegeben, die ich gleich weiter gab: „Herr Choi, das ist der Unterschied zwischen der Bibel und anderen Büchern."

„Meinen Sie, dass es diese peinlichen Geschichten sind, die

den Unterschied ausmachen?"

„Nein."

Meine Lieben! Angenommen, ich wäre alt geworden und gestorben, und meine Schüler, Pastorkollegen oder meine Kinder schrieben ein Buch über mein Leben, dann würden sie nur gute, keine schlechten Dinge über mich erzählen: „Pastor Park hat dies und jenes gut gemacht", meinen Sie nicht? Sie würden versuchen, meine schlechten Taten so gut wie möglich zu verbergen.

Aber weil die Bibel der Spiegel unseres Herzens ist, entblößt sie alles, was in unserem Herzen ist. Man verhält sich, als ob man ein Gentleman ist, obwohl man in seinem Herzen lüstern ist, nicht wahr? Mit einem Lächeln im Gesicht grüßt man: „Guten Tag!", obwohl man Hass im Herzen hat. Wir können in der Bibel alle Arten von Geschichten finden, auch einige schmutzige. Das zeigt, dass wir genau so schmutzig im Herzen sind. Ich glaube nicht, dass Sie solche Verhältnisse haben, z. B. Schwiegervater mit Schwiegertochter, Vater mit Tochter. Aber meine Lieben, wir alle haben Lüsternheit tief in unseren Herzen. Die Bibel ist geschrieben, um solche Dinge in unseren Herzen aufzudecken und uns erkennen zu lassen. Die Bibel würde das nicht erwähnen, wenn wir keine schmutzigen Gedanken in uns hätten. Weil wir voll von schmutzigen Dingen sind, deckt die Bibel all solche Dinge auf und zeigt, wie unser Herz ist. Nach meiner Erklärung sagte er: „Erstaunlich! Die Bibel ist das wirklich wahre Buch. Konfuzius sprach viel über Dinge wie Würde und Anstand. Aber die Bibel ist die Wahrheit." Von der Zeit an las er die Bibel mit noch mehr Eifer.

Meine Lieben, heute Morgen möchte ich nicht darüber sprechen, wie wir unser Gemeindegebäude gebaut haben oder über einen Plan unserer Gemeinde. Ich möchte erklären, wie die

Probleme in unseren Herzen, die wir gar nicht bemerken, gelöst werden. Ich wünschte, ich könnte Ihnen Ihre Herzen zeigen wie ein Bild. Aber da ich das nicht kann, ist es für mich sehr schwer zu erklären, wie unsere Herzen sind.

Am ersten Abend dieser Konferenz, nach meiner Predigt, kam ein Student zu mir und fragte: „Pastor, was ist Sünde? Können Sie mir erklären, was Sünde ist?" Ich gab ihm einige Erläuterungen über die Sünde.

„Wie können das Sünden sein?"

„Ich kann Ihnen Ihre Sünde nicht so zeigen: Sehen Sie her, so sehen Ihre Sünden aus!, weil sie unsichtbar sind. Trotzdem existieren die Sünden."

Wenn ich die Sünde in Ihrem Herzen zeichnen könnte, könnte jeder leicht verstehen: „Aha, so sieht die Sünde aus." Wenn wir zum Beispiel einen Tropfen Blut eines Typhus-Patienten unter einem Mikroskop betrachten, können wir viele Bazillen in Bewegung sehen. Es wäre gut, wenn wir die Sünde auch so sehen könnten, nicht wahr? Doch weil die Sünde leider nicht mit Röntgenstrahlen oder mit einem Bluttest entdeckt werden kann, ist es unmöglich nachzuweisen, ob sie vollständig beseitigt worden ist oder nicht. So ist Sünde, nicht wahr? Es gibt nur einen einzigen Beweis: Das ist nichts anderes als Gottes Wort.

Heutzutage möchten sich die Menschen nicht auf Gottes Wort verlassen, um nachzuprüfen, ob ihre Sünden weggewaschen sind. Es gibt viele, die den falschen Glauben haben: Sie glauben, sie wären von ihren Sünden gerettet, wenn sie gebetet haben, wenn sie in Zungen geredet haben, wenn sie geweissagt haben oder wenn sie mit Tränen etwas Heißes in ihren Herzen gefühlt haben. Das ist nur Aberglaube. Dieser Aberglaube ist heutzutage in vielen Kirchen sehr verbreitet. Es ist nicht so: Wenn Sie gute Laune haben, ist Ihre Sünde vergeben, wenn Sie schlechte Laune haben, ist Ihre Sünde nicht vergeben. Wir müssen wissen, wie unsere Sünden vollkommen getilgt werden können, ungeachtet unserer Gefühle, verstehen Sie?

Ich denke, dass diese Einleitung ziemlich lang war. Meine Lieben, Gott wollte all unsere Sünde wegwaschen. Er hat nicht nur unsere Sünde getilgt, sondern er zeigt uns auch den ganzen Prozess der Sündenvergebung genau, so dass wir erkennen: „Aha, so wurde all unsere Sünde weggewaschen." Darum hat er uns das Alte Testament und das Neue Testament gegeben, das sind die 66 Bücher der Bibel. Weil die Menschen wenig Ahnung von der Bibel haben, brauchen sie jemanden, der ihnen gut erklären kann, wie sie von der Sünde gerettet werden können. Es sind die Pastoren, die diese Arbeit tun.

Wenn Ihre Sünden weggewaschen sind, empfinden Sie das Wort süß wie Honig, werden Sie den Gottesdienst vermissen und ein gutes Leben führen voll Liebe und Frieden in Ihrem Herzen, weil der heilige Geist in Ihnen wohnt. Wenn wir jemandem, dessen Sünden noch nicht beseitigt sind, sagen: „Begehe keine Sünden." „Stiehl nicht." „Versäume nicht, deinen Zehnten zu geben." „Lies die Bibel.", können diese Forderungen nur eine Last für ihn sein, und er kann sie nicht erfüllen. Aber diejenigen, die durch diese Evangelisation von der Sünde befreit werden, können am nächsten Tag schon merken, dass sie durch den heiligen Geist verändert worden sind. Es gibt schon einige solche Menschen hier, nicht wahr? Sie können erkennen, dass der Frieden ins Herz gekommen ist und Sie dadurch geändert worden sind. Also: Das Wichtigste ist, das Geheimnis der Sündenvergebung und Wiedergeburt zu erkennen. Mit anderen Worten: Die Sünde in Ihrem Herzen muss vollkommen getilgt werden.

Ich hatte die Möglichkeit, mich in diesem Gebäude umzusehen. Es ist wirklich gut gebaut. Ich war sehr beeindruckt, als ich die Inschrift auf der Gedenktafel dieses Gebäudes las. Dort steht, dass das Gebäude gebaut wurde, um es zur Verbreitung des Evangeliums und zur Ausbildung junger Studenten im Gebiet um Busan zu benutzen. Ich danke Gott, dass er mir die Gelegenheit gegeben hat, in so einem schönen Gebäude wie diesem zu predigen. Meine Lieben, dieses Mikrofon funktioniert gut und hat einen guten Klang, nicht wahr? Der Verstärker in diesem Gebäude ist wirklich gut. Obwohl ich schon in vielen Gebäuden in verschiedenen Städten Evangelisationen geführt habe, fand ich noch nirgends einen so guten Verstärker wie diesen vor. Er sieht zwar nicht so schön aus, aber seine Funktion ist wirklich sehr gut. Meine Lieben, kann dieses Mikrofon einen guten Klang haben, wenn das Kabel zwischen dem Mikrofon und dem Verstärker an irgendeiner Stelle durchgeschnitten ist? Es geht nicht. Was soll ich in diesem Fall tun? Ich muss einen Elektriker anrufen, damit er das Kabel wieder verbindet, so dass das Mikrofon wieder einen guten Klang hat. Wenn der heilige Geist in Ihr Herz kommt, können Sie nicht anders als geändert zu werden. Wenn Sie immer noch die Welt lieben und ein fleischliches Leben führen, nachdem Sie die Sündenvergebung empfangen haben, stimmt etwas nicht. Wenn die Mauer zwischen Gott und uns abgerissen und dieses Problem gelöst ist, können wir von diesem Moment an mit Jesus Christus zusammen wandeln.

Es gibt einen Grund, warum wir Sie jeden Abend nach der Predigt einladen, so dass wir persönliche Gemeinschaft mit Ihnen haben können. Wissen Sie den Grund? Hier ist es genau wie in einem Krankenhaus, in dem es Ärzte gibt. Wenn ein Arzt zu viele Patienten hat, sammelt er dann alle um sich und wirft ihnen eine Handvoll Aspirin zu? Das kann er doch nicht tun! Egal wie beschäftigt er sein mag, kann er doch nicht einfach jedem Jod oder eine Schmerztablette geben. Er muss die Patienten einen nach dem anderen untersuchen. Wenn ein Arzt fragt: „Welche Beschwerden haben Sie?", muss der Patient seinen Zustand ausführlich beschreiben. Dann kann der Arzt die richtige Diagnose stellen und das passende Medikament verschreiben. Genauso ist es auch im „geistlichen Krankenhaus". Wenn ich jetzt nur einfach predigen und dann die Evangelisation beenden würde, wäre es genauso, als ob dieser Arzt allen Patienten Aspirin zuwirft. So darf es nicht sein, nicht wahr? Deshalb lade ich nach der Predigt alle ein, die von der Sünde gerettet werden wollen, und lasse sie mit den Knechten Gottes, den „Fachärzten", persönliche Gemeinschaft haben. Sie stellen die Diagnose und geben ihnen das passende Medikament aus dem Alten und Neuen Testament. Wenn dieses Medikament eingenommen wird, wird die Sünde vollkommen getilgt, so wie Krebs oder ein Tumor vernichtet wird. Dann fühlt man sich sehr erleichtert und ruft „Halleluja!"

Die Pastoren hören zuerst zu. Als Medikamente haben sie das Alte Testament und das Neue Testament bei sich. „Diese Frau ist genau wie die Samariterin. Zu ihr passt diese Geschichte." „Dieser Mann ist genau wie Nikodemus. Zu ihm passt diese Geschichte." Für diese persönlichen Gemeinschaften lade ich immer 40 bis 50 Pastoren zu jeder Evangelisation ein. Im Krankenhaus gibt es verschiedene Fachabteilungen, z. B. Chirurgie, Innere usw. Die Pastoren sind auf das Fach Sünde spezialisiert. Sie sind Spezialisten für die Krankheit Sünde. Als ich gestern Abend die Leute gesehen habe, die die Sündenvergebung empfangen und sich darüber gefreut haben, war ich auch sehr glücklich, weil ich mich an den Tag meiner Wiedergeburt erinnert habe: „Damals war ich auch so voller Freude..." Meine

Lieben, lasst uns alle die Sündenvergebung empfangen. Ich möchte, dass keiner, der zu dieser Evangelisation gekommen ist, mit Sünde im Herzen nach Hause geht! Wie entsetzt wären sie am Jüngsten Tag: „Ach, Pastor, ich habe damals an der Evangelisation teilgenommen, aber ich war so beschäftigt, dass ich früh nach Hause gegangen bin. Daher konnte ich die Sündenvergebung nicht empfangen, und jetzt bin ich in der Hölle gelandet!"

Es tut mir leid, dass ich bis jetzt noch gar nicht dazu gekommen bin, über das Hauptthema zu reden, weil ich vorher noch so viel zu sagen hatte. Geschichten über die Sündenvergebung gibt es sehr viele in 1. Mose, 2. Mose, 3. Mose, 4. Mose, 5. Mose, Josua, Richter usw., aber nirgends in der Bibel steht dieser Satz: „Dieses ist der Weg der Sündenvergebung." Was habe ich gestern Abend erzählt? Haben Sie es schon vergessen? Habe ich nicht über den Mundschenk und den Bäcker gesprochen? Beide haben gesündigt, aber der eine wurde gerettet, der andere verdammt. Durch diese Geschichte habe ich erklärt, wann unsere Seele gerettet werden kann bzw. verdammt werden muss. Die Bibel ist so geschrieben, dass wir das Geheimnis erst erkennen können, wenn wir die Sündenvergebung empfangen haben und unsere Augen geöffnet wurden. Früher wusste ich das auch nicht, aber als ich von der Sünde gerettet war, wurden meine Augen aufgetan, und ich konnte beim Bibellesen erkennen: „Aha, das ist der Weg der Sündenvergebung." „Oh, hier ist auch eine Geschichte über die Sündenvergebung." Direkt nach der Wiedergeburt habe ich in der ganzen Bibel alle Geschichten über die Sündenvergebung rot angestrichen. „Das ist genau der Weg der Sündenvergebung. Ich kannte ihn nicht, deshalb habe ich so sehr unter der Sünde gelitten!" Ich habe zuerst mit rotem Kugelschreiber die Bibelstellen angestrichen, dann noch mit roten Farbstiften, so dass die Bibel zum Schluss ganz rot übermalt aussah. Deshalb musste ich mir immer wieder neue Bibeln kaufen.

Es gibt viele Verse in der Bibel, in denen die Erlösung erwähnt wird, aber ich werde nur über eine Geschichte sprechen, weil ich heute nicht alle erzählen kann. Ich wünsche mir, dass Sie durch das Hören dieser Geschichte von der Sünde gerettet werden.

Zur Zeit des Alten Testamentes, nach dem Auszug aus Ägypten, erbauten die Israeliten unter der Führung Moses die Stiftshütte. Lasst uns nun in Hebräer 8 ab Vers 1 lesen: „Das ist nun die Hauptsache bei dem, wovon wir reden: Wir haben einen solchen Hohenpriester, der da sitzt zur Rechten des Thrones der Majestät im Himmel und ist ein Diener am Heiligtum und an der wahren Stiftshütte, die Gott aufgerichtet hat und nicht ein Mensch. Denn jeder Hohepriester wird eingesetzt, um Gaben und Opfer darzubringen. Darum muss auch dieser etwas haben, was er opfern kann. Wenn er nun auf Erden wäre, so wäre er nicht Priester, weil da schon solche sind, die nach dem Gesetz die Gaben opfern. Sie dienen aber nur dem Abbild und Schatten des Himmlischen, wie die göttliche Weisung an Mose erging, als er die Stiftshütte errichten sollte: „Sieh zu", sprach er, „dass du alles machst nach dem Bilde, das dir auf dem Berge gezeigt worden ist."" Ich habe bis Vers 5 gelesen. Wenn Sie die obigen Verse lesen, sind sie schwer zu verstehen, nicht wahr? Hier können wir zwei Stiftshütten sehen. Lasst uns die zweite Hälfte von Vers eins und den zweiten Vers genau betrachten: „Wir haben einen solchen Hohenpriester, der da sitzt zur Rechten des Thrones der Majestät im Himmel und ist ein Diener am Heiligtum und an der wahren Stiftshütte, die Gott aufgerichtet hat und nicht ein Mensch."

Wir können die Worte „Heiligtum" und „Stiftshütte" in

Vers zwei finden. Wie hat Gott die Stiftshütte genannt? Wie bitte? Ich höre nicht gut! Warum sprechen Sie so leise, haben Sie Angst, eine falsche Antwort zu geben?

Meine Lieben, das ist doch gar kein Problem, wenn Sie falsch antworten! Wenn Sie alles wissen – warum sitzen Sie dann noch da unten, kommen Sie doch herauf und predigen Sie! Als ich das erste Mal im Radio gepredigt habe, wusste ich nicht, wie ich das machen sollte, weil es das erste Mal war.

„Ich kann nicht im Radio predigen, sicher werde ich mich dauernd versprechen...“

Da sagte ein Nachrichtensprecher: „Pastor, jeder kann sich versprechen, auch ein Pastor darf sich versprechen, nur die Wahrheit darf nicht verdreht werden! Aber wir Nachrichtensprecher dürfen uns nicht versprechen.“ Genau wie er mich damit trösten wollte, so sage ich auch zu Ihnen, Sie dürfen ruhig etwas Falsches sagen!

In der Bibel steht: Die wahre Stiftshütte. Haben Menschen sie gemacht? Oder Gott? Ja, Gott machte sie. Lasst uns Vers fünf lesen: **„Sie dienen aber nur dem Abbild und Schatten des Himmlischen.“** Nun können wir erkennen, dass es dort zwei Altäre gibt, zwei Heiligtümer, zwei Stiftshütten und zwei Tempel. Meine Lieben, haben Sie jemals gehört, dass es zwei Altäre und zwei Tempel gibt? Manche mögen denken, es gibt viel mehr als zwei Kirchen, schon allein in dieser Stadt. Aber so ist das nicht gemeint. Es gibt zwei Heiligtümer, um zu opfern. Eins davon ist im Himmel und wurde nicht von Menschen gemacht. Meine Lieben, dort im Himmel ist ein Altar und ein Heiligtum. Als die Israeliten nach dem Auszug von Ägypten in der Wüste waren, machten sie noch einen Altar und noch ein Heiligtum. Bevor sie die Stiftshütte gebaut haben, hat Gott Mose gerufen:

„Mose!“

„Hier bin ich, Herr."

„Komm herauf auf den Berg Sinai." Er ging hinauf. Haben Sie den Film „Die Zehn Gebote" gesehen? Gott gab ihm zwei Gesetzestafeln, als Mose vierzig Tage und Nächte ohne Essen und Wasser gewartet hatte. Ich weiß nicht wie, aber Gott zeigte ihm die ganze Stiftshütte im Himmel. Er zeigte ihm den Altar, den Schaubrottisch, die Bundeslade, das Becken usw. Danach befahl Gott ihm: „Mose, mach ein Abbild der Stiftshütte auf der Erde, genau wie ich sie dir gezeigt habe!" Nun lese ich Hebräer 8,5: **„Sie dienen aber nur dem Abbild und Schatten des Himmlischen."** Können Sie jetzt diese Verse verstehen? **„... wie die göttliche Weisung an Mose erging, als er die Stiftshütte errichten sollte: „Sieh zu", sprach er, „dass du alles machst nach dem Bilde, das dir auf dem Berge gezeigt worden ist.""**

Durch diese Verse wissen wir, dass Gott Mose befohlen hat, eine Stiftshütte zu bauen, eine Bundeslade und einen Altar, genauso wie er sie im Himmel gesehen hatte. So machten die Menschen den Altar auf der Erde mit genau gleichem Aussehen. Nun, wo ist das Original? Im Himmel. Die Stiftshütte auf der Erde war nur ein Abbild. Immer wenn die Israeliten Sünden begangen hatten, brachten sie ihre Opfer vor diesem Abbild dar. Die Priester mit der heiligen Kleidung töteten Schafe oder Kühe und versprengten deren Blut. Lassen Sie mich erklären, wie sie Opfer darbringen mussten, um von ihren Sünden befreit zu werden.

Bitte schlagen Sie 3. Mose Kapitel 4 auf. Ich lese von Vers 27 an: **„Wenn aber sonst jemand aus dem Volk aus Versehen sündigt, dass er gegen irgendeines der Gebote des Herrn handelt, was er nicht tun sollte, und so sich verschuldet und seiner Sünde innewird, die er getan hat, so soll er zum Opfer eine Ziege bringen ohne Fehler für die Sünde, die er getan hat, und soll** seine Hand auf den Kopf des Sündopfers legen und es schlachten an der Stätte des Brandopfers. Und der Priester soll mit seinem Finger etwas von dem Blut nehmen und an die Hörner des Brandopferaltars tun und alles andere Blut an den Fuß des Altars gießen. All sein Fett aber soll er abheben, wie man das Fett des Dankopfers abhebt, und soll es in Rauch aufgehen lassen auf dem Altar zum lieblichen Geruch für den Herrn. So soll der Priester die Sühnung für ihn vollziehen, und ihm wird vergeben." Wir können hier Wörter wie Stätte des Brandopfers, Brandopferaltar und Altar lesen, nicht wahr? Alle diese Dinge sind in der Stiftshütte. Durften die Menschen zur Zeit des Alten Testamentes an irgendeinem Ort wie z.B. zu Hause, in den Straßen oder in den Bergen Schafe schlachten und opfern, wenn sie gesündigt hatten? Niemals! Sie mussten unbedingt zum Altar kommen, wenn sie opfern wollten.

Nun werde ich Ihnen so einfach wie möglich erklären, wie ihre Sünden am Altar vergeben wurden. Ich möchte, dass ein Bruder und eine Schwester zu mir herauf kommen. Was ich jetzt sagen werde, ist so wichtig, dass es erforderlich ist, dass Sie mir bitte gut zuhören. Den Prozess, wie die Sünden zur Zeit des Alten Testamentes vergeben wurden, haben wir gerade gelesen. Lasst uns annehmen, dieser Bruder hier hätte gesündigt. Bitte lasst uns Vers 27 gemeinsam lesen: „Wenn aber sonst jemand aus dem Volk aus Versehen sündigt, dass er gegen irgendeines der Gebote des Herrn handelt, was er nicht tun sollte, und so sich verschuldet und seiner Sünde innewird, die er getan hat, ..." Das bedeutet, dass nicht jeder die Sündenvergebung empfangen kann, sondern dass es Bedingungen gibt. Die erste Bedingung ist, dass man Sünden begangen hat. Einem, der keine Sünde begangen hat, kann nichts vergeben werden, egal wie gut er ist. Die zweite Bedingung ist: Die Sünde muss in sein Bewusstsein kommen, und er muss dadurch erkennen, dass er ein Sünder ist. Nun ist er berechtigt, die Sündenvergebung zu empfangen. Dann muss er ein lebendiges Tier, eine Ziege ohne Fehler bringen, damit die Ziege an seiner Stelle stirbt, weil der Sündensold der Tod ist.

Nun sehen Sie bitte auf diesen Mann! Er sieht so aus, als ob er viele Sünden begangen hätte. Er möchte von der Sünde befreit werden. Lasst uns zurückgehen in die Zeit des Alten Testaments vor ca. 3500 Jahren. Wir sind mit einer Zeitmaschine in die Zeit vor 3500 Jahren zurückgeflogen. Wir sind jetzt im Jahr 1500 vor Christus. Der Bruder und die Schwester hier oben werden einen Sünder und eine Ziege spielen. Dieser Bruder, ein Sünder, muss eine Ziege ohne Fehler, diese Schwester, bringen. Hat diese Ziege Sünde oder nicht, wenn sie ohne Fehler ist? Nein, die Ziege hat keine Sünde. Aber was ist mit diesem Mann? Er hat Sünde. Auf wen muss dann Gottes Gericht des Zornes kommen? Natürlich auf ihn. Deshalb hat er die Ziege zum Priester gebracht. „Es tut mir leid, Ziege, aber ich möchte, dass du an meiner Stelle für meine Sünde stirbst."

Also einer von den beiden ist ein Sünder, der andere ist eine reine Ziege. Damit diese Ziege an Stelle des Mannes für seine Sünde sterben kann, muss die Sünde des Mannes auf die Ziege übertragen werden. Wenn die Sünde nicht übertragen worden ist, kann die Ziege nicht bestraft werden. Wie wird also seine Sünde auf die Ziege übertragen? Wenn Sünde ein Kugelschreiber wäre, könnten wir sie einfach aus der Tasche ziehen, und wenn sie ein Mantel wäre, könnten wir sie einfach ausziehen. Aber wir können die Sünde nicht betasten oder mit den Händen transportieren. Wenn wir auch die Sünde nicht sehen können - kann Gott sie sehen oder nicht? Er kann! Lasst und die Verse 28 und 29 lesen: „**...und seiner Sünde innewird, die er getan** hat, so soll er zum Opfer eine Ziege bringen ohne Fehler für die Sünde, die er getan hat, und soll seine Hand auf den Kopf des Sündopfers legen..." Das Sündopfer hier bedeutet eine Ziege oder ein Schaf, und der Sünder muss seine Hand auf den Kopf dieses Schafes legen. Warum muss er das tun? Die Elektrizität, die wir jetzt benutzen, kommt aus einem Elektrizitätswerk. Und wir verbinden das Kraftwerk und unser Haus mit einem Kabel, um mit Elektrizität versorgt zu werden. Was müssen Sie dann tun, damit die Sünde übertragen wird? 3. Mose 16,21 sagt, dass die Sünde durch Handauflegen übertragen wird. Da die Sünde durch Handauflegen übertragen wird, muss dieser Sünder durch Handauflegen die Sünde auf diese Ziege übertragen, so dass die Ziege an seiner Stelle sterben kann.

Jetzt führen wir eine Sünden-Übertragungs-Zeremonie vor. Ich bin jetzt ein Priester. „Du sollst deine Hand auf den Kopf dieser Ziege legen, um deine Sünde zu übertragen." Nun hat dieser Sünder seine Hand auf die reine Ziege gelegt. Ist seine Sünde jetzt auf die Ziege übertragen worden oder nicht? „Sie ist nicht übertragen, weil ich nichts gesehen habe." Dieser Mann hat die Hand aufgelegt, aber wir konnten nicht sehen, ob die Sünde übertragen worden ist oder nicht. Es ist überhaupt nicht möglich, dadurch Glauben zu bekommen, dass man die Sündenübertragung sieht. Auch durch eine Lupe können wir nicht sehen, dass die Sünde übertragen wird. Wir können es nur mit den Augen des Glaubens sehen, weil Gott gesagt hat, dass die Sünde durch Handauflegen übertragen wird. Egal, ob Sie es glauben oder nicht, das steht Ihnen frei, aber in der Bibel steht es so. Gott sagt nicht: „Du darfst nicht in die Hölle gehen! Ich verbiete dir, in die Hölle gehen!" Es steht Ihnen wirklich frei, verstehen Sie? Die Sünde wurde übertragen, als der Sünder seine Hand auf das Opfer legte, weil die Bibel gesagt hat, dass die Sünde durch die Handauflegung übertragen wurde, nicht wahr? Wenn es nicht so wäre, wäre Gott ein Lügner. Lassen Sie mich fragen: „Lügt Gott?"

Wir übertreiben beim Grüßen, als ob wir überglücklich wären: „Ich freue mich sehr, dich zu sehen", obwohl wir das gar nicht so meinen. Manchmal sagt ein Angler, er habe einen meterlangen Fisch geangelt, obwohl er nur 10 cm lang war. Der Fisch kann größer oder kleiner sein, je nachdem wie ein beredter Mensch ihn beschreibt. Gott kann das nicht. Er sagt genau, was er im Herzen hat, sonst nichts. Er sagte, die Sünde wurde übertragen, weil die Sünde übertragen wurde. Er kann das nicht sagen, wenn die Sünde nicht übertragen wurde. Glauben Sie an diesen Gott? Wenn Sie nicht glauben wollen, kann ich nichts dagegen tun, denn ein anderer kann nicht an Ihrer Stelle glauben. Wenn ein anderer für Sie glauben könnte, würde ich gerne an Ihrer Stelle glauben, weil ich weiß, wie man glaubt. Weil das unmöglich ist, wird meine Stimme jetzt immer lauter.

Jetzt legt der Sünder seine Hand auf das Opfer. Nach der Handauflegung ist die Sünde übertragen. Hat der Sünder immer noch die Sünde? Wie ist es mit der Ziege? Nach Gottes Wort hat der Mann keine Sünde mehr, aber die Ziege wurde zum Sünder durch die Handauflegung. Dann holt der Priester ein scharfes Messer und sticht in die Schlagader der Ziege. Das Opfer fällt blutend um und stirbt. Der Priester nimmt Blut von der Ziege und streicht es mit seinen Fingern an die Hörner des Altars, denn der Sündensold ist der Tod. „Herr, ein Leben vergoss sein Blut und starb für den Sünder." Als Beweis für den Tod wegen der Sünde strich er das Blut an den Altar und goss den Rest des Blutes an den Fuß des Altars. Danach verbrannte er die Eingeweide mit ihrem Fett. Dann ist das Opfer fertig. So wurde dieser Mann von der Sünde reingewaschen. Das ist das

Sündopfer im Alten Testament. Das ist das Opfer, durch das die Sünde vergeben wird. Nun ist die Sünde dieses Mannes getilgt. Ist er jetzt gerecht oder nicht? Hat er Sünde oder nicht? Er hat keine Sünde mehr. Also lebt er von heute an sehr glücklich. Heute ist der 9. Oktober 1500 v. Chr. Dieser Mann wurde rein und heilig am 9. Oktober um 12 Uhr. Es verging eine Stunde, ein Tag, zehn Tage. Er führte zehn Tage lang ein heiliges Leben. Aber nach zehn Tagen sah er zufällig seinen Feind, worauf er schon seit Jahren gewartet hatte. Er beschimpfte ihn: „Endlich hab ich dich!" und schlug ihn zusammen. Ist er jetzt noch gerecht? Noch heilig? Leider nicht. Nach dem heftigen Streit denkt er reuevoll: „Ach, ich habe einfach mein teures Opfer vergeudet. Meine Gerechtigkeit ist völlig zerbrochen, nur wegen meines verdammten Feindes." Er leidet darunter und weint. Dann konnte er nichts anderes tun als zum Markt zu gehen und eine andere Ziege zu kaufen. Er prüft ihren Kopf, die Beine, die Brust und den Schwanz. Wenn sie keinen Fehler hat, muss er sie als Opfer darbringen. Solche Opfer geschahen immer zur Zeit des Alten Testaments.

Die Bibel sagt, das Blut um den Altar herum floss daher wie ein Fluss. Haben Sie schon gehört, dass Salomo tausendmal opferte? Lasst uns annehmen, die Reichen können tausendmal opfern, aber wir können es nicht, obwohl wir es möchten, weil wir kein Geld haben, nicht wahr? 100 Mark für ein Lamm, wieviel gibt das für 1000 Lämmer? 100.000 Mark! Lasst es uns aus Gottes Sicht sehen. Er liebte die Menschen sehr, aber er konnte nichts tun, weil die Sünde als Mauer zwischen ihm und den Menschen stand. Das machte Gott traurig. Nun kommt der Mann und opfert die Ziege. Dann freut sich Gott: „Ja, das ist gut." Aber nach nur ein paar Stunden sündigt der Mann wieder. Das ist wie ein Kreislauf: Gott möchte den Mann lieben, aber der Mann sündigt wieder usw. Deshalb ist es für Gott sehr mühselig, uns zu lieben. Selbst wenn man viele Opfer darbringt, kann jedes Opfer nur eine Sünde tilgen. Deshalb war dieses Opfer wertlos. Ein Opfer mit einer Ziege ist daher nur ein Abbild, nicht das Wahre. Viele Priester zur Zeit des Alten Testaments haben viele Ziegen und Schafe geopfert. Gott hat uns deshalb dieses Abbild gegeben, damit wir erkennen, dass unsere Sünde am Altar der Stiftshütte im Himmel durch den Tod des Lammes vergeben wird. Zum Schluß wollte Gott das Opfer für die ewige Erlösung auf dem wahren Altar im Himmel haben. Das ewige Opfer kann nicht mit Opfern wie Ziegen oder Schafen dargebracht werden. Deshalb musste er uns seinen eingeborenen Sohn, Jesus Christus, als Lamm schicken.

Jesus kam auf die Erde als Gottes Lamm für unsere Sünde, nicht wahr? Also muss unsere Sünde auf ihn übertragen werden. Wie? Die meisten Menschen wissen das nicht. Sie wissen nicht, ob ihre Sünde auf ihn übertragen wurde, oder ob sie noch Sünde haben. Satan ist raffiniert genug, uns zu täuschen. Was die Sache noch schlimmer macht: Die Sünde ist nicht sichtbar. „Du hast noch Sünde. Du hast gestern gesündigt. Du hast gelogen." So stimmen wir zu und sagen weinend: „Das stimmt. Das habe ich getan. Oh, Herr! Ich bin ein Sünder."

Die Sünde muss auf Jesus übertragen werden. Wie kann das geschehen? Zur Zeit des Alten Testaments konnte die Sünde übertragen werden, wenn der Sünder seine Hand auf das Opfer legte. Aber wie können all die Milliarden Menschen dieser Welt die Hand auf den Kopf Jesu legen? Es geht nicht. Wenn jeder seine Hand auf seinen Kopf legen würde, wäre er abgetragen. Ich bin nicht sicher, ob dies eine wahre Geschichte ist, aber ich hörte über die Petrus-Statue aus Kupfer in Rom. Ein Teil ihres Fußes ist abgetragen, weil zu viele Menschen aus der ganzen

Welt ihn geküsst haben. Die Statue muss jetzt hinter Glas aufbewahrt werden, damit man sie nicht mehr küssen kann. Als nur ein Teil der Menschheit ihn geküsst hat, wurde der Fuß schon abgetragen. Dann wird der Kopf Jesu ganz sicher abgetragen, wenn Milliarden von Menschen ihre Hände auf ihn legen würden, nicht wahr? Im Alten Testament steht geschrieben: Wenn einer gesündigt hat, legte er seine Hand auf das Schaf, aber wenn das ganze Volk oder die ganze Gemeinde gesündigt hat, legten nicht alle, sondern ein Mann, der Vertreter, seine Hände auf. Wenn Sie Zeit haben, lesen sie zu Hause von 3. Mose 4,1 an. Das heißt, ein Vertreter muss seine Hände auflegen, damit wir unsere Sünde auf Jesus übertragen können.

Lasst uns das in der Bibel finden. Bitte schlagen Sie Matthäus 3, 13-15 auf: „**Zu der Zeit kam Jesus aus Galiläa an den Jordan zu Johannes, dass er sich von ihm taufen ließe. Aber Johannes wehrte ihm und sprach: Ich bedarf dessen, dass ich von dir getauft werde, und du kommst zu mir? Jesus aber antwortete und sprach zu ihm: Lass es jetzt geschehen! Denn so gebührt es uns, alle Gerechtigkeit zu erfüllen.**" Lasst uns annehmen, dieser Bruder hier oben wäre Jesus und diese Schwester ist Johannes der Täufer. Als Johannes im Jordan taufte, kam Jesus zu Johannes. „Taufe mich." Was sagte Johannes? „**Ich bedarf dessen, dass ich von dir getauft werde, und du kommst zu mir?**" Wissen Sie, was Jesus dann gesagt hat? „**Lass es jetzt geschehen! Denn so gebührt es uns, alle Gerechtigkeit zu erfüllen.**"

Wie wurde alle Gerechtigkeit erfüllt dadurch, dass Jesus von Johannes dem Täufer getauft wurde? Das Gegenteil des Gerechten ist der Sünder. Alle Gerechtigkeit zu erfüllen bedeutet Erlösung von unserer Sünde. Johannes der Täufer ging in den Jordan und taufte Jesus. Meine Lieben, wenn wir jemanden taufen, legen wir dann unsere Hände auf dessen Kopf oder nicht? Sicher tun wir das. Diese Handauflegung bedeutet, dass die Sünde der ganzen Menschheit durch Johannes den Täufer auf Jesus übertragen wurde. Verstehen Sie? Als Jesus getauft und aus dem Wasser gestiegen war, hat sich der Himmel aufgetan, und eine Stimme kam vom Himmel und sagte: „**Dies ist mein lieber Sohn, an dem ich Wohlgefallen habe.**" Gott hatte Wohlgefallen an ihm. Warum? Gott hatte Jesus gesagt, dass er in die Welt gehen und für die ganze Sünde dieser Welt sterben soll. Nun, Jesus nahm die Sünde aller Menschen auf sich, deshalb hat Gott an ihm, der seinem Wort gehorcht hat, Wohlgefallen. Deshalb kam diese Stimme vom Himmel herab.

Johannes der Täufer legte seine Hände auf ihn und taufte ihn. Johannes ist der Vertreter der ganzen Menschheit. Wurde nun alle Sünde auf Jesus übertragen oder nicht? Meine Lieben, antworten Sie bitte ganz genau: Wann wurde Ihre Sünde auf Jesus Christus übertragen? Als Sie es glaubten? Wenn es so wäre, dann träfe es nicht zu, dass unsere Sünde auf Jesus übertragen wurde und er dafür starb, denn wir glauben jetzt, und er starb vor 2000 Jahren. Das bedeutet: Er starb, ohne dass Ihre Sünde auf ihn übertragen worden ist. Sein Tod kann nicht wirksam sein, es sei denn, er starb, nachdem unsere Sünde auf ihn übertragen wurde. Wenn er starb, bevor unsere Sünde auf ihn übertragen wurde, hat sein Tod gar keine Beziehung zu uns. Dann können wir nicht sagen: Er starb für meine Sünde. Stimmen Sie mir zu? All unsere Sünde wurde auf Jesus übertragen, noch bevor wir geboren wurden, nicht als wir an ihn glaubten. Er nahm nicht nur unsere Sünde, sondern auch die Sünde unserer Kinder wie auch unserer Enkel, nämlich der ganzen Menschheit vor Gott für immer weg. Wir haben das zwar nicht gesehen, aber es ist wahr, dass die Sünde übertragen wurde. Gottes Wort sagt das.

Nun schlagen wir Johannes 1, 29 auf und lesen zusammen:

„Am nächsten Tag sieht Johannes, dass Jesus zu ihm kommt und spricht: Siehe, das ist Gottes Lamm, das der Welt Sünde trägt!" Gestern kam Jesus zu Johannes dem Täufer an den Jordan und wurde getauft, nicht wahr? Am nächsten Tag kam Jesus wieder zu Johannes. Nehmen wir mal an, hier ist der Jordan, in dem viel klares blaues Wasser fließt. Johannes tauft und ruft: „Tut Buße und lasst euch taufen!" Da kommt Jesus von dort; was sagt Johannes jetzt? „Siehe, das ist Gottes Lamm, das der Welt Sünde trägt!" Meine Lieben, sehen Sie bitte auch hin! Hat Jesus etwas Schweres auf seinen Schultern getragen? Die Leute schauten hin, weil Johannes gesagt hat: „Siehe, das ist Gottes Lamm, das der Welt Sünde trägt!", aber sie konnten nicht sehen, dass Jesus die Sünde auf sich trägt. Jesus kam genau wie gestern mit der gleichen Kleidung, die durch die Taufe nass geworden war und noch verknittert aussah. Mit unseren Augen können wir nicht sehen, dass unsere Sünde auf Jesus übertragen wurde, aber Gott konnte es und Johannes der Täufer auch. „Siehe, das ist Gottes Lamm, das der Welt Sünde trägt!" War Ihre Sünde nicht in der Sünde der Welt enthalten, obwohl die Sünde der anderen eingeschlossen ist? „Pastor, ich glaube aber, dass meine Sünde ausgeschlossen ist!" Solche Menschen gibt es. Sagt Gott dann: „Ich nehme die Sünde der anderen, aber deine nicht, weil du seit Generationen mein Feind bist"? Auf keinen Fall! Jede Sünde auf dieser Erde gehört zur Sünde der Welt. „Das ist Gottes Lamm, das der Welt Sünde trägt."

Meine Lieben, so wie eine Ziege zur Zeit des Alten Testaments durch die Handauflegung die Sünde auf sich genommen hat, ist Jesus, das Lamm Gottes, gekommen, und hat unsere Sünde auf sich genommen. Jesus musste dann bestraft werden. Derjenige, der auf dieser Welt die meisten Sünden hatte, war Jesus am Kreuz. Denn alle Sünden der ganzen Welt waren auf ihn übertragen worden. Seine Sünde war so schwer und schmutzig, dass sogar Gott sein Gesicht von ihm abwenden musste. So nahm Jesus, das Lamm Gottes, unsere Sünde auf sich und starb am Kreuz. Jesaja Kapitel 53 sagt: „**Fürwahr, er trug unsre Krankheit und lud auf sich unsre Schmerzen. Wir aber hielten ihn für den, der geplagt und von Gott geschlagen und gemartert wäre. Aber er ist um unsrer Missetat willen verwundet und um unsrer Sünde willen zerschlagen.**"

Es steht geschrieben, er wurde ans Kreuz genagelt für unsere Missetat und Sünde. Meine Lieben, wir können mit unseren Augen nicht nachprüfen, ob unsere Sünde auf Jesus übertragen wurde, weil Sünde unsichtbar ist. Aber wir können sehen, wenn eine schwangere Frau entbunden hat, nicht wahr? Weil unser Körper Materie ist, fällt es auf, wenn etwas, was eben noch da war, jetzt weg ist. Aber die Sünde ist unsichtbar, ob sie nun da ist oder nicht. Alles, was wir in Bezug auf Sünde noch haben, ist die Erinnerung an die Sünde. Weil wir uns noch an die Sünde erinnern können, betrügt Satan uns durch diese Erinnerung, so dass wir glauben, wir hätten noch Sünde. Wenn wir noch Sünde hätten, bloß weil wir uns daran erinnern, würde das bedeuten, dass unsere Sünde weg wäre, sobald wir uns daran nicht mehr erinnern. Kann das heißen, dass einer, der an Gedächtnisschwund leidet, von seiner Sünde befreit ist? Es ist nicht so! Obwohl wir uns an sie erinnern und manchmal Gewissensbisse haben, ist die Sünde wirklich auf Jesus übertragen. Die Bibel bezeugt das. Das können Sie glauben oder auch nicht, das liegt an Ihnen. Meine Lieben, wir haben nichts mehr, wofür wir gerichtet werden müssen, weil die Sünde auf Jesus übertragen und das Urteil schon vollstreckt wurde. Es gibt ein Lied für den Kindergottesdienst:

Es gibt kein Gericht für mich.
Denn Jesu Blut verdecket mich.
Jesus ist für mich am Kreuz gestorben,
darum gibt es kein Gericht für mich.

Wenn wir vor das Gericht kommen, wird Gott sagen: „Deine Strafe wurde schon verbüßt."

„Wann, Herr?"

„Das geschah am Kreuz."

Gestern fuhr ich mit Pastor Kwon zu einer Autowaschanlage, weil mein Auto schmutzig war. Nachdem mein Auto gereinigt war, wollte ich gerade bezahlen. Pastor Kwon hielt mich ab und sagte:

„Ich habe schon bezahlt."

„Wann?"

„Eben."

Muss ich noch einmal bezahlen? Es ist sehr schön, mit so einem Mann unterwegs zu sein! Jesus hat die Strafe bekommen, die wir eigentlich bekommen mussten, ohne uns zu fragen. Er wurde gerichtet ohne unsere Erlaubnis. Meine Lieben, genau das ist seine Liebe für uns. Bitte empfangen Sie diese Liebe nicht als ein Nichts. Es würde ihn wirklich schmerzen, wenn wir glaubten, dass wir immer noch Sünde hätten, obwohl er am Kreuz dafür gestorben ist.

Lassen Sie uns einige Verse lesen und ein bisschen genauer darüber reden. Hebräer 9, 11: **„Christus aber ist gekommen als ein Hoherpriester der zukünftigen Güter durch die größere und vollkommenere Stiftshütte, die nicht mit Händen gemacht ist, das ist: die nicht von dieser Schöpfung ist."**

Dies bedeutet, Jesus kam in die wahre Stiftshütte im Himmel, nicht in eine, die von Menschen in der Zeit des Alten Testaments gemacht wurde. Und Vers 12: „**Er ist auch nicht durch das Blut von Böcken oder Kälbern, sondern durch sein eigenes Blut ein für allemal in das Heiligtum eingegangen und hat eine ewige Erlösung erworben.**"

Hier können wir die Worte finden: „**...nicht durch das Blut von Böcken oder Kälbern, ...**" Als man zur Zeit des Alten Testaments im Abbild geopfert hat, brauchte man das Blut von Böcken und Kälbern. Aber in die wahre Stiftshütte im Himmel ist Jesus nicht mit solchem, sondern mit seinem eigenen Blut ein für allemal eingegangen. Die Sünde wurde zwar durch das Opfern von Abbildern, d. h. Schafen oder Ziegen, reingewaschen, aber immer nur für einen bestimmten Zeitraum. Es mussten also immer wieder Tiere geschlachtet werden, wenn man gesündigt hatte. Jesus aber wusch nicht nur die Sünde einer bestimmten Zeit weg, sondern auch unsere Sünden für immer, als er am Kreuz starb. Deshalb muss er nicht noch einmal gekreuzigt werden. Wenn es nötig wäre, würde er sich sicher nicht weigern, sofort noch einmal am Kreuz für uns zu sterben. Weil das unnötig ist, sitzt er zur Rechten Gottes. Vers 13: „**Denn wenn schon das Blut von Böcken und Stieren und die Asche von der Kuh durch Besprengung die Unreinen heiligt, so dass sie äußerlich rein sind, ...**"

Wurde die Sünde der Israeliten getilgt und wurden sie heilig, wenn sie Böcke und Stiere geopfert haben? Natürlich. Wenn sogar das Blut von Böcken und Kälbern die Sünde wegwaschen konnte, warum sollte dann das Blut Jesu Christi, des Sohnes Gottes, nicht unsere Sünde tilgen können? Glauben Sie das? Glauben Sie es mit Ihrem Herzen, nicht nur mit Ihrem Mund? Glauben Sie, dass Ihre Sünde weiß wie Schnee gewaschen ist? Heben Sie Ihre Hand, wenn Sie daran glauben! Gott freut sich sehr. Ich habe gar nichts dafür getan, aber Jesus hat sein

Blut dafür vergossen. Viele sagen, sie glauben, dass Jesus für unsere Sünde gestorben ist. Aber wenn ich sie frage: „Haben Sie Sünde?", antworten sie: „Ja, natürlich habe ich Sünde!" Das bedeutet: Sie wissen nur, sie glauben nicht. Nur wenn Sie glauben, dass Jesus die Sünde vollkommen getilgt hat, kann Ihr Herz von der Sünde befreit werden.

Ich werde das Ganze noch aus einem anderen Blickwinkel erklären, denn Sie müssen die Gewissheit der Sündenvergebung haben. Sie dürfen auch nicht den leisesten Zweifel haben. Wir lesen Hebräer 10,10: **„Nach diesem Willen sind wir geheiligt ein für allemal durch das Opfer des Leibes Jesu Christi."** Wodurch sind wir heilig geworden? Nur weil Jesus am Kreuz gestorben ist, sind wir heilig! Weil wir diese Tatsache nicht erkennen, bemühen wir uns selbst, heilig zu werden. Aber es ist unmöglich. Wie ich gestern Abend gesagt habe, ist das so wie das teuerste Parfüm auf dem Schwein. Das teuerste Parfüm bringt gar nichts für das Schwein, weil seine Natur das Schmutzige mag. Meine Lieben, wie können wir heilig sein, die wir die Sünde mögen? Wir selbst können nicht heilig sein. Nur weil Jesus am Kreuz sein Blut vergossen hat, sind wir heilig. Vers 11: **„Und jeder Priester steht Tag für Tag da und versieht seinen Dienst und bringt oftmals die gleichen Opfer dar, die doch niemals die Sünden wegnehmen können."** Diese Opfer konnten die Sünden nur für eine bestimmte Zeit wegnehmen. Aber Vers 12 sagt: **„Dieser aber hat ein Opfer für die Sünden dargebracht..."** Welche Art Opfer? Ein ewiges Opfer, dieses Opfer gilt für ewig! **„...und sitzt nun für immer zur Rechten Gottes und wartet hinfort, bis seine Feinde zum Schemel seiner Füße gemacht werden. Denn mit einem Opfer hat er für immer die vollendet, die geheiligt werden."**

Gott hat uns mit dem kostbaren Blut am Kreuz heilig und

vollkommen für immer gemacht. Glauben Sie die Tatsache, dass Gott uns heilig gemacht hat! Glauben Sie die Tatsache, dass Gott nichts für uns übrig gelassen hat, was wir tun müssen. Glauben Sie nur an das Kreuz, wo unsere Sünde völlig weggewaschen wurde. Vers 16-17: „**„Das ist der Bund, den ich mit ihnen schließen will nach diesen Tagen", spricht er: „Ich will mein Gesetz in ihr Herz geben und in ihren Sinn will ich es schreiben, und ihrer Sünden und ihrer Ungerechtigkeit will ich nicht mehr gedenken.""** Gott sagt, er will Ihrer Sünden und Ungerechtigkeit nicht mehr gedenken. Wenn Sie etwas Böses gegen mich getan haben, ist es Ihnen unangenehm, hier zu sein, weil ich davon weiß. Aber wie ist es, wenn ich es vergessen habe? Dann ist es kein Problem mehr.

Meine Frau macht manchmal Fehler, und ich schimpfe mit ihr. Wenn sie wieder dasselbe macht, sage ich:

„Du hast schon wieder denselben Fehler gemacht!"

„Du erwähnst dieselbe Sache immer wieder, wenn ich einmal einen Fehler mache!"

„Okay, in Zukunft werde ich nichts mehr dazu sagen." Aber unbewusst erwähne ich dieselbe Sache doch wieder. Dann sagt meine Frau: „Du hast versprochen, dass du diesen Fehler vergisst, aber du hast ihn immer noch im Kopf." Ein Mensch kann nicht anders. Obwohl man gesagt hat, dass man etwas vergessen wird, erinnert man sich doch wieder, wenn man auf die gleiche Sache trifft. Manchmal versuchen wir etwas zu vergessen, erinnern uns aber immer wieder, andererseits können wir uns oft nicht an etwas erinnern, an das wir uns erinnern wollen. So ist der Mensch. Aber Gott kann vergessen, was er will, und sich erinnern, an was er will. Wenn er sagt, er will sich nicht mehr erinnern, dann löscht er es, so wie wir Dokumente von einer Computerdiskette löschen, d. h. Gott gedenkt unserer Sünden nicht mehr. Halleluja!! Preist den Herrn!!

Meine Lieben, ich wünsche mir wirklich, dass wir alle zusammen in den Himmel gehen und dort für immer glücklich leben können. Ich danke Ihnen für Ihre Geduld in den unbequemen Stühlen, und ich werde Sie heute Abend wiedersehen.

7

Der Mann, der unter die Räuber fiel

Guten Abend, meine Lieben! Sie alle haben dem Zeugnis und dem Singen Beifall gespendet, warum nicht auch dem Prediger? War nur ein Witz... Trotzdem vielen Dank! Lassen Sie mich nun aus der Bibel lesen, bei Lukas, Kapitel 10, ab Vers 25, im Neuen Testament.

„Und siehe, da stand ein Schriftgelehrter auf, versuchte ihn und sprach: Meister, was muss ich tun, dass ich das ewige Leben ererbe? Er aber sprach zu ihm: Was steht im Gesetz geschrieben? Was liest du? Er antwortete und sprach: „Du sollst den Herrn, deinen Gott, lieben von ganzem Herzen, von ganzer Seele, von allen Kräften und von ganzem Gemüt, und deinen Nächsten wie dich selbst." Er aber sprach zu ihm: Du hast recht geantwortet; tu das, so wirst du leben. Er aber wollte sich selbst rechtfertigen und sprach zu Jesus: Wer ist denn mein Nächster? Da antwortete Jesus und sprach: Es war ein Mensch, der ging von Jerusalem hinab nach Jericho und fiel unter die Räuber; die zogen ihn aus und schlugen ihn und machten sich davon und ließen ihn halbtot liegen. Es traf sich aber, dass ein Priester dieselbe Straße hinabzog; und als er ihn sah, ging er vorüber. Desgleichen auch ein Levit: als er zu der Stelle kam und ihn sah, ging er vorüber. Ein Samariter aber, der auf der Reise war, kam dahin; und als er ihn sah, jammerte er ihn; und er ging zu ihm, goss Öl und Wein auf seine Wunden und verband sie ihm, hob ihn auf sein Tier und brachte ihn in eine Herberge und pflegte ihn. Am nächsten Tag zog er zwei Silbergroschen heraus, gab sie dem Wirt und sprach: Pflege ihn; und wenn du mehr ausgibst, will ich dir's bezahlen, wenn ich wiederkomme. Wer von diesen dreien, meinst du, ist der Nächste gewesen dem, der unter die Räuber gefallen war? Er sprach: Der die Barmherzigkeit an ihm tat. Da sprach Jesus zu ihm: So geh hin und tu desgleichen!"

Ich habe bis Vers 37 gelesen.

Meine Lieben, heute Morgen haben wir anhand der Bibel ausführlich darüber gesprochen, wie unsere Sünden auf Jesus übertragen wurden. Tatsächlich macht die Sünde ja nicht unsere Schultern schwer, sondern unser Herz. Die Sünde verletzt unser Herz, ehe sie unseren Körper krank macht. Deshalb haben viele, die die Sündenvergebung bekommen haben und von der Last der Sünde befreit worden sind, Zeugnis davon abgelegt, dass ihre körperlichen Probleme nach ihrer Rettung spontan verschwunden sind. Ein Arzt hat gesagt, dass 437 Krankheiten automatisch geheilt werden, sobald der Kranke von der Last seiner Sünde befreit ist. Ich merke auch, dass die meisten Krankheiten in der

Seele entstehen. Wenn ich mir um irgend etwas Sorgen mache, habe ich Schwierigkeiten mit der Verdauung, und mir vergeht der Appetit. Wenn ich aber sorglos und von Herzen froh bin, habe ich kein Problem mit der Verdauung, egal was ich esse.

Nun, meine Lieben, wir wissen alle, dass die Befreiung von der Sünde gut ist, aber manche Leute wissen nicht, wie sie dazu kommen sollen. Deshalb führen sie ein ruheloses Glaubensleben, indem sie vom Baum der Sünden eine Frucht nach der anderen pflücken. Bäume, auf denen Äpfel, Datteln oder Pfirsiche wachsen, tragen einmal im Jahr Früchte, und wenn wir sie alle gepflückt haben, sind keine mehr da. Der Sündenbaum dagegen trägt leider zu jeder Zeit seine Früchte, nicht wahr? Er trägt Früchte während wir essen, schlafen, aufwachen, laufen ... Die meisten Leute verbringen viel Zeit damit, die Früchte vom Sündenbaum zu holen. Aber selbst wenn sie ununterbrochen pflücken, gibt es kein Ende. Deshalb können die Menschen nicht ein einziges Mal mit Mut, Freude und Frieden vor Gott stehen. Das ist der Zustand vieler Menschen. Unser Herr hat nicht versucht, die Sündenfrüchte, d. h. das Tun der Sünden, was das Resultat der Sünde ist, zu beseitigen, sondern er hat den ganzen Sündenbaum ausgerissen. Das heißt, er hat die Sünde in unserem Herzen vollkommen ausgemerzt.

Am ersten Abend habe ich Ihnen erklärt, dass die Sünde etwas anderes ist als die Sünden, die das Ergebnis der Sünde sind. Eine Erkältung unterscheidet sich von einem Schnupfen, und eine Erkältung ist auch kein Husten. Natürlich verursacht eine Erkältung Husten, Schnupfen und Heiserkeit, aber für sich genommen sind das noch keine Erkältungen. Wir stehlen, lügen und hassen. Alle, die Sünde haben, tun solche Dinge. Stehlen an sich ist nicht Sünde, es ist eine Folge der Sünde. Stehlen gehört zu den Sünden. Weil die Sünde in unserem Herzen uns immer zum Sündigen bringt, habe ich Ihnen heute Morgen erzählt, wie all unsere Sünde vollständig auf Jesus Christus übertragen worden ist. Ich wollte eigentlich jetzt weiter über dieses Thema erzählen, aber das werde ich nächstes Mal tun, weil ich jetzt erst noch etwas anderes erklären will.

Wie kann unsere Rettung geschehen? Wie können wir in den Himmel kommen? Wie können wir für immer von der Sünde befreit werden? Wie können wir mutig vor Gott stehen wie Adam und Eva vor dem Sündenfall? Meine Lieben, wir denken, dass das völlig unmöglich ist. Gott ist jedoch so mächtig und kennt so viele Möglichkeiten, dass er uns schmutzige, schlechte Menschen ganz und gar verändern kann. Ich werde es anhand von Lukas 10 konkret erklären.

Vor langer Zeit lebte ein junger Mann, der im Londoner Hafen seinen Lebensunterhalt verdiente. Er lebte in so ärmlichen Verhältnissen, dass er nicht heiratete, er hatte keine Familie, nicht einmal eine Liebste. Er verdiente nur ein paar Pfennige am Tag, die nur für einen Bissen Brot reichten, so dass er nicht einmal ein eigenes Bett hatte und sich immer irgendwo einen Schlafplatz suchen musste. Er arbeitete schwer, lud die Fracht der Schiffe ein und aus, die von England in die Vereinigten Staaten und zurück fuhren. Viele der Passagiere erzählten ihm, dass er in Amerika viel verdienen und in Wohlstand leben könne. Dadurch bekam er folgenden Gedanken: „Obwohl ich hier schwer arbeite, reicht es immer nur für's tägliche Brot. Deshalb will ich nach Amerika gehen und viel Geld verdienen."

Von diesem Tag an sparte er sein Geld, um eine Fahrkarte nach Amerika zu kaufen. Das gesparte Geld bewahrte er tief in seiner Hosentasche auf, und wenn er Zeit hatte, holte er es heraus und zählte es. Nach einiger Zeit hatte er gerade genug für eine Fahrkarte beisammen, jedoch nichts mehr für Essen und andere Dinge, die er während der Überfahrt und bei der Ankunft in Amerika brauchen würde. Er beschloss, gleich ein Ticket zu kaufen, weil er nicht auf das nächste Schiff warten wollte, das erst einen Monat später fahren würde. Er dachte: „Ich werde schon nicht verhungern, selbst wenn ich die ganze Woche nichts esse. Wenn ich drüben ankomme, kann ich ja gleich Geld verdienen."

Bald stach das Schiff von London aus in See Richtung USA. Die Passagiere trafen sich an Deck und sprachen über das neue Land, zu dem sie aufgebrochen waren. Der junge Mann nahm auch am Gespräch teil. Während sie sich unterhielten, hörten sie die Glocke. Sie gingen zum Mittagessen in die Cafeteria. Der junge Mann konnte nicht mitgehen, denn seine Taschen waren leer. Die Leute um ihn herum fragten ihn: „Lasst uns essen gehen, junger Mann!"

„Das Frühstück liegt mir noch schwer im Magen, deshalb will ich das Mittagessen auslassen."

„Aber essen Sie doch wenigstens ein bisschen!"

„Nein, es ist schon so in Ordnung!"

„Gut, dann lassen Sie es aus!"

Nach dem Essen sagten die Leute: „Das Essen hier ist wirklich gut."

Der junge Mann hatte Schmerzen vor Hunger. Aber er sagte zu sich: „Die paar Tage Leiden sind es wert." Am Abend ertönte wieder die Glocke für das Abendessen.

„Junger Mann, Sie müssen hungrig sein. Ich weiß, dass Sie das Mittagessen versäumt haben. Kommen Sie, wir gehen zu Tisch."

„Es ist schon gut, manchmal esse ich tagelang nichts."

„Aber Sie müssen doch etwas essen, Ihrer Gesundheit

zuliebe."

„Machen Sie sich keine Sorgen."

Alle anderen gingen zum Essen, nur er nicht.

Jedes Mal, wenn nach Gesprächen und Zeitvertreib die Mahlzeiten kamen, wurde der junge Mann mürrisch. „Gehen Sie nur."

„Junger Mann, warum laufen Sie schon wieder davon?"

„Was geht Sie das an, das ist meine Sache!" Er war sauer. Die Passagiere merkten, dass er bei jeder Mahlzeit komischer wurde, deshalb redete allmählich niemand mehr mit ihm. Er war seit zwei Tagen ohne Essen, seit drei Tagen, ... seit fünf Tagen. Er war nahe am Verhungern. Er tröstete sich damit, dass er nur noch zwei Tage durchhalten musste, bevor er die Vereinigten Staaten erreichen würde. Am sechsten Tag kam vom Kapitän eine Durchsage: „An alle Passagiere. Zu meinem großen Bedauern muss ich Ihnen mitteilen, dass wir wegen eines Unwetters weitere fünf Tage benötigen werden, um unser Ziel zu erreichen." Bei dieser Ansage wurde ihm schwindelig. Er dachte: „Zwei Tage ohne Essen könnte ich noch aushalten, aber keine fünf. Ich werde sterben."

Schließlich fasste er einen Entschluss: „Ich werde sowieso sterben. Da ist es besser, wenn ich vorher noch etwas esse. Ich werde einfach anfangen zu essen, und wenn sie nach meinem Geld fragen, kann ich immer noch spülen oder waschen." Er kam in die Cafeteria, als alle anderen schon fast fertig waren mit dem Essen.

„Was möchten Sie essen?" fragte eine Kellnerin. Er bestellte eine riesige Portion, die für 5 Personen gereicht hätte, mit folgendem Gedanken: „Ich muss sowieso sterben, also will ich mich noch einmal richtig satt essen."

„Für wie viele Personen?"

„Kümmern Sie sich nicht darum. Bringen Sie mir einfach, was ich bestellt habe."

Endlich brachte die Kellnerin das Essen. Er nahm sich nicht die Zeit zu schmecken, ob das Essen salzig, süß oder scharf war. Er stopfte sich den Bauch so voll er konnte, Teller für Teller, bis es ihm beinahe zum Hals heraus kam. Als er endlich satt war, fing er wieder an, sich um die Bezahlung zu sorgen.

„Sie werden verlangen, dass ich das Essen bezahle. Was werden sie mit mir machen, wenn ich ihnen sage, dass ich pleite bin?" Er zögerte und zögerte. Alle Kellnerinnen waren schon gegangen, nur eine stand noch hinter ihm, um abzuservieren. Schließlich sagte der junge Mann: „Bringen Sie mir die Rechnung."

„Wie bitte?" fragte sie.

„Ich sagte: die Rechnung. Was macht das?"

„Essen Sie zum ersten Mal hier?"

„Das geht Sie nichts an. Bringen Sie mir einfach die Rechnung." Er war ganz fest entschlossen.

„Ich frage Sie, ob Sie zum ersten Mal hier essen."

„Das brauchen Sie nicht zu wissen, ich möchte nur die Rechnung."

„Wir berechnen die Verpflegung nicht auf diesem Schiff."

„Oh mein Gott! Was haben Sie gesagt?"

„Das Essen ist im Fahrpreis enthalten."

„Wenn ich das gewusst hätte, hätte ich in den letzten fünf Tagen kein einziges Essen verpasst..."

Wir können uns vorstellen, wie ihn eine ohnmächtige Wut überkam, weil er durch seine Unwissenheit fünf Tage lang gehungert hatte. Nun, meine Lieben, diese Wut ist nichts, verglichen mit dem, was einer empfinden muss, der in die Hölle kommt.

Wissen Sie, warum man in die Hölle kommt? Kommt man in die Hölle, weil man viel gesündigt hat? Nein, sondern weil man Gottes Wort nicht verstanden hat. Der junge Mann wäre fast verhungert, nur weil er eine einfache Tatsache nicht wusste, nämlich dass das Essen bereits im Fahrpreis enthalten war. Wenn das Schiff nicht in den Sturm geraten wäre, wäre er vielleicht wirklich verhungert und hätte Amerika nie erreicht.

Meine Lieben, wenn wir in die Hölle kommen, dann nur, weil wir Gottes Willen nicht verstanden haben. Kaufen Mütter nicht Windeln für die Babys, die sie zur Welt bringen werden, weil sie genau wissen, dass die Babys klein und groß machen? Genauso hat Gott für uns alles perfekt vorbereitet, weil er weiß, dass wir schlecht und schmutzig sind und dass wir Sünden begehen. Diejenigen, die nicht wissen, was Gott für uns Sünder vorbereitet hat, versuchen, alles aus eigener Kraft zu tun anstatt auf das zu vertrauen, was Gott vorbereitet hat.

Eines Tages sagte eine Mutter zu ihrem Sohn: „Komm bitte gleich nach der Schule nach Hause."

„Warum, Mami?"

„Ich muss dann gleich weg."

„Okay. Ich werde gleich nach Hause kommen." Der Junge vergaß sein Versprechen und kam später nach Hause, weil er noch Fußball gespielt hatte. Die Mutter hatte das Haus verlassen, da sie nicht länger warten konnte. Natürlich stellte sie ihm etwas zu essen in den Schrank, bevor sie ging. Weil der Sohn das nicht wusste, machte er sich selbst etwas zu essen. Genauso möchten viele Menschen selbst etwas tun, wenn sie das Geheimnis von Gottes Vorbereitungen für sie nicht kennen.

Der Schriftgelehrte in Lukas 10, von dem wir heute Abend

gelesen haben, ist genau so ein Mensch. Lassen Sie uns gemeinsam Lukas 10, Vers 25 lesen: **„Und siehe, da stand ein Schriftgelehrter auf, versuchte ihn und sprach: Meister, was muss ich tun, dass ich das ewige Leben ererbe?"**

Meine Lieben, hören Sie genau hin! Die Frage des Schriftgelehrten: **„Was muss ich tun, dass ich das ewige Leben ererbe?"** enthält eine sehr tiefe Bedeutung. Dieser Schriftgelehrte meinte, dass er selbst etwas tun müsse, um die Rettung und das ewige Leben zu bekommen. Deshalb hat er sich sehr bemüht, das Gesetz zu halten. Hat er aber das ewige Leben empfangen? Leider konnte er es nicht erreichen entgegen all seinen Erwartungen. Also kam er zu Jesus und fragte: „Was muss ich tun, um das ewige Leben zu ererben?" Was war die Antwort Jesu auf seine Frage? In Vers 26 sagt Jesus zu ihm: „Was steht im Gesetz geschrieben? Was liest du?" Dieser Vers ist sehr wichtig. Fragte er nur: „Was steht geschrieben?"? Nein, er stellte zwei Fragen: „Was steht im Gesetz geschrieben?" und „Was liest du?"

Wenn Sie, meine Lieben, etwas genauer in der Bibel lesen, können Sie verborgene geistliche Geheimnisse finden. In dieser Frage Jesu ist die Bedeutung enthalten, dass das Gesetz auf verschiedene Arten gelesen und verstanden werden kann, abhängig von der Person. Was steht nun im Gesetz geschrieben? „Du sollst nicht töten", „Du sollst nicht ehebrechen", „Du sollst nicht stehlen", „Du sollst nicht falsch Zeugnis reden wider deinen Nächsten" usw. Es ist wahr, so steht es geschrieben. Aber es ist ein Problem, wie man das Gesetz liest, mit anderen Worten: wie man es annimmt. Jesus fragte den Schriftgelehrten: „Was liest du darin? Wie nimmst du das an?"

Nun, meine Lieben, die meisten Kirchgänger wissen, was in dem Gesetz steht, aber sie haben alle Probleme damit, es anzunehmen. Wissen Sie, was ich meine? Heute Abend möchte ich Sie fragen: Im Gesetzestext steht doch folgendes geschrieben, nicht wahr? „Du sollst nicht töten", „Du sollst nicht ehebrechen", „Du sollst nicht stehlen"... Wie nehmen Sie das an? Es gibt zwei Arten von Menschen. Die einen bemühen sich, das Gesetz zu halten, weil sie denken: „Weil Gott befohlen hat, nicht zu stehlen, will ich nicht stehlen, mit dem Lügen ist es genauso." So nehmen sie das Gesetz an. Die anderen dagegen erkennen, dass sie es nicht schaffen, nachdem sie versucht haben, nicht zu stehlen, zu hassen, zu lügen, die Ehe zu brechen oder zu töten. Deshalb ergeben sie sich Gott mit der weißen Fahne in der Hand, indem sie sagen: „Gott, ich kann es niemals schaffen, tu Du es, ich habe keine Kraft!" Das sind die beiden Möglichkeiten, das Gesetz zu verstehen.

Die koreanische Boxmannschaft hat in diesen Asiatischen Wettspielen viele Goldmedaillen gewonnen. Bei einem Boxkampf schlagen sich zwei Personen in einem kleinen Boxring. Der Stärkere schlägt den Schwächeren ohne Mitleid ins Gesicht, in die Seite und in den Magen. Wenn es der Schwächere nicht mehr aushält und zu Boden geht, kann das für ihn der friedlichste Moment sein, meinen Sie nicht? Wenn er einmal am Boden liegt, regnen keine Schläge mehr auf ihn ein, und er kann nur noch hören, wie der Ringrichter ihn auszählt. Wir können uns vorstellen, wie erleichternd das ist. Natürlich sollten wir bei einem Boxkampf gewinnen, aber im Kampf mit Gott sollten wir so früh wie möglich niedergeschlagen werden, verstehen Sie? Je mehr wir uns wehren, desto mehr leiden wir. Wir müssen wirklich schnell das Handtuch werfen. Diejenigen, die nicht nur oberflächlich in die Kirche gehen, sondern auch von ganzem Herzen glauben wollen, sagen einstimmig, dass sie, je fester sie sich vornehmen, nicht zu sündigen, es um so mehr tun.

Erfahrene Leute wissen, wovon ich rede. Viele von Ihnen haben Erfahrung mit dem Rauchen, nicht wahr? Heben Sie die Hand, wenn Sie schon einmal eine Zigarette geraucht haben. Ich habe es auch schon probiert. Ich bin sicher, dass jeder Raucher schon einmal versucht hat, aufzuhören. Meine Lieben, heute ist der 9. Oktober. Nehmen wir einmal an, ich fasse den Entschluss, ab 10. Oktober, 0.00 Uhr, damit aufzuhören. Was glauben Sie, wie es mir heute ergeht? Ich werde heute zwei Päckchen rauchen, wenn ich sonst eins rauche. Ist es nicht so? Erfahrene Raucher werden mir zustimmen.

Meine Lieben, hören Sie gut zu! Ich werde mein Notizbuch hier liegen lassen und für eine kurze Zeit weggehen. Sie werden sicherlich gar nicht daran denken, darin zu lesen, sondern weiter arbeiten, ohne es auch nur eines Blickes zu würdigen, nicht wahr? Aber was wäre, wenn ich Sie, bevor ich hinausgehe, mit allem Ernst darum bäte: „Sie können auf diese Bühne kommen oder tun, was immer Sie wollen, aber bitte schauen Sie nicht in mein Notizbuch, denn sonst wird etwas Schlimmes passieren. Bringen Sie das fertig? Ich flehe Sie an, machen Sie es bitte auf keinen Fall auf!" Meine Lieben, wenn ich gar nichts gesagt hätte, hätten Sie gar keine Lust, das Buch aufzuschlagen, aber nun werden Sie den Drang verspüren, hineinzusehen, nur weil ich Sie wiederholt gebeten habe, genau das nicht zu tun, nicht wahr?

Vor langer, langer Zeit gab es einen Lehrer an einer kleinen Schule in Korea. Mitten in der Stunde nahm er etwas aus seinem Schrank und aß es. Seine Schüler fragten:

„Was ist das, Herr Lehrer?"

„Kinder, es sind getrocknete Datteln."

„Was sind getrocknete Datteln?"

„Wenn ihr Kinder davon esst, werdet ihr daran sterben."

Eines Tages war der Lehrer nicht da, nur die Kinder waren im Raum. Sie sprachen über getrocknete Datteln: „Was zum Kuckuck sind diese getrockneten Datteln? Sie sind gut für Erwachsene, aber giftig für Kinder? Da stimmt doch was nicht. Wir sollten es einfach mal ausprobieren." Schließlich nahm ein mutiger Junge ein Stück und bis hinein. Es brachte ihn nicht um, im Gegenteil: Es schmeckte traumhaft! Er aß alles auf, was er in der Hand hatte, aber er starb nicht daran. Er überredete seine Klassenkameraden, mitzuessen. „Kommt schon, lasst uns alle davon essen, lasst uns alle zusammen diese Sünde begehen!" Die Kinder saßen im Kreis und aßen alle getrockneten Datteln des Lehrers auf. Nachdem sie alles gegessen hatten, fürchteten sie sich davor, von dem strengen Lehrer bestraft zu werden. Sie berieten, wie sie dieses große Problem lösen könnten. Schließlich hatte ein kluger Junge eine Idee.

„Jungs, tut genau, was ich sage!"

„Gut, was sollen wir tun?"

Er warf das Lieblingstintenfass des Lehrers zu Boden, so dass es zerbrach. „Jetzt legt euch alle auf den Boden!" Sie befolgten seinen Befehl. Der Lehrer kam zurück und sah alle seine Schüler vor sich liegen. "Kinder! Was macht ihr denn da?" Der kluge Junge antwortete: "Herr Lehrer, wir haben ein todeswürdiges Verbrechen begangen."

„Wovon redest du?"

„Während wir herumgetobt haben, haben wir Ihr Tintenfass zerbrochen. Was kann noch schlimmer sein als diese Sünde? Wir hatten so große Gewissensbisse, dass wir die getrockneten Datteln gegessen haben, weil Sie sagten, wir würden davon sterben. Jetzt warten wir auf den Tod, aber bis jetzt ist nichts passiert. Wir glauben, dass wir mehr essen müssen, damit wir schneller sterben. Aber es ist nichts mehr übrig..."

Dies ist eine lustige Geschichte, nicht? Aber es ist leider so, dass die meisten von Ihnen auch von Satan belogen sind. Wir glauben, wir könnten aufhören, zu sündigen, wenn wir nur wirklich wollen. Aber je mehr gute Vorsätze wir haben, desto mehr Sünden begehen wir. Verstehen Sie?

Nehmen wir mal an, es gab da ein Mädchen in der Pubertät. Sie war hinter einem Jungen her, so dass sie nicht mehr lernen konnte. Ihr Vater gab ihr Hausarrest und befahl ihr, konzentriert zu lernen. Sie wurde vernünftig und dachte: „Okay, ich will fleißig lernen." Eines Tages, als sie über ihren Büchern saß, kam ihr Vater herein und fragte: „Denkst du jetzt schon wieder an den Jungen?" Tatsächlich hatte sie gar nicht an ihn gedacht, aber seine Bemerkung erinnerte sie an den Jungen. Wissen Sie, was ich meine? Es ist nicht so: „Wenn wir gute Vorsätze haben, begehen wir keine Sünde." Wenn unser Herz in der Sünde ist, werden wir einfach von der Sünde geführt.

Als ich eine Bibelstunde für Gefängnisinsassen hielt, wollte einer von ihnen mit mir persönlich sprechen. Er erzählte, dass er immer, wenn er betrunken war, gewalttätig wurde. Nachdem er schließlich eine große Schlägerei verursacht hatte, fasste er den festen Entschluss, nie mehr zu trinken, und er trank tatsächlich überhaupt keinen Alkohol mehr. Aber eines Tages, als er an einer Kneipe vorbei kam, riefen ihn seine Freunde aus der Kneipe. „Komm rein, Jin-Seok, warum setzt du dich nicht zu uns?" Er wollte aber nicht hineingehen, deshalb wendete er sich ab und ging weiter. Aber kurze Zeit später fand er sich doch an der Bar wieder. Entgegen seinem festen Vorsatz ging sein Herz doch hinein. Die Beine folgen nicht den Gedanken, sondern dem Herzen. Nur ein Glas! Nur ein Glas! - Er trank wirklich nur ein Glas, aber das zu oft, ein Glas nach dem anderen.

Er trank niemals zwei Gläser auf einmal. Schließlich wusste er nicht mehr, was in der Kneipe passierte. Als er aufwachte, befand er sich auf einem Polizeirevier.

Meine Lieben, Gott lässt sich nicht belügen, denn er weiß, dass wir nicht fähig sind, nicht zu sündigen, obwohl er uns das geboten hat. Deshalb sagt er nicht nur, wir sollen nicht sündigen, sondern er selbst gibt uns auch die Kraft, die Sünde zu überwinden, damit wir der Sünde nicht ganz verfallen. Denn er weiß, dass wir nur Menschen sind, die nicht anders können als zu sündigen, obwohl er uns ständig sagt, dass wir nicht sündigen sollen. Um uns von der Sünde zu befreien, müssen wir die Kraft von Gott bekommen. Mit unseren Vorsätzen oder unserer Entschlusskraft können wir die Sünde niemals besiegen. Können Sie das verstehen? Nachdem wir uns bemüht haben, die Gebote wie „Du sollst nicht töten", „Du sollst nicht stehlen" und „Du sollst nicht ehebrechen" zu halten, müssen wir erkennen, dass wir es nicht schaffen, und werden kapitulieren: „Ich kann das alles gar nicht, selbst wenn ich es versuche. Herr, ich kann es nicht." Um uns in diesen Zustand zu bringen, hat Gott uns das Gesetz gegeben. Gott hat das Gesetz geschaffen, das Sie nicht befolgen können, auch wenn Sie es versuchen. Deshalb gibt es keinen Menschen, der das Gesetz vollkommen gehalten hat. Wer es trotzdem versuchte und versagt hat, bemüht sich nicht weiter darum.

Deshalb hat Jesus gefragt, wie der Schriftgelehrte das Gesetz liest. Die einen denken, dass man sich bemühen muss, das Gesetz zu halten, wie es geschrieben steht. Die anderen gestehen: „Ich kann es nicht. Bitte, tu Du es." Jesus arbeitet nur in dieser zweiten Gruppe. Manche Leute legen nur Lippenbekenntnisse ab: „Was kann ich schon tun? Ich kann gar nichts machen. Ich bin nichts." Aber trotzdem kommt ihr Ich immer wieder durch.

Derjenige dagegen, der vollständig begreift, dass er nur Böses und Schlechtes in sich hat, versucht nicht mehr, etwas zu tun, weil seine Anstrengungen sowieso keinen Erfolg haben. In diesen Menschen arbeitet Gott. Was sagte der Schriftgelehrte? Er kannte nur das Gesetz, aber er kannte nicht die wahre Bedeutung, warum Gott es uns gegeben hat. Deshalb glaubte er einfach, er müsste mit aller Kraft etwas tun. „Du sollst den Herrn, deinen Gott, lieben von ganzem Herzen, von ganzer Seele, von allen Kräften..." Das ist unmöglich. Können Sie Gott von ganzem Herzen lieben? Ich kann es nicht.

Ich fahre viel mit dem Auto, etwa eine Stunde am Tag. Ich habe das mal ausgerechnet anhand der im Jahr gefahrenen Kilometer und der Durchschnittsgeschwindigkeit. Das Ergebnis war also, dass ich pro Jahr 365 Stunden im Auto verbringe. Das ist eine Menge vergeudeter Zeit. Aber ich kann es mir nicht leisten, einen Chauffeur einzustellen. Deshalb überlegte ich mir, was ich in dieser Zeit alles machen könnte, zum Beispiel beten, Bibelverse auswendig lernen und über die Bibel nachdenken. Eines Tages stand ich an der Ampel und wartete auf Grün. Ich dachte an etwas, den Blick auf die Bibel gerichtet, die neben mir auf dem Beifahrersitz lag. Ich habe in der Bibel gelesen, bis ich in die Worte versunken war. Plötzlich ging hinter mir ein Hupkonzert los. Es war längst Grün, und alle, die vor mir standen, waren schon losgefahren. Deshalb verlangte mein Auto von mir: „Herr, wenn du willst, dass ich ordentlich funktioniere, musst du dich von ganzem Herzen auf mich konzentrieren." Ich erkannte, dass ich nicht mit meinem ganzen Herzen bei Gott sein kann, solange ich Auto fahre. Meine Gedanken sind dann ganz automatisch beim Autofahren. „Von ganzem Herzen, von ganzer Seele, von allen Kräften, von ganzem Gemüt...". Meine Lieben, wenn Sie das können, heben Sie die Hand. Wenn Sie Gott von allen Kräften lieben, mit welcher Kraft essen Sie dann? Die Unwissenden versuchen es einfach und sagen: „Herr, ich glaube. Lass es mich doch schaffen!", nicht wahr?

Kehren wir zum Boxkampf zurück. Der Klügste ist der, der sich gleich zu Beginn der ersten Runde auf den Boden fallen lässt. Er ist viel klüger als ein Boxer, dessen Gesicht verletzt wird, der einen Riss an der Stirn bekommt und der überall blutet, bis er zu Boden geschlagen ist und durch k. o. verliert. In einem richtigen Boxkampf darf man so etwas natürlich nicht machen. Aber wenn wir einen Kampf mit Gott haben, ist das Aufgeben der klügste Weg. Gott kümmert sich nicht um Sie, bis Sie fallen, aufgeben und die weiße Fahne schwenken. Haben Sie das verstanden? Ich weiß es wirklich gewiss.

Dieser Schriftgelehrte sagte: „Du sollst den Herrn, deinen Gott, lieben von ganzem Herzen, von ganzer Seele, von allen Kräften und von ganzem Gemüt, und deinen Nächsten wie dich selbst." Das ist eine Zusammenfassung der Zehn Gebote. Die ersten vier Gebote befehlen uns, Gott zu lieben, die anderen sechs, unseren Nächsten. Was sagte Jesus? „Du hast recht geantwortet; tu das, so wirst du leben." „Tu das, so wirst du leben" bedeutet: „Wenn du das nicht tust, wirst du sterben." Im 5. Buch Mose 28 heißt es: „**Wenn du nun der Stimme des Herrn, deines Gottes, gehorchen wirst, dass du hältst und tust alle seine Gebote, die ich dir heute gebiete, ... Gesegnet wirst du sein in der Stadt, gesegnet wirst du sein auf dem Acker. Gesegnet wird sein die Frucht deines Leibes, ... Gesegnet wirst du sein bei deinem Eingang und gesegnet bei deinem Ausgang."** (5. Mose 28, 1-6) Aber „**Wenn du aber nicht gehorchen wirst der Stimme des Herrn, deines Gottes, und wirst nicht halten** und tun alle seine Gebote und Rechte, die ich dir heute gebiete, so werden alle diese Flüche über dich kommen und dich treffen: Verflucht wirst du sein in der Stadt, verflucht wirst du sein auf dem Acker. Verflucht wird sein dein Korb und dein Backtrog. Verflucht wird sein die Frucht deines Leibes, ...Verflucht wirst du sein bei deinem Eingang und verflucht bei deinem Ausgang." (5. Mose 28, 15-19)

Meine Lieben, ist das ein Segen oder ein Fluch? Es ist ein Segen für die Menschen, die alle Gebote halten können, aber ein Fluch für die, die nicht alle Gebote halten können. Können Sie mir folgen? Viele denken leichtfertig: „Das ist ein Segen! Ist das nicht gut, bei all meinem Eingang und Ausgang gesegnet zu werden?" Weil sie sich nur für den Segen interessieren, versuchen sie einfach, blindlings das Gesetz zu befolgen, ohne zu erkennen, dass sie es nicht halten können. Aber wir müssen wissen, was wirklich in der Bibel steht!

Meine Lieben, lassen Sie mich mehr dazu erklären. Der Apostel Paulus verfolgte und tötete Christen, bevor er selbst an Jesus glaubte, nicht wahr? Hat er das getan, weil er die Bibel nicht gelesen hatte? Er war Saulus, damals. Wenn ich die Bibel nur oberflächlich lese, kommt das Gegenteil der wahren Botschaft dabei heraus. Wenn ich die Oberfläche verstehe, bemühe ich mich aus eigener Kraft. Aber wenn ich den Kern erkenne, habe ich Ruhe, und Gott arbeitet in mir. Verstehen Sie? Jesus antwortete dem Schriftgelehrten: „Du hast recht geantwortet; tu das, so wirst du leben", weil der Schriftgelehrte schon vorher gesagt hatte, dass er alles halten würde. Jesus meinte: „Schön, wenn du das kannst, dann tu das." Kann man alle Gesetze halten? Nein! Kann einer von Ihnen alle Gesetze halten? Wenn ja, heben Sie die Hand! Sie sind wirklich sehr klug. Niemand hat seine Hand gehoben. Ich wünschte, Sie würden nicht nur nicht die Hand heben, sondern Sie würden mit ihrem Herzen sagen: „Ich kann wirklich gar nichts tun." Einer, der einfach nur sagt, dass er es nicht kann, ohne davon überzeugt zu sein, wird weiter versuchen, das Gesetz zu halten. Ein anderer hingegen, der in seinem Herzen erkannt hat, dass er nicht die Fähigkeit dazu hat, versucht es gar nicht erst, weil er genau weiß, dass es unmöglich ist.

Jesu Antwort: „Du hast recht geantwortet. Tu das", bedeutet: „Tu das, wenn du kannst, dann wirst du leben." Wissen Sie, was das heißt? Es ist das Gleiche wie auf dem Wasser wandeln, wovon ich vorgestern gesprochen habe. Wie können wir auf dem Wasser gehen? Laufen Sie auf das Wasser zu und heben den linken Fuß, kurz bevor der rechte ins Wasser tritt. Dann heben Sie den rechten Fuß, kurz bevor der linke ins Wasser taucht. Auf diese Weise können Sie hinlaufen, wohin Sie wollen, zum Beispiel vom Hafen Busan zur Insel Cheju, nach Japan, nach Taiwan. Aber, meine Lieben, Sie sollten nicht solange warten, bis ein Fuß ins Wasser taucht. Nun, versuchen Sie es. Ich übernehme aber keine Verantwortung, wenn Sie ertrinken, weil Sie meine Anweisungen nicht genau befolgt haben. Meine Lieben, was glauben Sie, wer das versuchen würde? Sie werden gar nicht erst anfangen, weil Sie von vornherein wissen, dass meine Idee unmöglich ist. Wenn Sie klug sind, werden Sie auch erkennen, dass das Gesetz gar nicht gehalten werden kann, d. h. auch Sie können das Gesetz nicht halten. Aber der Schriftgelehrte, der sich rechtfertigen wollte, fragte Jesus: „Wer ist denn mein Nächster?" Da erzählte ihm Jesus von einem Mann, der unter die Räuber fiel.

Ein Mann ging von Jerusalem hinab nach Jericho und wurde von Räubern überfallen; die zogen ihn aus und schlugen ihn und ließen ihn halbtot liegen. Hat der Priester, der vorüber kam, ihm geholfen? Er tat es nicht. Wie war das mit dem Leviten? Hat der ihm geholfen? Nein, der auch nicht. Ein Samariter kam auf seiner Reise an diese Stelle. Hat er ihm geholfen? Ja, er hat das getan. Er ging zu ihm, goss Öl und Wein auf seine Wunden, verband ihn und hob ihn auf sein Tier, führte ihn in eine Herberge und pflegte ihn. Er gab dem Wirt zwei Silbergroschen, damit er sich um ihn kümmerte. Jesus meinte, der Mann, der unter die Räuber fiel, ist der Schriftgelehrte. Was geschah mit dem Mann, als er den Räubern begegnete? Er wurde ausgezogen, geschlagen und halbtot liegen gelassen, nicht wahr? Was tat der Mann, um gerettet zu werden? Nichts. Er lag einfach auf dem Boden. Er konnte überhaupt nichts mehr tun. Der Samariter symbolisiert Jesus. Er ging zu ihm, goss Öl und Wein auf seine Wunden, verband sie ihm und hob ihn auf sein Tier und führte ihn in eine Herberge und pflegte ihn. In diesem Moment, als er nichts mehr tun konnte, wurde er gerettet.

Meine Lieben, nehmen wir einmal an, wir haben einen Patienten, der am Blinddarm operiert werden muss. Er sagt: „Doktor, lassen Sie mich Ihnen etwas sagen. Ich muss genau an dieser Stelle operiert werden. Nehmen Sie amerikanische Skalpelle und sterilisieren Sie den Faden richtig. Außerdem seien Sie bitte äußerst sorgfältig bei der Narkose." In diesem Fall möchte ihn kein Arzt operieren und würde sagen: „Suchen Sie sich ein anderes Krankenhaus, oder machen Sie es doch gleich selbst." Wissen Sie, wie ein Arzt einen Blinddarmpatienten behandelt? Zuerst lässt er den Patienten unterschreiben, dass er über eventuelle Folgen aufgeklärt wurde. Dann narkotisiert er den Patienten und bindet seine Hände und Füße mit Riemen fest, damit er sich während der Operation nicht bewegen kann. Der Arzt nimmt das Skalpell erst dann in die Hand, wenn er ungestört operieren kann. Nur der Arzt entscheidet, was geschnitten, herausgenommen und genäht werden muss, und handelt dementsprechend. Ich weiß, dass hier ein Arzt anwesend ist, aber ich glaube, dass es stimmt, was ich gesagt habe. „Schneiden Sie hier tiefer. Ein bisschen weiter rechts. Nehmen Sie es hier unten schnell heraus. Und sterilisieren Sie es sofort." Solche Patienten behandelt kein Arzt gerne.

Meine Lieben, wenn wir gerettet werden wollen, müssen wir unsere eigenen Gedanken und Vorstellungen völlig wegwerfen. Nur dann kann der Herr schneiden und zunähen. „Herr, ich vertraue alles Deiner Hand an. Nun tu bitte, wie Du willst." In diesem Moment kann er Sie vollkommen machen. Wenn der Mann, der unter die Räuber fiel, noch genug Kraft gehabt hätte, hätte er den Samariter verflucht und weggeschickt, als dieser ihm zu Hilfe kam, weil die Samariter damals von den Juden wie Hunde behandelt wurden. Aber der Sterbende wollte nur irgendjemanden, der ihm helfen würde. Es war ihm egal, ob Samariter, Schwein oder Hund, Hauptsache, er würde gerettet. Denn er hatte keinen Stolz mehr noch Würde. Jeder, ob schwarz, ob weiß, war ihm recht, solange ihm nur jemand half. Das ist genau der Punkt, den ich meine.

Pastor Lee wäre vor zehn Jahren einmal beinahe ertrunken. Wir waren dabei, eine Sommerkonferenz vorzubereiten. Aber wir hatten dort eine große Überschwemmung. Ich schwamm durch einen Fluss, weil ich ein bisschen schwimmen kann. Pastor Lee dachte: „Ich kann das auch schaffen, wenn es Pastor Park nicht schwergefallen ist. Ich bin noch sportlicher und kräftiger als er." In der Mitte verließen ihn aber die Kräfte, und der Fluss riss ihn mit. Er wurde von Schuljungen gerettet, 20 Meter vor einem Wasserfall. Wenn er damals nicht herausgeholt worden wäre, könnte er heute Abend nicht hier sein. Er sagte, dass es nicht wahr ist, dass ein Ertrinkender „Hilfe!"

rufen kann. Er selbst hat erfahren, dass er nicht rufen konnte. Stellen wir uns vor, wir werfen einem Ertrinkenden ein Seil zu. Er fragt: „Welche Marke ist das?" „Ist es vertrauenswürdig?" „Amerikanisches oder koreanisches Fabrikat?" „Welches Gewicht kann es halten?" „Werfen Sie mir ein stärkeres zu!" Er ist kein Ertrinkender, nicht wahr? Einer, der wirklich ertrinkt, kann nicht einmal um Hilfe rufen. Er schnappt nur nach Luft und greift nach allem, was er zu fassen bekommt.

Wenn jemandem von Ihnen die Sünde noch nicht vergeben ist, müssen Sie zuerst erkennen, dass Sie völlig vernichtet werden müssen. Einer, der das erkennt, wird keine langen Erklärungen verlangen. Das tut einer nur, weil er satt ist und weil er noch nicht erkennt, dass er vor der Vernichtung steht. Bevor ich gerettet wurde, als ich genau erkannte, dass ich ein hoffnungsloser Sünder war, der in die Hölle gehen musste, dachte ich, ich wäre gerne ein Diener, wenn mir nur jemand den Weg zeigen würde, der mich zur Sündenvergebung führt. Wann wurde der Mann, der unter die Räuber fiel, gerettet? Als er fast tot war, als er gar keine Kraft hatte, selbst etwas zu unternehmen. Wissen Sie, als Jesus auf der Erde war, suchte er nur eine Art von Menschen: Jesus kam nicht zu denen, die gut beteten, in der Schrift lasen und ein gutes Glaubensleben führten. Er kam immer zu den Menschen, die gar nichts tun konnten, keine Hoffnung in dieser Welt hatten und nur noch auf ihren Tod warteten. Meine Lieben, derselbe Jesus ist heute Abend unter uns. Sind Sie heute Abend hoffnungslos? Haben Sie nichts mehr, was Sie sich wünschen? Glauben Sie, dass Sie es verdienen, vernichtet zu werden? Wenn Ihre Antwort „Ja" lautet, ist Jesus direkt bei Ihnen. Sie sind aber weit weg von Jesus, wenn Sie denken: „Ich habe noch viel Zeit." oder „Obwohl ich ein guter Christ bin, kann ich mir ja mal anhören, wie dieser Prediger den Weg zur Rettung erklärt."

Der Mann, der den Räubern begegnet ist, blieb halbtot liegen. Er wäre gestorben, wenn ihm niemand geholfen hätte. In Lukas 10, Vers 33 heißt es: **„Ein Samariter aber reiste und kam dahin, und da er ihn sah, jammerte er ihn."** In der Bibel steht, er hatte Mitleid mit ihm. Er hatte nicht nur Mitleid, sondern er ging auch hin zu ihm. Wer ging zu wem? Der Mann, der unter die Räuber gefallen war, oder der Samariter? Wer geht, der Retter oder der, der gerettet werden muss? Wer geht, der Ertrinkende oder der, der ihn rettet? Sagt ein Ertrinkender: „Bleib' dort, ich komme. Bitte rette mich von dort aus!"? Das ist Unsinn. Sind Sie, meine Lieben, diejenigen, die gerettet werden müssen, oder die Retter für andere? Wenn Sie diejenigen sind, die gerettet werden müssen, müssen nicht Sie zu Jesus kommen, sondern Jesus muss zu Ihnen kommen. Viele Leute geben sich heutzutage große Mühe, um näher zu Jesus zu kommen. Doch das hilft ihnen überhaupt nicht.

Man sagt, ein kluger Retter wartet, bis ein Ertrinkender erschöpft ist, bevor er ins Wasser springt. Wenn der Retter in seine Nähe kommt, während er immer noch Kraft hat, zieht er den Retter mit sich hinunter, so dass beide den Tod finden. Wenn der Ertrinkende „Hilfe!" ruft und noch gegen das Ertrinken ankämpft, denkt der Retter: „Du hast immer noch Kraft."

„Rette mich!"

„Nein, ich will mich noch aufwärmen oder Schach spielen!" Er lässt sich Zeit, bis der Ertrinkende erschöpft ist, und dann erst rettet er ihn. Das ist der Weg der Rettung. Jedenfalls kann jemand, der um sich schlägt, nicht gerettet werden.

Vor einigen Jahren ereignete sich ein schrecklicher Unfall in Pohang. Ein Sportlehrer ging mit seiner Klasse ans Meer schwimmen. Während der Lehrer, ein ausgezeichneter Schwimmer, in seinem Zelt war, kam eine seiner Schülerinnen angerannt und schrie: „Herr Lehrer, da ertrinken ein paar Kinder!" Der Lehrer rannte aus dem Zelt und sah einige Mädchen mit den Armen rudern und ertrinken. Ohne zu zögern sprang er ins Wasser, um sie zu retten. Als er sich ihnen näherte, klammerten sich fünf der Mädchen an ihm fest. Er konnte sie nicht mehr retten, sondern er hat auch sein eigenes Leben verloren. Sie sind alle miteinander ertrunken, auch der Lehrer. Aber ein Mädchen konnte den Lehrer nicht greifen, weil sie zu weit entfernt war. Bei ihrem Kampf gegen das Ertrinken spürte sie zufällig festen Boden unter ihren Füßen. Das Wasser reichte ihr nur bis zur Brust, sie konnte alleine heraus laufen. Wenn doch die anderen auch einfach stillgehalten und sich hingestellt hätten... Ich kann mich nicht an den Namen der Schule erinnern, aber das ist eine wahre Geschichte.

Meine Lieben, was sollen wir tun, damit wir gerettet werden? In diesem Wort, das der Herr uns heute gezeigt hat, hat der Mann, der unter die Räuber fiel, überhaupt nichts getan; der Herr hat ihn gerettet. Lassen Sie Jesus handeln, ruhen Sie sich so lange aus. Entspannen Sie sich. Legen Sie sich hin. Sagte der Mann „Heda, hierher! Bitte helfen Sie mir! Ich komme etwas näher"? Er lag auf dem Boden und hat überhaupt nichts getan. Wer ging? Der Samariter, Jesus, ging zu ihm. Und er goss Öl und Wein auf seine Wunden.

Ich lese immer Wort für Wort in der Bibel. Lassen Sie uns das jetzt auch so machen. Wenn wir eine Wunde haben, gießen wir normalerweise zuerst Wein und dann Öl darauf. Das habe ich während meiner Ausbildung zum Missionar gelernt. Starker Alkohol ist ein gutes Desinfektionsmittel. Nach dem Desinfizieren tragen wir eine Salbe auf, um eine Infektion zu verhindern. Öl kann ein Ersatz für die Salbe sein. Man darf also nicht zuerst das Öl auftragen. Aber die Bibel sagt hier, dass der Samariter zuerst Öl auf die Wunde goss. Ich habe darüber nachgedacht, aber ich konnte es zunächst nicht verstehen. Aber nach einer Weile habe ich den Grund erkannt. Öl steht in der Bibel für den heiligen Geist, während Wein Freude bedeutet. Also Öl und Wein zu gießen bedeutet, dass, wenn wir einmal die Sündenvergebung angenommen haben, zuerst der heilige Geist in uns kommt und die Freude dann darauf folgt. Aber einige warten zuerst auf die Freude, weil sie glauben, wenn sie Freude empfinden, haben sie den heiligen Geist empfangen. Aber obwohl sie warten, bekommen sie keine Freude. Denn der heilige Geist kommt zuerst. Alkohol verfliegt schnell. Öl ist dagegen so klebrig, dass es lange Zeit an einem Ort bleibt. Der heilige Geist in unserem Herzen verlässt uns nie. Aber die Freude schwankt und verlässt uns, nicht wahr? Nachdem Sie die Erlösung empfangen haben, legen Sie bitte kein Gewicht mehr auf Freude! Sie bleibt nicht lange. Der heilige Geist dagegen bleibt für ewig in uns, wenn wir die Sündenvergebung angenommen haben. Was tat der Samariter, nachdem er Öl und Wein auf die Wunden gegossen hat? Er hat die Wunden verbunden. Unser Herr heilt unsere Wunden, das sind alle unsere Fehler und Schwächen. **„Er hob ihn auf sein Tier...“** - ich bin Gott sehr dankbar dafür, dass er uns auf seinen Platz gesetzt hat, während er zu Fuß geht, wo eigentlich unser Platz wäre, und das Tier am Zaumzeug hält und führt.

Meine Lieben, all das kommt nicht aus uns selbst, sondern vom lebendigen Jesus Christus. Lassen Sie mich zusammenfassen. Viele Menschen wissen, dass Jesus am Kreuz für unsere Sünde gestorben ist. Nun wurden einige in tiefstem Herzen von der Sünde befreit, aber andere haben immer noch die Sünde in ihrem Herzen und leiden darunter, obwohl sie sagen, dass Jesus für ihre Sünde gestorben ist und sie von ihrer Sünde reingewaschen sind, nicht wahr? Warum bekommen manche Leute keinen Glauben, obwohl sie wissen, dass Jesus für ihre Sünde gestorben ist, während andere in Ruhe und Freude leben, weil sie von all ihren Sünden reingewaschen sind? Das ist das Problem.

Eines Tages war Jesus unterwegs. Da trat eine Frau, die seit zwölf Jahren den Blutfluss hatte, von hinten an ihn heran und berührte den Saum seines Gewandes. Obwohl sie bis dahin schon alles versucht hatte, war sie nicht gesund geworden. Aber eines Tages war der Gedanke in ihr Herz gekommen, dass sie gesund werden würde, wenn sie nur den Saum von Jesu Gewand berühren würde. Dieser Glaube hat sie geheilt.

Meine Lieben, wichtig ist, dass der Glaube zu Ihnen kommen muss, dass all Ihre Sünde vollkommen getilgt ist, nicht nur das Wissen. Wenn nur Wissen zu Ihnen kommt, werden Sie immer noch an den Zweifeln in Ihrem Herzen leiden, obwohl Sie doch wissen, dass all Ihre Sünde getilgt ist. Aber sobald der Glaube zu Ihnen kommt, dass Ihre Sünde schon vergeben ist und dass Sie also gar nichts mehr gegen die Sünde tun müssen, können Sie wirkliche Befreiung von der Sünde erfahren. Pastor Kim, der heute Abend für uns Zeugnis abgelegt hat, leitete die Bibelstunde und einen Studentenkreis, als er zur Uni ging. Natürlich wusste er, dass Jesus für seine Sünde gestorben ist. Obwohl er das Wissen im Kopf hatte, war er im Herzen noch nicht von der Sünde befreit. Eines Abends kam endlich der Glaube in sein Herz: „Jesus hat am Kreuz meine Sünde getilgt." Diese Wahrheit, von der er schon lange wusste, zog in ihn ein und erlöste ihn von seiner Sünde. Von diesem Tag an wurde er geändert.

Meine Lieben, ich versuche nicht, Ihnen theoretisch beizubringen, dass Jesus am Kreuz für Ihre Sünde gestorben ist und dass Ihre Sünde dadurch vergeben wurde. Das ist nicht das, was ich sagen will. Ihr Herz muss völlig von der Sünde befreit werden. Ihre Sünde muss weiß wie Schnee werden. Sie müssen frei werden wie Adam und Eva im Garten Eden vor dem Sündenfall. Zu wem kommt dieser Glaube? Jeder, der selbst versucht etwas zu tun, weiß nur, dass Jesus für seine Sünde gestorben ist, aber er kann keinen wahren Glauben haben, durch den sein Herz von der Sünde befreit wird. Er muss sich aufgeben: „Ich kann nicht mit meinen Kräften die Sünde beseitigen." „Was immer ich auch tue, selbst beichten, nützt überhaupt nichts." „Ich weiß keinen anderen Weg, als einfach abzuwarten, bis er mich rettet. Wenn nicht, werde ich vernichtet." In solche Herzen kann der heilige Geist endlich einziehen. Heute Abend schaut der Herr auch in Ihre Herzen hinein. „Ich habe kein Selbstvertrauen mehr! Ich zeige nun die weiße Fahne!" „Ich bin k.o.." „Bitte, Jesus, mach Du." Ich weiß nicht, wer ein solches Herz hat, aber nur in solche Herzen kann Jesus kommen. Diese Menschen haben keinen Stolz. Sie geben nicht an: „Ich bin ein Diakon", „Ich habe Theologie studiert", „Ich bin ein Ältester." Alles was sie sagen können, ist: „Ich bin nichts als ein Sünder, der den Tod verdient hat. Bitte, Herr, rette mich." Dieser Gedanke muss aus Ihrem Herzen kommen. Zu solchen Menschen kommt Jesus.

Meine Lieben, woher weiß ich das? Seit ich gerettet wurde, habe ich viele Jahre lang vielen Menschen erklärt, wie sie von ihrer Sünde reingewaschen werden können. Wenn ich zu zwei Menschen am gleichen Tisch spreche, erfahre ich oft folgendes: Der eine, der das Evangelium nur mit dem Verstand annimmt, leidet weiter unter der Sünde, weil die Vergebung nicht in seinem Herzen geschieht. Der andere dagegen freut sich, und sein Leben wird geändert, weil er die Sündenvergebung in seinem Herzen angenommen hat. Eine Tatsache, die ich durch meine

Erfahrung herausgefunden habe, ist, dass einer, der glaubt, dass er etwas tun kann, niemals von der Sünde befreit werden kann, auch wenn ich ausführlich über das Geheimnis der Sündenvergebung erkläre. Deshalb sagt er immer noch: „Ich bin ein Sünder." Welcher von beiden sind Sie? Wissen wir nicht alle, dass Jesus für unsere Sünde gestorben ist? Das ist nicht das Problem. Wichtig ist, dass Ihre Gedanken gebrochen werden müssen. Wenn Ihr Herz so ist: „Ich kann überhaupt nichts tun", stehen Sie direkt vor der Rettung.

In Daegu gibt es eine große Kirche namens Samdeok. Pastor Hong hat bis zu seinem Tod für diese Kirche gearbeitet. Er war ein Pastor, vor dem ich großen Respekt habe. Ich glaube, viele von Ihnen, die alt genug sind, können sich an ihn erinnern. In seiner Jugend war er Pastor in der Mandschurei. Er war der Pastor einer Presbyterianerkirche in einem kleinen Dorf. Das Dorf hatte noch eine andere Kirche, die war methodistisch. Die beiden Gemeinden kamen gut miteinander aus. An jedem Weihnachtsfest beschenkten sie sich gegenseitig. Und wenn in einer der beiden ein größeres Ereignis bevorstand, halfen sie sich gegenseitig aus. Mit anderen Worten: Es herrschte Liebe unter ihnen. Ich weiß nicht mehr genau wann, aber die Methodistenkirche hatte eine Evangelisation, bei der Mary Monsen, eine norwegische Missionarin, die Hauptpredigerin war. Das Thema ihrer Predigt war „Sie müssen wiedergeboren werden". Viele der Mitglieder von Pastor Hongs Kirche nahmen an der Evangelisation teil und empfingen voll Freude ihre Rettung. Weil sie so sehr beeindruckt waren, überredeten sie ihren Pastor, auch hinzugehen.

„Pastor, Pastor! Sie haben eine Evangelisation. Lasst uns zusammen hingehen und zuhören! Es ist wirklich sehr gut."

Pastor Hong lehnte ihren Vorschlag ab, weil er kein Interesse daran hatte. Aber er konnte dem Druck seiner Gemeindeglieder nicht widerstehen, also setzte er sich am letzten Tag dazu, in Alltagskleidung, mit ein bisschen Verspätung, damit er nicht auffiel.

Die Missionarin predigte über die Sündenvergebung, ein Thema, über das er natürlich Bescheid wusste, denn er hatte ja Theologie studiert. Aber seine Gemeindemitglieder in der Evangelisation hörten der Predigt ganz anders zu, als wenn er über dieses Thema predigte. Sie waren tief in die Worte versunken. Irgendwann war die Evangelisation zu Ende. Die Missionarin stand am Ausgang der Kirche und fragte die Leute, als sie herauskamen, einen nach dem anderen: „Sind Sie neu geboren?" Der Pastor hatte keine echte Erfahrung der Wiedergeburt erlebt, obwohl er Pastor war. Er wusste nicht, was er antworten sollte, wenn sie ihn fragen würde, ob er neu geboren sei. Während er zögerte, wurde die Schlange vor dem Ausgang kürzer und kürzer. Jetzt beeilte er sich, hinauszukommen, damit er nicht der Letzte wäre und länger bei der Missionarin stehen bleiben müsste. Doch gegen seinen Willen wurde er von ihr abgefangen. Sie gab ihm die Hand und fragte ihn, ohne zu wissen, dass sie einen Pastor vor sich hatte: „Wie geht es Ihnen? Sind Sie wiedergeboren?" Er musste mit ja antworten, weil einige seiner Gemeindeglieder und Angehörige der Gastgebergemeinde um ihn herum standen. Die Missionarin nahm ihn bei der Hand und sagte: „Oh Herr! Hab vielen Dank, Gott! Halleluja! Ich bin froh, einem neu geborenen Christen zu begegnen. Lobet den Herrn! Übrigens: Wann wurden Sie neu geboren?" Er wich aus und antwortete: „Es war vor einiger Zeit." Nachdem dies geschehen war, begann der heilige Geist im Herzen des Pastors zu arbeiten. Er sagte zu ihm: „Du bist ein Lügner. Du hast mindestens zweimal gelogen."

Meine Lieben, wenn der heilige Geist in uns arbeitet, können wir erkennen, wer wir wirklich sind. Normalerweise merken wir gar nicht, wie abscheulich wir sind, bis der heilige Geist in uns wirkt. Wenn der heilige Geist in uns arbeitet, entdecken wir, dass wir Sünder sind. Pastor Hong erkannte, dass er nichts als ein Sünder war. „Herr, sei mir gnädig, denn ich bin ein Sünder." In seinem Herzen wusste er, dass er nur ein Sünder war, der vernichtet werden muss. Und er konnte ganz leicht neu geboren werden. Nachdem er nach Korea kam, hat er viele Bücher geschrieben. Ich bin nicht sicher, ob seine Bücher noch erhältlich sind, aber eines davon heißt: „Der Weg zur Erlösung".

Meine Lieben! Wenn Sie andere Leute fragen, ob sie wiedergeboren sind, regen sie sich normalerweise auf, nicht wahr? Warum? Ab und zu kommen Pastoren und fragen mich etwas über den Glauben. Dann frage ich immer, ob sie neu geboren sind. Bezeichnenderweise bekomme ich immer zwei Reaktionen: Entweder regen sie sich sehr auf, oder sie freuen sich sehr. Obwohl es keine Beleidigung ist, zu fragen, ob jemand neu geboren ist, hasst es einer, der nicht wiedergeboren ist, wenn ihm jemand diese Frage stellt. Die Neugeborenen dagegen freuen sich sehr, die Frage zu beantworten. Das ist der Unterschied.

Meine Lieben, als der Mann, der unter die Räuber fiel, erkannt hatte, dass er selbst gar nichts tun konnte, musste er sich aufgeben, so dass jeder mit ihm machen konnte, was er wollte. In diesem Moment kam der Samariter und tat, was er vorhatte. Er wurde auf die Art des Retters gerettet, nicht auf seine eigene. Nach einer Weile fand er sich in einer Herberge wieder. Der Samariter hatte dem Wirt zwei Silbergroschen gegeben. Damals war ein Silbergroschen ein Tagelohn oder der Lebensunterhalt für einen Tag. Zwei Silbergroschen sind also zwei Tage. Der Herr sagt, ein Tag sind für ihn tausend Jahre, und tausend Jahre wie ein Tag. Das ist sein Versprechen, dass er ungefähr nach 2000 Jahren wieder kommt, um uns zu holen. Ich weiß nicht genau wann, aber ich glaube an seine Wiederkehr. Er kommt in einer Wolke, um uns mitzunehmen. Sind Sie bereit, vor ihm zu bestehen? Ist all Ihre Sünde so reingewaschen, dass sie weiß ist wie Schnee? Sind Sie wirklich erlöst? Sind Sie wirklich neu geboren? Können Sie mit Jesus emporgehoben werden? Wir haben diese Evangelisation für Sie organisiert. Wir haben nur noch zwei Tage übrig. Bitte schieben Sie es nicht auf bis morgen. Machen Sie Ihre Herzen demütig, und brechen Sie Ihre Meinung. Kommen Sie bitte zu Gott und sagen Sie: „Herr, rette mich heute Abend. Ich bin ein Sünder, sei mir gnädig." Ich wünsche mir, dass heute der Tag ist, an dem Ihre Namen im Buch des Lebens aufgeschrieben werden. Der Tag, den wir nie vergessen können, so wie es in dem Lied heißt: „Oh! Glücklicher Tag. Oh! Glücklicher Tag, an dem Jesus meine Sünde gewaschen hat."

Schließen Sie bitte Ihre Augen und senken Sie den Kopf. Meine Lieben, wie wurde der Mann, der unter die Räuber fiel, gerettet? Er wurde gerettet, nicht, weil er selbst etwas getan hat, sondern gerade weil er gar nichts tun konnte. Sind Sie ein Sünder? Sind Sie schlecht? Sind Sie böse? War nicht jeder Versuch, sich von der Sünde loszusagen, erfolglos? Ich glaube, der Herr wird heute Abend alle erretten, die gar nichts tun können. Wenn einer von Ihnen jetzt denkt: „Herr, ich bin ein Sünder. Gott, bitte rette mich. Bitte erlöse mich von der ewigen Sünde", so heben Sie bitte still Ihre Hand.

8

Gottes Kraft auf Simson

Ich bin sehr dankbar dafür, dass ich einige Tage lang mit Ihnen in dem kostbaren Wort Gottes bleiben konnte. Gestern Abend nach der Predigt habe ich die Zeugnisse von einigen Leuten gehört. Ich konnte Gott wirklich danken, und in meinem Herzen wurde mir ganz warm, als ich gesehen habe, dass Sie, die sehr unter Ihren Sünden gelitten haben, durch diese Evangelisation wiedergeboren wurden und sich darüber sehr gefreut haben. Ich habe zwar nicht von Ihnen allen Ihr Zeugnis gehört, aber ich glaube, dass auch Sie das sagen könnten: „Diese Evangelisation ist unvergesslich, weil ich durch sie die Sündenvergebung empfangen habe und meine Seele aus der Sünde befreit wurde." Ich möchte alle Ehre nur dem liebenden Herrn geben, weil ich ganz genau weiß, dass all diese Dinge durch Gott geschehen sind, der die Bürger von Busan liebt.

Heute Morgen werde ich darüber sprechen, wie wir leben sollten, nachdem wir gerettet wurden. In den meisten Fällen stehen frisch verheiratete Paare unter Spannung. Nachdem sie eine Weile unter dieser Spannung gelebt haben, werden sie schließlich oft streiten. Das passiert deshalb, weil die Männer ihre Frauen nicht gut kennen und umgekehrt. Aber wenn ein paar Jahre vergangen sind, werden sie einander verstehen, und die anfängliche emotionale Liebe verwandelt sich in eine tiefe Liebe, und ihre Familie wird glücklich. Ich möchte darüber sprechen, wie wir mit Jesus ebenfalls ein glückliches Leben führen können, nachdem wir aus der Sünde gerettet wurden und Jesus mit unserem Herzen angenommen haben.

Lassen Sie uns Richter 15, 13 aufschlagen:

„Sie antworteten ihm: Nein, sondern wir wollen dich nur binden und in ihre Hände geben und wollen dich nicht töten. Und sie banden ihn mit zwei neuen Stricken und führten ihn aus der Felsenkluft hinauf. Und als er nach Lehi kam, jauchzten die Philister ihm entgegen. Aber der Geist des Herrn geriet über ihn, und die Stricke an seinen Armen wurden wie Fäden, die das Feuer versengt hat, so dass die Fesseln an seinen Händen zerschmolzen. Und er fand einen frischen Eselskinnbacken. Da streckte er seine Hand aus und nahm ihn und erschlug damit tausend Mann. Und Simson sprach: Mit eines Esels Kinnbacken hab ich sie geschunden; mit eines Esels Kinnbacken hab ich tausend Mann erschlagen. Und als er das gesagt hatte, warf er den Kinnbacken aus seiner Hand, und man nannte die Stätte Ramat-Lehi. Als ihn aber sehr dürstete, rief er den Herrn an und sprach: Du hast solch großes Heil gegeben durch die Hand deines Knechts; nun aber muss ich vor Durst sterben und in die Hände der Unbeschnittenen fallen. Da spaltete Gott die Höhlung im Kinnbacken, dass Wasser herausfloss. Und als er trank, kehrte sein Geist zurück, und er lebte wieder auf. Darum heißt der Ort „Quelle des Rufenden"; die ist in Lehi bis auf den heutigen Tag. Und er richtete Israel zu den Zeiten der Philister zwanzig Jahre."

Es lebte einmal im alten koreanischen Königreich ein Premierminister. Er war ein so treuer Diener, dass er sich für seine eigene Familie kaum Zeit nahm und sich nur für das Land, den König und das Volk aufopferte. Er verwendete sogar einen großen Teil seines Lohnes für das Land und nicht für seine Familie, deshalb lebte diese sehr bescheiden. Viele seiner Minister verehrten den Premierminister sehr wegen seiner Treue zum König und Volk, und sogar der König kümmerte sich um diese Familie, indem er Diener zu ihr schickte, die ihm von ihrem Leben berichten mussten.

Er wurde zwar von allen Leuten geliebt, aber er war trotzdem nicht glücklich, denn er hatte kein Kind. Auch der König sorgte sich darum und schickte der Frau oft gute Medizin in der Hoffnung, dass sie dadurch ein Baby haben würden. Aber es passierte nichts. Das Ehepaar verbrachte viele Jahre einsam, ohne Kind. Aber als er fünfzig Jahre alt war, wurde seine Frau doch noch schwanger. Über diese Nachricht freuten sich der König und alle Minister sehr. Der König gab der Frau besondere Mägde und viel Essen für ihre Gesundheit, weil sie bis dahin so arm gelebt hatten. Als die Zeit vergangen war, gebar sie endlich einen Jungen. Wie glücklich alle waren! Der Premierminister freute sich so sehr, dass er immer sofort nach dem Dienst nach Hause kam, um seine Zeit mit seinem Sohn zu verbringen, und er war überglücklich, dass sein Sohn so gut gedieh wie ein Kürbis auf dem Feld.

Aber dann gab es ein Problem. Der Sohn des Premierministers, auf den sich die Verwandten, der König und alle Leute im Palast konzentrierten, wurde von den anderen Kindern immer geschlagen, wenn er draußen spielte. Alle guten Sachen, die er dabei hatte, wurden ihm weggenommen, und er kam immer weinend nach Hause. Deshalb ging das Gerücht um, dass er vielleicht geistig etwas behindert wäre. Als der Premierminister sehr alt war, war der Sohn in einem Alter, in dem man normalerweise ans Heiraten denkt. Immer wenn er an seinen Sohn dachte, konnte der Premierminister nicht einschlafen vor lauter Sorge: „Wie wird mein Sohn in Zukunft unsere Familie führen können?"

Eines Tages fasste er einen wichtigen Entschluss. Früh am Morgen schickte er seine Knechte aus, um einen berüchtigten Gangster zu holen, der so brutal und wild war, dass das Gefängnis schon zu seinem Zuhause geworden war. Als dieser die Nachricht erhielt, dass der Premierminister ihn sehen wollte, war er sehr ängstlich, kam zitternd, legte sich mit dem Gesicht auf den Boden und erwartete eine harte Strafe, weil er viele böse Dinge getan hatte.

Aber der Premierminister kam und sagte: „Was machst du denn da? Ich habe dich als Gast eingeladen, bitte komm herein!" Der Gangster war verlegen und wusste nicht, was er tun sollte. Der Premierminister sagte noch einmal: „Ich bitte dich, hereinzukommen!" Der Gangster saß mit dem Premierminister am Frühstückstisch und dachte: „Ach, er will mich nach dem Essen hinrichten lassen, weil ich so viel Böses getan habe!" Wegen diesem Gedanken konnte er das köstliche Frühstück gar nicht genießen.

„Junger Mann, es geht nicht um andere Dinge, sondern ich habe eine Bitte an dich, deshalb habe ich dich heute Morgen eingeladen. Könntest du mir einen großen Gefallen tun?"

„Egal was Sie sagen, ich werde es tun. Ich werde mein Bestes geben, auch wenn ich dabei mein Leben riskiere."

„Ich war so beschäftigt, dass ich nicht genug Zeit hatte, um mit meinem Sohn durch ganz Korea zu reisen. Ich werde bezahlen, egal wie viel es kostet. Könntest du mit ihm für drei Monate verreisen?"

Der Gangster dachte dabei: „Was für ein Glück!"

„Aber ihr dürft nur ein Pferd mitnehmen, um den Regierungshaushalt nicht zu belasten", sagte er und gab ihm ein Pony, auf dem nur eine Person reiten konnte.

Der Gangster verabschiedete sich vom Premierminister: „Auf Wiedersehen, Herr!", und zu dem Sohn sagte er: „Steigen Sie auf!" Er hielt die Zügel und ging zu Fuß. Nach einer Weile, als er sicher war, dass sie außer Sichtweite waren, sagte er zu dem Sohn:

„Herr!"

„Was gibt's?"

„Ihre Beine sehen sehr kräftig aus."

„Ja, ich kann auch ohne Probleme 10 Meilen gehen."

„Wirklich? Aber, Herr, ich bin schwach und meine Beine sind nicht stark, deshalb muss ich hinken."

„Tatsächlich? Ich wusste nicht, dass deine Beine so schwach sind!"

„Was meinen Sie dazu, wenn Sie die Zügel halten und ich reite?"

„Ja, in Ordnung!"

Von diesem Moment an ging der Sohn zu Fuß und hielt das Pony am Zaum, und der Gangster ritt. Nach einer Weile begann der Junge Schmerzen in seinen Beinen zu spüren, und seine Füße waren geschwollen.

„Können wir wieder wechseln?"

„Sie sind doch der Sohn des Premierministers, und als solcher müssen Sie Ihr Wort halten, dass Sie 10 Meilen gehen können!"

„Ja, du hast Recht, meine Füße sind stark, und ich habe kein Problem. Du darfst weiter reiten."

Auf diese Weise betrog der Gangster den Sohn sehr listig. Immer wenn sie aßen, ließ der Gangster nur Reste für den Jungen übrig. Der Sohn wurde zwar sehr gelobt, aber er konnte langsam die Schmerzen in seinen Beinen nicht mehr aushalten und wusste nicht, wie er mit dem innerlichen Murren fertig werden sollte. Deshalb bat er trotz seiner Würde:

„Nun lass mich endlich reiten!"

„Ach, Herr!"

„Nein, ich will jetzt reiten!"

„Herr ...!"

Der Sohn wurde wütend. Als sie ein Drittel der Reise hinter sich gebracht hatten, fing er an, mit dem Gangster zu streiten: „Ich esse diesmal zuerst, du später!" Aber weil der Gangster viel listiger war als der Sohn, versuchte dieser zwar, gegen ihn zu kämpfen, aber es klappte nicht, und der Gangster machte immer, was er wollte. Mit der Zeit wurde das Murren des Sohnes immer größer. Obwohl er viel überlegte und auf die eine oder andere Weise versuchte, gegen den Gangster anzukommen, zog er immer den Kürzeren. Der Sohn sagte zu sich: „Wenn wir nach Hause zurück kommen, werde ich mich rächen. Mein Vater ist an allem schuld. Ich verstehe nicht, warum er von den vielen Menschen ausgerechnet so einen schlechten für mich ausgesucht hat. Wie kann ein so dummer Mann wie mein Vater unser Land regieren?"

Der Sohn begann sich nun langsam nicht mehr nur um sich, sondern auch um das Land zu sorgen. Als die Hälfte der Reise vorüber war, fing er an, richtig mit dem Gangster zu streiten.

Beim Essen sagte er: „Geh weg, ich will jetzt essen!" So stritt er heftig und nahm das Essen für sich.

Als sie näher nach Hause kamen, änderte der Gangster sein Verhalten:

„Herr, essen Sie zuerst!"

„Natürlich, du darfst nicht essen. Du hast mich bisher sehr geärgert! Ich werde dir nicht vergeben, obwohl du dich ein bisschen geändert hast."

„Ja Herr, reiten Sie jetzt."

„Du merkst wohl auch, dass wir beinahe zu Hause sind."

„Herr, sind Sie böse auf mich?"

„Halt den Mund!"

So gingen sie nach Seoul. Schließlich beendeten sie ihre lange Reise. Als sie ins Haus traten, wurden sie von der Familie sehr herzlich willkommen geheißen. Der Sohn ging zu seinem Vater:

„Vater, wir sind heimgekommen."

„Ich freue mich! Hattet ihr eine gute Reise?"

„Ja, Vater. Aber ich möchte dir etwas sagen."

„Was willst du mir sagen?"

„Ich weiß, dass es sich nicht gehört, seinem Vater so etwas zu sagen, aber ich möchte wissen, wie du die wichtigen Angelegenheiten unseres Landes regeln kannst."

„Ich verstehe nicht, wovon du redest."

„Du hast mir einen Gangster als Begleiter für meine Reise gegeben. Wie konntest du aus den unzähligen Männern, die es gibt wie Sand am Meer, den schlimmsten der ganzen Welt für mich herauspicken und mich die ganze Reise unter ihm leiden lassen? Ich kann mir nicht vorstellen, wie du dieses Land regieren kannst! Ich habe Mitleid mit dem König, der dir vertraut."

Dem Premierminister standen die Tränen in den Augen. „Ja,

du bist mein Sohn! Wie ich schon immer geglaubt habe, warst du nur verwöhnt. Du bist nicht dumm!"

Meine Lieben, wir können uns vorstellen, wie glücklich der Vater war. Ohne diese schlimme Erfahrung wäre der Junge sein ganzes Leben lang dumm geblieben.

Nun, meine Lieben, bitte heben Sie Ihre Hand, wenn Sie in dieser Evangelisation gerettet wurden. Viele haben ihre Hände gehoben. Halleluja! Hören Sie zu! Wissen Sie, was mit Ihnen geschehen ist, als Sie erlöst wurden? Da gibt es viele Dinge, über die ich gerne sprechen würde. Die letzten 25 Jahre habe ich in Evangelisationen über die Sündenvergebung gepredigt. Ich sehe, dass einige unter den wiedergeborenen Christen in Jesus freudig ein gesegnetes Leben führen, andere dagegen trotz ihrer Rettung nicht mit Jesus wandeln. Heute möchte ich über dieses Thema sprechen.

Als Sie von Ihren Sünden gerettet wurden, wurde die Mauer zwischen Ihnen und Gott abgerissen, und der heilige Geist kam in Ihr Herz, egal ob Sie das gemerkt haben oder nicht. Deshalb können Sie durch den heiligen Geist leben. Bei uns ist es genauso wie bei dem Sohn des Premierministers, der zwar die Fähigkeit und Weisheit hatte, sie aber nicht benutzte und dadurch dumm blieb. Wir haben den heiligen Geist in unserem Herzen, aber wenn wir nicht durch den heiligen Geist, sondern durch menschliche Methoden leben, werden wir genauso ein Leben führen wie die, die keinen heiligen Geist haben.

Lassen Sie uns annehmen, ich habe ein tägliches Einkommen von 1 Million DM. Das ist zuviel für mich, ich allein kann das nicht alles ausgeben. Zufällig treffe ich zwei Bekannte, die arm sind.

„Was ist passiert, wodurch sind Sie so arm geworden?"

„Pastor, auf die und die Weise wurde ich so arm."

„Okay, ich werde Ihnen helfen. Herr A, ich werde Ihnen jeden Tag 10.000 DM geben, und Ihnen, Herr B, auch die gleiche Summe. Ich werde diesen Betrag jeden Tag auf Ihr Konto über- weisen. Bitte, nutzen Sie das Geld, wie es Ihnen gefällt."

Beide Männer halten mich an meinen Händen und weinen:

„Pastor, wir danken Ihnen, vielen Dank!"

Herr A eilt mit seinem Sparbuch heim und träumt schon von der Zukunft: „Ein Tag 10.000, zwei Tage 20.000, drei Tage ..., vier Tage ... Ach, ich bin reich! Schätzchen, komm und sieh nach, wie viel Geld wir im Haus haben!"

„Nur 100 DM."

Sie gehen in ein Geschäft und kaufen für ihr ganzes Geld einen Tresor. Dann packen sie ihn mit einer Plastiktüte gut ein und graben im Schlafzimmer ein Loch und legen ihn hinein. Immer wenn sie sich darauf legen, denken sie: „Unter uns liegt unser Sparbuch, jeden Tag werden wir um 10.000 DM reicher – wunderbar!!"

Herr B kommt heim und sagt zu seiner Frau: „Schätzchen, mach dir von jetzt an keine Sorgen mehr. Bis jetzt habe ich dich viel leiden lassen, aber ab heute wirst du es gut haben."

Ungefähr zehn Tage später holt er Geld von seinem Konto. Mit 100.000 DM kauft er ein Auto, Möbel, Kleidung und Schuhe. Aber das ist noch nicht alles. „Kinder, springt ins Auto, wir gehen in die Kaufhäuser. Sagt mir, was ihr gerne haben möchtet!"

„Ein Klavier, eine Geige ..."

Weil sie mehr als genug Geld haben, können sie sich ein Haus kaufen, und die Kinder tragen gute Kleidung, gute Schuhe, gute Taschen usw., und vieles ändert sich bei ihnen.

Ungefähr einen Monat später besuche ich Herrn B in seinem

Haus, weil ich sehen will, wie er nun lebt. Das Namensschild ist richtig, aber ich kann kaum glauben, dass das wirklich sein Haus ist. Ich werde von einem Pförtner aufgehalten:

„Wo wollen Sie hin?"

„Mein Name ist Park und ich möchte Herrn B besuchen."

„Das ist nicht möglich, er ist viel zu beschäftigt!"

„Könnten Sie ihm bitte sagen, dass ich hier bin?"

„Mein Herr, es tut mir leid, wenn ich Sie störe, aber hier ist ein Mann namens Park, der darauf besteht, Sie zu treffen. Was soll ich tun?"

„Waas? Pastor Park? Bringen Sie ihn sofort herein, ihm verdanke ich alles, was ich habe."

Sein Haus ist wirklich großartig. Es hat einen riesigen, gepflegten Garten, ein Schwimmbecken, einen Tennisplatz usw. Sein Leben hat sich vollkommen geändert. Das Essen, die Kleidung, die Geräte, einfach alles. Herr B eilt auf mich zu und sagt: „Alles habe ich Ihnen zu verdanken!" Ich verbringe einen sehr glücklichen Tag mit ihm.

Am nächsten Tag besuche ich Herrn A. Nach vielem Fragen kann ich endlich seine Wohnung finden. Er lebt mit seiner großen Familie in einem Ein-Zimmer-Appartement. Als ich an seine Tür klopfe, grüßt er mich überschwänglich: „Pastor, herzlich willkommen! Sie geben uns jeden Tag 10.000 DM. Wir wissen nicht, wie wir Ihnen danken sollen!" Ihr Leben ist mit den 10.000 DM, die ich ihnen jeden Tag gegeben habe, genauso wie vorher: Dieselbe Wohnung, dieselbe Kleidung, das gleiche Essen ...!

„Herr A, haben Sie das Geld nicht bekommen?"

„Sicher habe ich es bekommen!"

„Wo ist es?"

„Es ist so wertvoll, dass ich es sorgfältig eingepackt und vergraben habe."

Mit derselben Gnade wird der eine total geändert, während der andere so bleibt wie er ist.

Wir müssen lernen, wie wir nach der Wiedergeburt unser Glaubensleben führen sollen. Wenn Sie in der Gnade des Herrn leben, ist es nicht möglich, dass Ihr Leben nicht geändert wird. Aber, meine Lieben, wenn Sie diese Tatsache nicht kennen, können Sie, obwohl Sie die Gnade bekommen haben, werden wie ein Hund, der frisst, was er erbrochen hat, oder wie ein Schwein, das zurück in eine Jauchegrube geht, nachdem es gewaschen wurde. Deshalb ist es wichtig zu wissen, wie wir die Gnade, die Gott uns gegeben hat, genießen können, nachdem wir von der Sünde erlöst wurden und Jesus angenommen haben.

Bevor ich zum Wehrdienst ging, wurde ich darauf trainiert, als Missionar im Ausland zu arbeiten. Wenn ich in ein unterentwickeltes Land gehen würde, müsste ich sogar Würmer essen. Deshalb wurde ich trainiert, jedes Essen zu essen, überall schlafen zu können usw. Dieses Training musste ich abbrechen, weil ich zum Wehrdienst einberufen wurde. Kurz vor der Entlassung aus der Armee hat der heilige Geist mich deutlich geführt: „Geh nicht ins Ausland, sondern verkünde das Wort über die Sündenvergebung in Korea." Seitdem öffnete er jeden Tag einen wunderbaren Weg für mich und hat mich dazu gebracht, heute vor Ihnen zu stehen.

Nachdem ich aus der Armee entlassen war, wusste ich nicht, wie ich damit beginnen sollte, das Evangelium zu verkünden. Ich wollte es in Kimcheon verkünden. Obwohl ich kein Geld, keine Wohnung, gar nichts hatte, gab Gott mir den Glauben: „Gott ist mit mir. Er wird meine Sache führen." Am 8.6.1968 wurde ich aus der Armee entlassen und wollte ohne Geld nach

Kimcheon gehen, um zu evangelisieren. Damals fand eine Evangelisation in Seoul statt. Ich wurde gebeten, den Kindern, die mit ihren Eltern in die Evangelisation kamen, etwas aus der Bibel beizubringen. Mit Freude ging ich dorthin. Eine Woche lang habe ich den Kindern das Evangelium gepredigt. Danach habe ich 3.500 Won Honorar bekommen. In der Armee hatte ich pro Monat 360 Won, also waren diese 3.500 Won für mich ein ganzes Jahreseinkommen. In dieser Zeit war das also sehr viel Geld für mich, und ich dachte, dass ich damit ein Gebäude in Kimcheon mieten könnte. Ich hatte vor nichts Angst, weil Jesus mit mir war. Ich konnte seiner Führung gut folgen, egal ob ich aß oder hungerte ... Ich ging in die Stadt und sah mich nach einer Wohnung um, die ich mieten konnte. Ich fand eine, aber der Vermieter verlangte 70.000 Won Kaution. Ich habe die ganze Stadt abgesucht. Es gab viele Gebäude wie Bars, Billardhallen und alle Sorten von Geschäften. Ich suchte weiter mit diesem Gebet: „Vater, die Götter dieser Welt geben ihren Leuten schöne Gebäude wie diese. Warum gibst du deinem Kind nicht ein Gebäude, das ich für das Evangelium brauche? Bitte, gib mir eins!" Trotzdem konnte ich keins finden. Ziemlich lange bekam ich keine Antwort auf meine Gebete, was ungewohnt für mich war, weil der Herr, seit ich von meinen Sünden gerettet wurde, meine Gebete stets beantwortet hatte. Viele verschiedene Gedanken gingen mir durch den Kopf: „Was soll ich tun? Vielleicht möchte er nicht, dass ich in dieser Stadt arbeite?" Aber ich ging weiter ohne Geld nach Kimcheon, um eine Wohnung zu mieten, wenn ich Zeit hatte. Als ich eines Tages auf dem Heimweg war, traf ich im Bus einen Ausländer, der ca. 10 Jahre älter war als ich. Ich begann eine Unterhaltung:

„Was sind Sie von Beruf?"

„Ich bin Missionar."

„Wohin gehen Sie?"

„Ich reise."

„Was ist das für eine Reise?"

„Ich will mir nur einiges ansehen."

„Was? Sie missionieren nicht und reisen nur herum mit dem kostbaren Geld Ihrer Gemeinde? Ich möchte gern die Arbeit Gottes tun, aber weil ich kein Geld habe, kann ich nicht ..."

Ich schimpfte sehr mit ihm. Aber erstaunlicherweise sagte er:

„Herr Park!"

„Ja?"

„Darf ich bei Ihnen übernachten?"

„Gerne, kommen Sie mit!"

Ich lebte damals in einem wirklich abgelegenen Dorf, wo ich vor dem Wehrdienst für den Missionsdienst trainiert worden war. Dort gab es noch nicht einmal einen Brunnen und keinen einzigen Einwohner, der eine Zahnbürste hatte. Wir tranken aus einem Bach. Der Missionar musste nun auch aus dem Bach trinken, und dadurch bekam er Durchfall. Er litt sehr darunter und sagte schließlich: „Herr Park, wenn ich sterben sollte, schicken Sie meinen Leichnam bitte zu meiner Frau." Jedenfalls blieb er eine Woche bei mir. Bevor er ging, sagte er:

„Herr Park, ich möchte für ein Jahr bei Ihnen leben, wenn Sie es erlauben."

„Ich habe nichts dagegen. Aber wir ziehen bald nach Kimcheon und möchten dort Gottes Arbeit tun. Mieten Sie auch eine Wohnung in Kimcheon."

Nach einigen Tagen kam er wieder und sagte:

„Herr Park, hören Sie mir zu: Ich bringe Ihnen 350.000 Won, die Gott mir gegeben hat. Ich glaube, Sie brauchen dieses Geld, um Ihre Arbeit in der Stadt aufzubauen. Das ist nicht von mir.

Ich bitte Sie, es anzunehmen." Er machte sich Sorgen, dass ich die Annahme verweigern könnte.

„Okay, ich habe es nicht von Ihnen bekommen. Sie haben es Gott gegeben, und Gott hat es mir gegeben. Sie haben mir überhaupt kein Geld gegeben."

„Ja, ich habe Ihnen überhaupt kein Geld gegeben."

Gott hat mir wunderbarerweise 350.000 Won gegeben. Ich habe bis jetzt niemals irgendeinen Menschen um Hilfe gebeten, während ich die Arbeit Gottes mache. Meine Lieben, ich kann nicht die vielen Wunder erzählen, die der Herr für mich getan hat, ohne zu weinen. Wir sind ja die Kinder Gottes, die von der Sünde gerettet sind, deshalb erhört er all unsere Gebete.

Ich hatte damals gar keine Ahnung von den aktuellen Preisen, weil ich gerade aus der Armee gekommen war. Zu dieser Zeit konnte man für ca. 350.000 Won ein gutes Haus in der Stadt kaufen. Aber das wusste ich nicht und mietete mit 200.000 Won Kaution ein Haus. Die restlichen 150.000 Won gab ich für verschiedene Dinge für das Evangelium aus. Es ist nicht so, dass diejenigen, die an Gott glauben, nicht auf Schwierigkeiten treffen. Trotzdem werden sich alle Dinge zum Guten wenden. Ich war damals immer damit beschäftigt, überall Evangelisationen zu führen. Eines Tages erzählte mir eines unserer Gemeindemitglieder, dass der Hausbesitzer verschwunden war, nachdem er sich auf sein Haus eine große Summe geliehen und dann Konkurs gemacht hatte. Einen Monat später kam der Bankdirektor zu mir und sagte, wir sollten das Haus so schnell wie möglich räumen, weil es jetzt der Bank gehörte. Ich war hilflos, weil ich kein anderes Gebäude hatte, in das ich umziehen konnte. Ich habe zu Gott gebetet: „Vater, ich habe so einen Fehler gemacht, weil ich mich nicht gut auskenne. Was soll ich machen? Ich habe keinen Platz, wo ich hingehen kann.

Ich glaube nicht, dass du willst, dass dein Knecht unter einer Brücke wohnen muss. Bitte, gib mir ein Haus!"

Es kam keine Antwort. Eines Tages, mitten im Gebet, bekam ich einen Gedanken: „Bete nicht nur, sondern geh, um ein Haus zu mieten!" Deshalb ging ich in die Innenstadt und fand ein Gebäude. Im 2. Stock gab es einen großen Saal mit vielen Zimmern. Der Vermieter verlangte 200.000 Won Kaution. Es gefiel mir sehr, aber ohne Geld konnte ich nichts tun. Inzwischen war der Bankmanager einige Male bei mir vorbeigekommen, um mit mir zu reden, aber er hat mich jedesmal verpasst, da ich immer unterwegs zu Evangelisationen war. Da es sehr schwer war, mich zu treffen, kam er eines Tages ganz früh morgens, als ich gerade wieder zu einer Evangelisation gehen wollte.

„Es ist sehr schwer, Sie zu treffen!"

„Ich war sehr beschäftigt, und jetzt muss ich auch schon wieder weg."

„Ein kleiner Moment sollte möglich sein!"

„Ich bedaure wirklich."

„Dann gibt es keine andere Möglichkeit. Ich komme mit Ihnen."

Ich stieg in einen Bus ein, er auch.

„Herr Park, Bankmanager ist kein leichter Job. Ich habe leichtfertig Geld verliehen, ohne mich über den Hausbesitzer zu erkundigen. Es tut mir wirklich leid."

Während er redete, wusste ich nicht, ob ich ihm sagen sollte, dass ich Christ bin, weil die Leute normalerweise härter werden, wenn sie mit Christen Geschäfte machen. „Wie wäre es, wenn ich nicht sage, dass ich an Jesus glaube, und einfach nicht ausziehe? Aber ich habe ja zu Gott gebetet, Gott muss dieses Problem lösen. Kann ich es selbst lösen?? Ist es nicht doch richtig, zu sagen, dass ich an Gott glaube? Ja! Wenn ich es nicht schaffe und nur Gott dieses Problem lösen kann, muss ich es sagen." So habe ich mich entschieden.

„Herr Manager, ich bleibe in diesem Haus. Nicht, weil ich meine 200.000 Won nicht bekommen habe, sondern weil ich kein anderes Haus habe, in das ich umziehen kann. Ich habe diese Sache schon meinem Chef gemeldet, und jetzt warte ich auf seine Antwort. Sobald ich von ihm höre, werde ich ausziehen."

„Wer ist Ihr Chef?"

„Er ist wirklich ein guter Chef. Es ist Jesus Christus."

Er fragte mit aufgerissenen Augen: „Sind Sie ein gläubiger Christ?"

„Ja."

Ich erzählte ihm mein Zeugnis, wie Jesus mir bis dahin geholfen hatte. Er ergriff meine Hände und sagte: „Herr Park, ich habe überhaupt keinen Glauben. Aber was Sie gerade erzählt haben, hat mich sehr berührt. Beten Sie weiter und lösen Sie das Problem so bald wie möglich."

Ich habe zwar weiter gebetet, machte mir aber immer noch Sorgen. Während ich die Evangelisation leitete, konnte ich dieses ganze Problem vergessen. Aber sobald ich heim kam, fiel ich wieder in Sorge. Eines Tages ging ich auf den Dachboden, schloss die Tür zu und betete unabsichtlich laut weinend. Mitten im Gebet kam mir der Gedanke, dass ich zu dem Gebäude gehen sollte, das ich neulich gesehen hatte. Aber ich dachte dabei, dass es sicher schon vermietet wäre, weil es sehr billig war. Trotzdem ging ich hin und sah, dass das Schild „Zu vermieten" immer noch da war. Ich dachte: „Gott möchte mir dieses Gebäude geben." Obwohl ich gar kein Geld hatte, klingelte ich. Nur die Kinder waren zu Hause, deshalb sagte ich, dass ich am Abend wiederkommen würde, um den 2. Stock zu mieten.

Abends ging ich wieder hin und traf den Vermieter:

„Ich bin wegen des 2. Stocks gekommen."

„Ah, waren Sie heute Nachmittag hier?"

„Ja."

Ich habe angefangen zu erzählen: „Ich bin ein Diener Gottes. Ich kam in diese Stadt, um Gottes Wort zu verkünden. Aber durch einen Bürger dieser Stadt habe ich mein Geld verloren. Deshalb muss ich das Haus, in dem ich jetzt wohne, räumen, ohne die Kaution zurückzubekommen. Ich habe kein anderes Haus, in das ich umziehen kann. Für dieses Problem habe ich zwar seit einem Monat gebetet, aber ich weiß noch nicht, wie Gott mich führen wird. Doch ich habe das Gefühl, dass dies das Gebäude ist, das er mir gibt. Ich habe aber kein Geld. Wenn Sie möchten, können Sie es mir überlassen. Aber wenn nicht, dann tun Sie es eben nicht. Sie brauchen kein Mitleid mit mir zu haben. Mein Herr hat ganz gewiss ein Haus für mich vorbereitet." Ich habe ca. 30 Minuten lang erzählt. Danach dachte er ungefähr 5 Minuten nach. Dann öffnete er plötzlich wieder seinen Mund und sagte: „Ich bin ein Ältester einer Gemeinde dieser Stadt. Gott gab mir dieses gute Gebäude an der Hauptstraße. Wie kann ich nein sagen, wenn ein Knecht Gottes es benutzen möchte?" Ich war so glücklich, dass ich nicht mehr wusste, ob ich träumte oder wachte. Ausgerechnet in diesem Moment spielte seine Tochter Gemeindelieder auf dem Klavier, deshalb wusste ich nicht, ob ich im Himmel oder auf der Erde war. Gott ist wirklich ein lebendiger Gott! Ich war sehr dankbar und wusste nicht, wie ich meine Tränen zurückhalten sollte. Als ich dabei war zu gehen, hielt der Älteste meine Hände und sagte: „Wenn Sie kein Geld hinterlegen, wird es uns beiden unangenehm sein. Es ist mir egal wie viel, aber hinterlegen Sie so viel wie Sie können. Wie viel können Sie?" „80.000 Won." Dies kam unbewusst aus meinem Mund. Ich hielt mir noch schnell den Mund zu, aber es war schon zu spät. „Das reicht." Wir machten ab, dass ich eine Woche später einziehen würde.

80.000 Won war für mich eine Riesensumme. Wenn ich aber mit den Geschwistern darüber gesprochen hätte, hätten sie doch nichts anderes tun können, als sich Sorgen zu machen. Ich kniete nieder und betete: „Herr, ich weiß nicht, warum. Aber ich habe 80.000 Won gesagt. Bitte, kümmere du dich darum!"

Immer wenn ich draußen etwas hörte, dachte ich, es kommt jemand und bringt Geld. Einen Tag, zwei Tage, drei Tage ... Es passierte nichts. Am fünften Tag hörte ich, wie eine Frau kam, die zu sich sagte: „Es muss dieses Haus sein ..." Ich sah ein bekanntes Gesicht hereinkommen. Als ich ganz am Anfang ein Haus in Kimcheon mieten wollte, schloss ich einen Vertrag ab und zahlte 50.000 Won als Teil der Kaution an. Aber dieses Haus wurde der Bank übergeben, deshalb löste ich den Vertrag wieder auf. Der Hausbesitzer sagte mir zu, dass ich die 50.000 Won zurückerhalten würde. Ich habe dann mehrmals vergeblich versucht, ihn zu treffen. Eines Tages traf ich ihn endlich an, um ca. 23 Uhr. Er sagte zu mir: „Herr Park, ich habe kein Geld. Nehmen Sie unseren Schrank mit." Ich dachte, dass es unmöglich wäre, von ihm das Geld wiederzubekommen. Ich gab auf und vergaß die Sache.

Aber nun nach einem Jahr tauchte seine Frau plötzlich bei mir auf: „Herr Park, es tut mir so leid. Ich habe viele Schulden, deshalb kommen die Gläubiger jeden Tag zu mir. Ich weiß nicht warum, aber ich möchte Ihnen als erstem Ihr Geld zurückgeben. Heute habe ich zufällig 40.000 Won bekommen, und ich bin sofort zu Ihnen gekommen, bevor ein anderer Gläubiger sich das Geld schnappt. Nehmen Sie erst diese 40.000 Won. Später werde ich die restlichen 10.000 Won bringen." Ach, wie eng ist doch das Herz der Menschen! Warum habe ich nicht gesagt, dass sie mir die 10.000 Won nicht mehr bringen muss?! Ich sagte nur: „Vielen Dank, auf Wiedersehen!" Ich zählte mehr als hundert Mal, weinend einmal, nach dem Beten noch einmal und noch einmal ... Ich war ganz sicher, dass Gott diese 40.000 Won geschickt hatte und er den Rest auch noch geben würde.

An diesem Nachmittag ging ich zur Bank, um den Manager zu treffen.

„Herr Manager, Gott hat uns ermöglicht, umzuziehen. Wir werden übermorgen ausziehen. Sie können kommen und nachsehen."

„Herr Park, ich habe einen Sohn in Ihrem Alter. Es tut mir wirklich leid. Es schmerzt mich, weil das, was ich tue, Ihr junges Leben entmutigen könnte. Ich möchte später als Abgeordneter kandidieren. Bitte, denken Sie nicht schlecht über mich." Er ging zum Tresor, zählte das Geld und gab mir ein Bündel davon. „Herr Park, nehmen Sie es als kleine Entschädigung."

Ich war wirklich sehr dankbar. Er bot mir eine Tasse Tee an, bevor ich ging. Aber ich konnte nicht länger bleiben, weil mein Verlangen, das Geld zu zählen, das er mir gegeben hatte, unwiderstehlich war. Sobald ich um die Ecke gebogen war, zählte ich. Es waren 10.000 Won. Damals war das viel Geld. Obwohl ich immer noch 30.000 Won brauchte, konnte ich nichts anderes tun, als den Herrn zu loben. Ich wusste nicht, wie ich dem Herrn danken sollte, der immer in allem mit mir war.

Meine Lieben, während ich danach als Pastor arbeitete, erhielt ich viele Angebote von anderen Gemeinden, die mir mehr Gehalt zahlen wollten. Aber weil ich ein Knecht Gottes bin, habe ich die Gewissheit, dass Gott mich führt und alles, was ich brauche, vom Himmel kommt. Auch für diese Evangelisation habe ich ein Honorar abgelehnt, weil der Herr sich um mein

Leben kümmert.

Mir fehlten immer noch 30.000 Won. Ich hatte aber gar keine Sorge, obwohl ich nur noch zwei Tage Zeit bis zum Umzug hatte. Nach einer Weile klingelte das Telefon. Es war ein Freund von mir: „Ich habe zufällig mitbekommen, dass du Schwierigkeiten hast. Es tut mir so leid, dass ich keine große Hilfe sein kann. Ich habe gerade mein neues Geschäft aufgemacht, deshalb habe ich auch Schwierigkeiten mit dem Geld. Aber ich könnte dir mit 20.000 Won aushelfen. Wenn du kannst, zahle es später zurück, wenn nicht, lass es." Ganz unerwartet bekam ich von diesem Freund so eine große Summe geliehen. Nun fehlten mir noch 10.000 Won. Ich bat darum, dass alle Brüder, die mit mir in diesem Haus wohnten und arbeiteten, ihr Geld zusammenlegen sollten einschließlich der kleinsten Münzen. Sie haben alle ihre Taschen durchwühlt und sogar 10-Won-Münzen gegeben. Daraus wurden 8.000 Won. Jedenfalls haben wir dadurch schließlich die 80.000 Won zusammenbekommen.

Endlich kam der Tag des Umzugs. Es war der 19. April 1970, ein regnerischer Tag. Wie könnte ich jemals diesen Tag vergessen! Ich bat die Brüder, sich um den Umzug zu kümmern, und ging weg, um das Evangelium zu verkünden. Als ich nach dem Evangelisieren aus einem Haus kam, regnete es immer noch. Die Frau, die ich eben besucht hatte, sorgte sich um mich: „Es regnet ..." „Macht nichts, Jesus wurde sicher auch nass, wenn es regnete." Als ich durch den Regen lief, kam mir folgender Gedanke: „Herr, als du auf der Erde warst, hattest du kein Haus und keinen Raum für dich, nicht wahr? Du hattest kein zweites Gewand. Wie hast du dich vor der Nässe geschützt? Und wie hast du die kalten Winter verbracht? Die anderen Leute gingen abends zurück nach Hause, wenn es dunkel wurde, nachdem sie dein Wort gehört hatten, aber du gingst hinauf auf den Berg, um zu beten, ohne einen Platz zum Schlafen zu haben. Unter solchen Schwierigkeiten hast du gelitten, als du hier warst. Warum gedenkst du eines so schlechten Knechtes wie ich einer bin und gibst mir ein Haus?" Ich konnte die Tränen nicht unterdrücken. Seit ich von meinen Sünden befreit wurde, hat Jesus mich keinen Augenblick verlassen, hat sich um mich gekümmert und mich geschützt, in guten und schlechten Zeiten.

Natürlich hat der Herr auch für diese Evangelisation gearbeitet. Öffentliche Fernsehsender wie MBC senden keine Werbung für religiöse Veranstaltungen, weil sich sonst Angehörige anderer Religionen beschweren. Der Herr hat aber nicht nur gemacht, dass sie die Werbung für unsere Evangelisation akzeptierten, sondern auch, dass die Werbung zu der Kategorie der öffentlichen Bekanntmachungen zählt, was einen unglaublich günstigen Preis bedeutet. Viele Dinge wie Poster, Plakate usw. wurden mit der Hilfe des Herrn vorbereitet. Bei allem, was wir für die Vorbereitung der Evangelisation getan haben, konnten wir merken: „Gott freut sich sehr darauf, dass die Sündenvergebung den Menschen dieser Stadt verkündet wird. Gott wird diese Evangelisation führen, weil es ihm weh tut, wenn die Menschen unter Qual, Leid und Traurigkeit bleiben." Ich war Gott von ganzem Herzen dankbar. „Gott, ich danke dir, weil du einen schlimmen und dummen Menschen wie mich benutzt." Während dieser Evangelisation habe ich öfter vor Freude innerlich geweint: „Vater, vielen Dank!" Ich war auch sehr dankbar, als ich die Menschen nach vorne kommen sah, die von ihren Sünden befreit werden wollten, und als ich in der Gebetsstunde nach der Predigt von den Pastoren gehört habe, dass viele von ihnen gerettet wurden.

Wenn Sie von Ihren Sünden befreit und wiedergeboren sind,

ist Jesus immer bei Ihnen. Sie sind nie wieder allein. Ich bin sicher, dass er niemals unsere Hände loslassen wird, bis er uns über den Fluss des Todes zu seinem ewigen Königreich führen wird.

In diesem Frühjahr ist meine Großmutter gestorben. Ich war zuständig für die Beerdigung, weil mein Vater und mein älterer Bruder nicht mehr leben. Die Beerdigung fand an einem Dienstag statt. Aber genau von diesem Dienstag an musste ich auch eine Evangelisation führen. Am Montag bin ich von Seoul in die Heimatstadt gefahren, um die Beerdigung vorzubereiten. Aber in dieser Nacht konnte ich kaum schlafen, weil das alles ungewohnt für mich war. Nach dem Trauergottesdienst bin ich schnell zurück nach Seoul gefahren und ungefähr um 18 Uhr dort angekommen. In Eile habe ich zu Abend gegessen und anschließend gepredigt. In dieser Woche war ich sehr beschäftigt und müde. Am Samstag nach der Evangelisation wollte ich mich ein wenig ausruhen, aber ich konnte nicht, weil ich die Pastorenbibelstunde führen und die Gemeindemitglieder besuchen musste. Früh am Abend legte ich mich hin. Ungefähr um 19 Uhr bekam ich starke Bauchschmerzen. Es wurde so schlimm, dass ich es um ca. 22 Uhr nicht mehr aushalten konnte. Ich bat meine Frau, einen Bruder anzurufen, der mit seinem Auto herkommen sollte. Nach Mitternacht wurde ich in die Notaufnahme gebracht. Zu dieser Zeit war ich mal bei Bewusstsein, mal nicht. Zum ersten Mal in meinem Leben dachte ich: „Ich sterbe jetzt."

Weil es früh am Morgen war, untersuchte mich kein Facharzt, sondern Assistenzärzte. Vielmals fragten sie mich, der ich mich sterbenselend fühlte, nach den Symptomen. Als einer gefragt hatte und wegging, kam ein anderer und stellte wieder die gleichen Fragen. So musste ich sechs- oder siebenmal antworten. Obwohl ich wegen der starken Schmerzen ab und zu bewusstlos war, dachte ich: „Wenn ich noch einmal ins Krankenhaus muss, muss ich einen Kassettenrekorder mitnehmen." Jedenfalls zeigte das Röntgenbild, dass ich eine Darmverschlingung hatte, und sie führten einen Plastikschlauch durch die Nase in meinen Magen, um die Flüssigkeit abzuführen. Es war wirklich schmerzhaft.

Ich wurde von der Notaufnahme weggebracht, lag in meinem Zimmer und dachte an den Herrn: „Die Gemeinde wird wohl in Ordnung bleiben mit Pastor Kim. In meiner Familie lässt nichts zu wünschen übrig. Meine beiden Kinder sind gerettet, und meine Frau hat auch kein Problem, weil sie mit dem Herrn lebt ..." Ich konnte nichts entdecken, worüber ich mir Sorgen machen musste. Aber ich hatte doch einen Wunsch: „Ich möchte gern nur noch zehn weitere Jahre leben." Ich schüttelte diesen Gedanken aber ab, als ich daran dachte, dass ich denselben Wunsch nach zehn Jahren wieder haben würde, und ich hatte wahren Frieden in mir. „Wenn ich diese Welt verlasse, wird der liebende Herr mich willkommen heißen. Ich habe ihm vieles zu sagen, z. B.: ‚Herr, warum hast du mir damals nicht sofort geholfen?' Ich werde ihm auch dies und jenes erzählen." Ich war abwechselnd wach und ohnmächtig und weinte dabei.

Seitdem ich 1962 von der Sünde gerettet worden bin, kamen und gingen viele Menschen in meiner Nähe, aber der Herr verlässt mich kein einziges Mal. Es gab Zeiten, in denen ich richtig handelte, auch Zeiten, in denen ich falsch handelte. Aber der Herr ist immer bei mir und verlässt mich nicht. Als ich dachte, dass ich nun an der Hand Jesu den Fluss des Todes überqueren und mit dem Herrn im ewigen Himmelreich leben würde, hatte ich nur noch einen Wunsch: „Wenn ich sterbe, bitte kümmere dich um meine Frau und die beiden Kinder, mehr als ich, als ich hier war", und war sehr friedlich. Ich erkannte, dass es ein großer Segen ist, dass ich von der Sünde gerettet worden bin.

Ich wurde zur Chirurgie gebracht. Der Chirurg sagte: „In manchen Fällen stirbt der Patient an der Darmverschlingung innerhalb 24 Stunden. Aber es kommt auch vor, dass Patienten nach einigen Stunden zu ihrem Normalzustand zurückkommen. Möchten Sie abwarten und die Schmerzen noch eine Weile aushalten? Falls Sie merken, dass sich Gase freisetzen, sagen Sie mir Bescheid." Inzwischen war es Sonntag. Nach dem Gottesdienst besuchten mich einige Geschwister und blieben den ganzen Nachmittag bei mir. Sie gingen wieder zurück, um am Abendgottesdienst teilzunehmen. Gleich nachdem sie gegangen waren, lösten sich die ersten Gase. Das war das kostbarste Gas!

Jedenfalls bin ich nicht länger allein, wenn ich unter· Traurigkeit, Qual und Leid bin. Ich bin auch nicht allein, wenn ich den Fluss des Todes überquere. Deshalb kann ich gelassen diesem Tag entgegensehen und lebe bis dahin nur noch von einem Tag zum anderen.

Simson in Richter 15, 13 wurde mit starken Stricken gefesselt. Lassen Sie uns Vers 14 gemeinsam lesen: **„Und als er nach Lehi kam, jauchzten die Philister ihm entgegen. Aber der Geist des Herrn geriet über ihn, und die Stricke an seinen Armen wurden wie Fäden, die das Feuer versengt hat, so dass die Fesseln an seinen Händen zerschmolzen."**

Es gibt viele Menschen, die sagen: „Pastor, sagen Sie mir nur, wie ich gerettet werden kann. Ich bin sehr beschäftigt, darum lassen Sie alles andere weg und erklären Sie mir nur den Weg der Rettung", obwohl sie die Hände gehoben hatten und von

ihrer Sünde befreit werden wollten und die Pastoren ihnen
die Bibel erklären möchten. Aber leider geht das so nicht bei
der Erklärung der Sündenvergebung. Die meisten Menschen
verstehen die Sündenvergebung nur mit ihrem Verstand, und
sie haben die Sünde immer noch in ihrem Herzen. Sie sind in
ihrem Herzen noch nicht von der Sünde befreit worden. Wenn
der heilige Geist kräftig arbeitet, werden die Fesseln der Sünde
im Herzen gelöst. Aber wenn nicht, wissen sie zwar, dass Jesus
für die Sünden gestorben ist, aber sie haben keine Gewissheit,
dass ihre Sünden wirklich vergeben sind und haben immer noch
Unklarheit im Herzen. Simson war zwar fest mit Stricken gefesselt, aber als der Geist des Herrn auf ihn kam, wurden die Stricke
gelöst wie verbrannte Fäden. Egal welche Sünde Ihr Herz fes-
selt - sie wird leicht gelöst, wenn der heilige Geist kommt. Das
ist die Rettung. Aber einige erkennen diese Tatsache nicht und
denken deshalb, dass sie gerettet sind, wenn sie nur folgendes
Wissen haben: „Jesus hat meine Sünde weggewaschen." Andere
denken, dass sie gerettet sind, wenn sie nur ein Empfangsgebet
gesprochen haben. Nein, das ist nicht wahr! Unser Herz muss
von der Sünde befreit sein, dann können wir sagen, dass wir
gerettet und wiedergeboren sind. Unser Herz muss von der
Sünde gelöst werden!

So wie Simson mit Stricken stark gefesselt war, sind die
meisten Menschen heutzutage von Schuldgefühlen oder der
Angst vor der Sünde gefesselt. Nur durch die Kraft des heiligen Geistes können diese Fesseln gelöst werden. Deshalb haben
wir vor dieser Evangelisation mit Fasten gebetet, dass der heilige Geist Gottes arbeiten möge. Ich möchte, dass Sie, die von
der Sünde gerettet sind, weiter für mich darum beten, dass
ich vom heiligen Geist erfüllt werde und, egal wo ich hingehe,
viele Menschen den Segen der Rettung bekommen können. Ich

meine nicht die Leute, die nicht wiedergeboren sind, weil Gott ihre Gebete nicht hört.

Nun, meine Lieben, lassen Sie uns sehen, was nach der Rettung passieren sollte. **„Und als er nach Lehi kam, jauchzten die Philister ihm entgegen. Aber der Geist des Herrn geriet über ihn, und die Stricke an seinen Armen wurden wie Fäden, die das Feuer versengt hat, so dass die Fesseln an seinen Händen zerschmolzen."** Egal wie stark ein Strick sein mag, er verliert seine Kraft, wenn er verbrannt ist, nicht wahr? Er kann dann sogar durch Anpusten zerfallen. **„Und er fand einen frischen Eselskinnbacken. Da streckte er seine Hand aus und nahm ihn und erschlug damit tausend Mann."** Wenn man von der Sünde befreit ist, wird eine neue Kraft in uns aufsteigen. Wenn man dann die Bibel liest, kann man sie anders annehmen als früher, und unser Gebet wird anders, und egal was wir in die Hand nehmen, wir werden große Wunder erleben. Man empfindet es nicht mehr als Bürde, das Evangelium zu verkünden. Wenn man dann einfach den Mund aufmacht, wird man erleben, wie der Herr durch uns wirkt, so wie bei Simson, der tausend Mann erschlagen hat. Wenn der Herr dabei ist, geschehen solche Ereignisse durch uns. Nachdem Simson tausend Mann getötet hatte, war er kurz davor, zu verdursten und in die Hände der Unbeschnittenen zu fallen. Er schrie zu Gott um Hilfe, und Gott spaltete die Höhlung im Kinnbacken, und Wasser floss heraus.

Warum ist der kräftige Simson zu einem Menschen geworden, dessen Augen ausgestochen wurden und der im Gefängnis die Mühle drehen musste? Die Kraft, die er hatte, genügte allein nicht. Er brauchte einen Führer. Der Unterschied zwischen David und Simson war, dass David immer einen Führer bei sich hatte, weil er schwach war. Als David mit der Frau von

Uria sündigte, tadelte ihn Nathan, ein Diener Gottes, erbarmungslos, und obwohl David König war, gehorchte er dem Diener Gottes. Aber Simson vertraute nur auf seine eigene Kraft, deshalb benötigte er keinen Führer, der ihn geistlich hätte leiten können. Heutzutage bemühen sich auch einige, ein gutes Glaubensleben zu führen, weil sie denken, dass sie es allein schaffen können, weil sie gerettet sind. Dann geraten sie in Verwirrung, weil sie keinen Führer haben. Wenn Simson einen wahren Führer gehabt hätte, als er sich in Delila verliebte, hätte dieser geschimpft: „Simson, sei vernünftig, tu Buße. Was tust du jetzt? Delila, du böses Weib, wie kannst du es wagen, zu versuchen, Gott seinen Diener zu entziehen? Verschwinde sofort von hier!" Hätte Simson so einen Knecht Gottes gehabt, hätte dieser Simson retten können. Simson war zwar ein Mann mit großer Kraft, aber er hatte keinen Hirten, der ihn hätte führen können. Damals wie heute brauchen die wiedergeborenen Christen unbedingt einen Hirten. Warum? Weil wir nicht selbst ein Hirte sind, sondern ein Schaf.

Seit ich in Seoul als Pastor arbeite, bin ich vielen religiösen Menschen begegnet, die ihrem Pastor misstrauen. „Ich meine nicht, dass Sie schlecht sind, aber die meisten Pastoren sind ..." Immer wenn ich so etwas höre, fühle ich Schmerzen in meinem Herzen. Dann sage ich: „Sagen Sie bitte nicht so etwas. Es gibt zwar manchmal solche Pastoren, aber prinzipiell sind Pastoren doch die Knechte Gottes." Sie erwidern: „Dann sagen Sie mir doch bitte, wie ich die echten von den falschen unterscheiden kann!" Mein Herz bedauert solche Menschen. Sie müssen unbedingt einen wahren Hirten finden. Jesus sagte in Matthäus 7: **„Seht euch vor vor den falschen Propheten."** Aber was ist der Unterschied zwischen falschen Propheten und wahren Dienern Gottes? Jesus bezeichnete falsche Propheten als Wölfe: „... die

in Schafskleidern zu euch kommen, inwendig aber sind sie reißende Wölfe." Wie können wir sie unterscheiden, wenn sie reißende Wölfe in Schafskleidern sind? Wir können es nicht. Aber der Herr hat eine gute Methode gezeigt. Wölfe können sich als Schafe verkleiden, aber wir können sie erkennen, wenn sie Nachwuchs zur Welt bringen. Sie können sich zwar als Schafe verkleiden, aber sie können nicht Schafe gebären. Jesus sagte: „**Ihr sollt sie an ihren Früchten erkennen.**" Sie müssen eine wahre Gemeinde finden. Sie müssen das Glaubensleben unter der Leitung eines wahren Dieners Gottes führen. In dieser Stadt Busan gibt es unzählige Pastoren. Es mag einige falsche Pastoren unter ihnen geben, vielleicht einer von tausend oder zehntausend. Wie unterscheiden wir sie? An ihren Früchten. Wir müssen nachprüfen, ob Früchte der Sündenvergebung und der Wiedergeburt von ihnen kommen.

Wenn Sie einen wahren Diener Gottes haben, müssen Sie auf ihn vertrauen und Ihr Herz öffnen, auch wenn der Pastor manchmal Fehler macht, weil er auch ein Mensch ist. Nur wenn Sie ihm vertrauen, kann er Sie tadeln und korrigieren, wenn Sie vom rechten Weg abkommen. Wenn wir richtig sind, brauchen wir keinen Pastor. Wir brauchen ihn, wenn wir falsch sind. Bitte, unterscheiden Sie nicht nach Ihrem Gefühl: Wenn der Pastor Ihnen gefällt, glauben Sie, dass er der wahre Knecht Gottes ist. Aber wenn nicht, denken Sie, dass er falsch ist. Bitte, unterscheiden Sie auch nicht so: „Er ist sehr anständig. Er ist hoch ausgebildet ..." Jesus hat das verboten. Wenn Sie sehen, dass Gott durch ihn arbeitet, damit Menschen gerettet und wiedergeboren werden, vertrauen Sie sich ihm ganz an und folgen Sie ihm. Dann können Sie ein geistliches Leben führen. Diejenigen, die dem Pastor nicht vertrauen, können kein Glaubensleben führen. Auch wenn Sie jetzt kleingläubig sind, müssen Sie ihm völlig vertrauen, sobald Sie festgestellt haben, dass er der wahre Knecht Gottes ist. Wenn der Pastor Sie verletzt oder Sie in der Predigt tadelt, denken Sie bitte nicht, dass er Sie beleidigen will, sondern dass er so etwas sagt, weil es notwendig für Sie ist.

Aber wir müssen zuerst unterscheiden, ob er wirklich ein wiedergeborener Diener Gottes ist, der den heiligen Geist hat, oder ob er nach dem Theologiestudium nur theoretisch predigt. Wenn es sich anhand der Bibel herausstellt, dass er ein falscher Pastor ist, müssen Sie sich ohne Zögern abwenden. Und wenn Sie einen wahren Pastor haben, müssen Sie für ihn beten, ihn unterstützen und mit ihm Gott dienen. Wir müssen dem Maßstab der Bibel folgen, nicht dem, was die Menschen sagen.

Meine Lieben, zum Ende dieser Evangelisation mache ich mir viele Gedanken. Ich weiß nicht, wie Sie nach der Wiedergeburt leben werden. Ich habe für diese Evangelisation gebetet: „Herr, viele Menschen leiden unter der Sünde, weil sie nicht wissen, wie sie von ihr befreit werden können. Wir brauchen mehr Diener für diese Aufgabe. Wir wünschen uns, dass viele durch diese Evangelisation die Sündenvergebung annehmen und Diener Gottes werden. Wir brauchen Diener, die mit dem Evangelium nach China, Brasilien, Afrika, in die moslemischen Länder im mittleren Osten und in unser Nachbarland Japan, das reich, aber voll von Sünde ist, gehen. Herr, bitte lass alle, die in dieser Evangelisation wiedergeboren werden, von wahren Knechten Gottes geführt werden, so dass sie nicht wie die weltlichen Menschen nur die weltlichen Freuden genießen und sterben. Bitte, lass sie für das Evangelium Tränen vergießen, wegen Jesus geschlagen werden, wegen Jesus hungern und leiden, so dass sie näher zu Jesus kommen und sich alle im ewigen Königreich umarmen und ihre wunderbaren Zeugnisse austauschen können."

Mit meinem ganzen Herzen wünsche ich mir, dass der Herr in Ihrem Herzen arbeitet und Sie auf jedem Schritt Ihres Lebens führt. Ich wünsche mir auch, dass Sie nicht allein sind, wenn Sie auf Schwierigkeiten oder Not treffen, sondern dass der Herr Sie begleitet, der seit 25 Jahren, seit ich aus der Sünde gerettet bin, in jeder Situation bei mir ist.

Ich habe nur ein Drittel von dem gepredigt, was ich vorbereitet hatte. Meine Lieben, ich bitte Sie wirklich, für mich zu beten. Ich kann die Gesichter der durch diese Evangelisation wiedergeborenen Christen nicht vergessen. Ich kann zwar nicht mit Ihnen zusammen bleiben, aber ich möchte, dass Sie im heiligen Geist ein segensreiches Glaubensleben führen. Ich möchte, dass die Rettung, die Sie in dieser Evangelisation bekommen haben, tiefe Wurzeln schlägt, so dass Sie wertvolle Gläubige werden, die nicht wackelig sind, wo immer Sie auch sein mögen. Ich möchte hier meine Predigt beenden. Danke sehr.

9

Kain und Abel

Guten Abend, wie geht es Ihnen? Ich danke Gott für diese über unsere Erwartungen hinaus wundervolle Konferenz. Wie auch Pastor Woo bereits gesagt hat: Ich bedanke mich ganz herzlich bei jenen, die bei den Vorbereitungen geholfen haben. Ich danke auch allen Zuhörern, die bis jetzt auf ihren Plätzen ausharrten, um mir zuzuhören. Ich preise und lobe Gott dafür, dass er auch dieses Mal vielen Menschen die Gnade der Wiedergeburt schenkte.

Ich möchte nun zum letzten Mal während dieser Konferenz predigen. Lasst uns im Alten Testament 1. Mose 4, 1-7 aufschlagen. Ich will vorlesen.

„Und Adam erkannte sein Weib Eva, und sie ward schwanger und gebar den Kain und sprach: Ich habe einen Mann gewon-

nen mit Hilfe des Herrn. Danach gebar sie Abel, seinen Bruder. Und Abel wurde ein Schäfer, Kain aber wurde ein Ackermann. Es begab sich aber nach etlicher Zeit, dass Kain dem Herrn Opfer brachte von den Früchten des Feldes. Und auch Abel brachte von den Erstlingen seiner Herde und von ihrem Fett. Und der Herr sah gnädig an Abel und sein Opfer, aber Kain und sein Opfer sah er nicht gnädig an. Da ergrimmte Kain sehr und senkte finster seinen Blick. Da sprach der Herr zu Kain: „Warum ergrimmst du? Und warum senkst du deinen Blick? Ist's nicht also? Wenn du fromm bist, so kannst du frei den Blick erheben. Bist du aber nicht fromm, so lauert die Sünde vor der Tür, und nach dir hat sie Verlangen; du aber herrsche über sie."

Heute Abend ist der letzte Abend unserer Konferenz. Ich weiß gar nicht, wie ich anfangen soll, da es so viele Dinge gibt, die ich noch erwähnen möchte. Ich werde morgen früh mit dem Auto auf dem Weg nach Seoul sein, aber mein Herz wird noch einige Zeit an diesem Ort zurückbleiben. Letzte Nacht ging ich in die dritte Etage dieses Gebäudes, um mit Brüdern und Schwestern zu sprechen, die während dieser Konferenz wiedergeboren wurden. Es war unbeschreiblich, wie es mir warm ums Herz wurde, als sie ihre Zeugnisse ablegten. Sie erzählten mir, dass sie unter ihren Sünden sehr gelitten haben, obwohl sie seit geraumer Zeit in die Kirche gingen. In dieser Konferenz wurden sie wiedergeboren. Ich hörte die Zeugnisse von nur vier Menschen in dieser Nacht. Ich glaube aber, dass diese vier nicht die einzigen waren, die ein solches Zeugnis hätten ablegen können. Und ich glaube, dass Gott auch Sie durch diese Konferenz von den Sünden in Ihren Herzen befreit, denn er liebt Sie. Amen.

Heute Abend möchte ich Ihnen berichten, wie mein Vater

zum Glauben an Jesus kam. Meine Mutter starb am 14. August 1950, kurz nach Ausbruch des Koreakrieges. Mein Vater liebte seine fünf Kinder sehr. Er war noch sehr jung zu dieser Zeit und hätte wieder heiraten können. Aber er entschied sich, nicht wieder zu heiraten und seine Kinder alleine aufzuziehen. Er wollte uns das Schicksal eines seiner Freunde ersparen, der unter seiner Stiefmutter ein hartes Leben hatte. Wir Geschwister wuchsen alle heran und heirateten.

Ich diente in einer kleinen Kirche. Mein Vater wohnte auf dem Lande, und wenn er uns besuchen kam, brachte er Reis und Geld zu unserer Unterstützung mit. Meine Frau und ich sahen mit Schmerz, dass mein Vater nie zuhören wollte, wann immer ich auch versuchte, über den Glauben an Jesus, die Buße und das Königreich im Himmel zu sprechen. Wir ließen keine Gelegenheit aus, ihm das Evangelium zu verkünden. Er aber sagte jedes Mal: „Bedrängt mich nicht so, ich will ja an ihn glauben. Wie kann ich Ihn zurückweisen, wenn ihr doch an ihn glaubt. Ich werde mich nach diesem Herbst damit beschäftigen." Er hatte eine Menge Freunde in seinem Heimatdorf und liebte es, anlässlich von Hochzeits- oder Geburtstagsfeiern mit seinen Freunden zusammenzusitzen und zu trinken. Er sagte, wenn er den Glauben an Jesus annähme, könne er ja nicht mehr mit seinem Freund trinken, der diesen Herbst seinen 60. Geburtstag feiere, und das sei doch unhöflich. Aus diesem Grund wolle er erst nach diesem Herbst an Jesus glauben. Wir konnten ihn also nicht weiter bedrängen und wollten uns gedulden. Der Herbst verging, und der Winter nahm Einzug.

„Vater, nun glaube doch an Jesus!"

„Im kommenden Frühjahr."

„Warum, Vater?"

„Der Sohn eines Freundes wird kommendes Frühjahr heiraten. Dieser Freund ist mein Busenfreund. Nach der Hochzeit will ich mein Versprechen einlösen."

10 Jahre verstrichen so, in denen er sehr alt wurde, ohne dass er sein Wort hielt. Er lebte bei meinem älteren Bruder, als dieser eine Geschäftsreise nach Japan antreten musste. Während der Abwesenheit meines Bruders wohnte mein Vater bei uns. Ausgerechnet während dieser Zeit litt mein Vater an einem Magengeschwür. Der Arzt, den wir konsultierten, stellte anhand der Symptome die Diagnose „Magenkrebs". Es war gar nicht nötig, eine Gewebeprobe zu entnehmen. Für eine Operation war es schon zu spät. Wir mussten also damit rechnen, dass mein Vater nicht mehr lange leben würde. Ich dachte: „Wie soll ich den Leuten Glauben an Jesus vermitteln, wenn ich als Pastor nicht einmal meinem Vater ins Himmelreich verhelfen kann?"

Es war nun Eile geboten. Eines Tages, nachdem ich mein Gebet beendet hatte, ging ich also zu ihm: „Vater, glaube doch endlich an Jesus!"

Mein Vater erwiderte: „Ich will, mein Sohn. Keine Sorge. Ich will." Das waren die gleichen Worte, die er schon seit Jahren immer sagte. Aber an diesem Tag ließ ich mich nicht damit abspeisen: „Vater, du sollst nicht immer so etwas sagen. Unser Leben ist vergeblich..." Als ich weitersprechen wollte, wurde mein Vater sehr ärgerlich: „Du, achte auf deine Manieren, wenn du mit deinem alten Vater sprichst."

Ich hatte meinen Vater in meinem ganzen Leben niemals so ärgerlich gesehen. Es ist schon sonderbar: Jedes Mal, wenn jemand auf dem Weg zum wahren Glauben ist, spüren wir die Arbeit Satans, der dies verhindern will. Keiner ist davon ausgenommen. Während dieser Konferenz traf ich eine Menge Leute, die sagten, sie seien ohne Grund auf mich böse gewesen.

Sie wussten, dass das, was ich sagte, wahr ist, aber sie fühlten sich irritiert. Ich weiß nicht warum. Es sieht danach aus, dass Satan mit aller Macht gegen das Evangelisieren kämpft. Doch trotz Satans Gegenwehr konnten schon viele Leute ihre eigene Meinung aufgeben und durch Gottes Wort wiedergeboren werden. Auf jeden Fall, ich musste meine Bemühungen wegen der großen Verärgerung meines Vaters aufgeben. An diesem Tag fühlte ich mich so hilflos und verzweifelt. Zu dieser Zeit waren einige andere Pastoren zur Bibelstunde in unserem Haus. Als sie mich in dieser Stimmung aus dem Zimmer meines Vaters heraustreten sahen, fragten sie mich: „Pastor Park, fühlen Sie sich nicht wohl? Quält Sie etwas?"

Ich antwortete: „Den Aussagen des Arztes zufolge hat mein Vater nicht mehr lange zu leben. Ich wollte, dass er Jesus in sich empfängt. Aber er hat deswegen mit mir geschimpft. Ich hasse Satan dafür, dass er das Herz meines Vaters verwirrt." Die Pastoren fragten mich, ob sie etwas für mich tun könnten. Ich antwortete ihnen: „Lasst uns beten." Statt Bibelstunde zu halten, beteten wir den ganzen Nachmittag für meinen Vater.

Am darauffolgenden Tag, zur gleichen Zeit, rief mich mein Vater zu sich: „Komm herein zu mir. Ich habe ein unwohles Gefühl in meinem Magen. Ich habe Verstopfung. Hast du Medizin für mich?" Ich bat meine Frau, in der Apotheke ein Abführmittel zu holen. Noch bevor meine Frau losging, setzte sich mein Vater auf und begann Blut zu spucken. Es war eine ganze Menge dunkelfarbenes Blut, das er spie. Wir waren fürchterlich erschrocken und nahmen an, dass er nun im Sterben läge. Meine Frau weinte bitterlich. Mein Vater aber blieb ruhig und schloss seine Lippen. Ich denke, auch er sah seinen Tod nun kommen. Wir wischten das Blut auf und machten ihm ein frisches Bettlaken.

„Wie fühlst du dich, Vater?"

„Ich bin in Ordnung."

„Liebling, hol bitte den Kassettenrekorder." sagte ich zu meiner Frau.

„Vater, ich möchte nun alles, was du sagst, aufzeichnen, damit du auch meinem Bruder etwas mitteilen kannst, der ja zur Zeit in Japan ist."

„Ist der Rekorder bereit?"

„Ja."

„Bevor ich sterbe, habe ich euch noch etwas zu sagen." Er sprach nun seinen Letzten Willen auf Band, etwa eine Stunde lang.

„Ich bedaure dieses und jenes. Ihr, meine Söhne, habt mich in folgender Beziehung enttäuscht...", so fuhr er fort.

„Ich möchte nicht, dass ihr Brüder euch nach meinem Tod um den kleinen Besitz, den ich euch hinterlasse, streitet. Abschließend möchte ich euch noch bitten, mich neben eurer verstorbenen Mutter zu begraben. Lasst bitte diesen Mann meinen Körper waschen und mir mein Totenhemd anziehen. Er wird es sicher nicht ablehnen, da er mir noch etwas schuldig ist." Er sprach über viele Dinge, einschließlich seiner Beerdigung. Nach einer Stunde schloss er seinen Letzten Willen ab.

Ich fragte ihn: „Vater, ich werde alles so tun, wie du mir aufgetragen hast. Aber was ist mit deiner Seele? Wo soll sie hingehen?"

„Ich möchte gerne in den Himmel kommen, aber ich weiß nicht wie! Ich habe keine guten Taten begangen, mir keine Verdienste erworben. Es ist zu spät!"

In diesem Moment konnte ich Gott nicht genug dafür danken, dass er uns errettet ohne unsere Taten oder Verdienste, sondern nur durch Jesu Blut. Ich dankte Gott auch dafür, dass ich Pastor geworden bin, der jedem genau den Weg erklären kann, der durch Sündenvergebung ins Himmelreich führt. Ich erzählte meinem Vater also, dass wir in den Himmel kommen, ohne gute Werke vollbracht zu haben. Ich sagte ihm, nur Jesus allein kann uns ins himmlische Königreich bringen, da wir zu schwach sind und dies nicht aus eigener Kraft vermögen. Über zwei oder drei Stunden lang erzählte ich ihm, wie all unsere Sünden auf Jesus übertragen wurden, wie sein am Kreuz vergossenes Blut unsere Sünden wegwusch und wie wir gerettet werden können.

Endlich öffnete er sein Herz. Pflegte er bisher zu sagen: „Ich habe gehört, dort soll es eine gute Medizin geben" oder „Hier gibt es einen guten Arzt" oder „Du solltest es so machen, wie ich es dir sage, ich weiß es besser", so schienen diese weltlichen Gedanken im Angesicht des Todes von ihm abzufallen.

Er ging nie in den Gottesdienst. Zwar besuchte er öfter die Kirche, die neben meinem Haus steht, aber nur um seinen Sohn zu sehen. An diesem Tag war nun alles anders. Er schob sein Misstrauen und seine weltlichen Gedanken beiseite und hörte mir aufmerksam zu. Nach einer Weile veränderte sich sein Gesichtsausdruck.

„Ich glaube. Ich glaube an ihn", murmelte er. „Ich danke dir, Jesus. Danke, Jesus. Du hast am Kreuz alle meine Sünden auf deine Schultern geladen. Nun werde ich bald in dein Königreich kommen. Bitte, nimm mich auf!" Die Brüder und Schwestern aus meiner Gemeinde, die anwesend waren, bekamen beim Gebet meines Vaters Tränen in die Augen. Als seine Zeit näher zu kommen schien, fuhren wir im Krankenwagen zu unserem Heimatdorf. Am nächsten Tag fragte er mich: „Ich hatte einen friedlichen Schlaf letzte Nacht. Kannst du für mich beten und Lobgesänge anstimmen?" Er hatte sich total verändert.

Jedem, wenn er nur sein Herz öffnet und das Evangelium hört, können seine Sünden vergeben werden, und er kann wiedergeboren werden. Jedoch haben heutzutage die meisten Leute nicht die Chance, das richtige Evangelium zu hören. Das macht mich ganz traurig.

Es schien, als ginge es meinem Vater besser, so dass ich wieder nach Hause fuhr. Meine Frau blieb bei meinem Vater, um für ihn zu sorgen. Ein paar Tage später rief sie mich an, ich solle sofort kommen. Ich sprang ins Auto und fuhr hin. Dort angekommen, musste ich feststellen, dass wohl die letzten Stunden meines Vaters angebrochen waren. Er war umringt von vielen Leuten. Er bat seine Freunde, näher an sein Bett zu treten. Sie hielten seine Hand und weinten.

„Ich werde heute noch im Himmel sein, durch Jesus, an den mein zweiter Sohn glaubt. Ich werde dort Plätze für euch reservieren. Glaubt an ihn, und wir werden uns wiedersehen."

Dann richtete er das Wort an seine Neffen: „Hört mir zu, meine Neffen. Ich bin durstig, und das Sprechen fällt mir schwer. Aber ich möchte euch folgendes sagen, da ich euch sehr lieb habe. Ich war dabei, als euer Vater leidvoll starb. Euer Onkel ist nach langem Leiden gestorben. Wie wollt ihr sterben? Glaubt an Jesus, an welchen mein zweiter Sohn glaubt. Wenn ihr an Jesus glaubt, werdet ihr nicht ärmer, und wenn ihr nicht glaubt, werdet ihr nicht reicher. Denkt bitte nicht nur an Geld. Glaubt an Jesus."

Nach diesen Worten schlief er ein. Am nächsten Morgen wachte er nicht mehr auf, er war in den Himmel gegangen. Beim Begräbnis betete ich, etwas abseits kniend, und weinte. Meine Tränen hatten zwei verschiedene Ursachen. Zum einen weinte ich, weil ich ein undankbarer Sohn war. Als meine Mutter vor langer Zeit starb, opferte mein Vater sich auf und zog uns fünf

Kinder alleine auf. Ich fühlte mich sehr traurig, weil ich ihm immer gerne etwas Gutes getan hätte. Aber meine finanzielle Situation ließ es nicht zu. Zum andern dankte ich Gott für die Rettung meines Vaters.

Meine Lieben, er war niemals in seinem Leben in die Kirche gegangen, noch hatte er in der Bibel gelesen. Nichtsdestotrotz wurde er total verändert, nachdem er das Evangelium empfangen hatte. Ich musste mich bei Gott so sehr dafür bedanken.

Ich denke sehr oft an meinen Vater: „Vater, ich werde bald zu dir kommen. Gott, ich danke dir, dass du meinen Vater errettet hast."

Warum wissen viele Leute nicht, dass es so einfach ist, sich von seinen Sünden freizumachen? Hervorragende Pastoren, überragende religiöse Führer und berühmte Theologie-Doktoren haben ein großes Wissen. Sie dienen gut in der Gemeinde, helfen armen Leuten und predigen auch sehr gut. Trotzdem kennen sie den Kern des Evangeliums nicht. Sie wissen nur theoretisch, dass Jesus mit seinem Blut am Kreuz alle unsere Sünden weggewaschen hat. Deshalb gibt es viele Menschen, die noch nicht von den Sünden befreit sind. Es ist sehr schmerzlich für mich, das mit anzusehen. Deshalb bleibt mir nichts anderes übrig, als überall das Evangelium zu verkünden, obwohl ich ein einfacher Mann bin. Ich merke, auch hier in Busan ist es nicht anders. Ich traf eine Menge Leute hier. Sie sind genauso wie in anderen Städten. Sie leiden immer noch und sind traurig, obwohl sie alles in ihren Kräften stehende versucht haben. Denn sie wissen nicht, wie sie von den Sünden befreit werden können, weil sie das wahre Evangelium nicht kennen.

Ich glaube, wir haben heute Abend auch einige Pastoren unter den Zuhörern. Ich möchte Sie Pastoren etwas fragen: Was predigen Sie von der Kanzel? Obwohl Ihre Predigt das Herz der Menschen bewegt, vermag sie aber nicht, diese Menschen von ihren Sünden zu befreien. Denn was Sie predigen, kann vor Gott nicht bestehen. Was wird mit den Seelen dieser Menschen geschehen, wenn Sie Gottes Wort nicht richtig verkünden? Wie können sie dann von ihren Sünden befreit werden? Wie wollen Sie sich vor Gott dafür verantworten? Heute Abend möchte ich, dass Sie Pastoren mir aufmerksam zuhören: Sie sollen laut vom Blut Jesu Christi verkünden, dem Blut, das er am Kreuz vergoss und durch welches unsere Sünden weggewaschen wurden, so dass unsere Herzen weiß wie Schnee sind. Nicht nur theoretisch, sondern wirklich! Die Theologie, so wie Sie sie im Seminar gelernt haben, kann keine Seelen retten. Deshalb kann auch Ihre Predigt keine Seelen retten. Ihre Taten können die Leute nicht retten. Sie müssen ihnen das kostbare Blut Jesu Christi vergegenwärtigen, durch welches sie wiedergeboren werden können.

Die Pastoren und Theologiestudenten unter Ihnen sollten mir aufmerksam zuhören: Sie sind verantwortlich für Ihre Schafe! Sie sollten wissen, was Sie predigen. Vielleicht sind Sie, obwohl Sie Pastoren sind, noch nicht wiedergeboren. Dann sollten Sie all die dummen Gedanken an Ehre und Stolz über Bord werfen und noch heute Abend Gott um Ihre Wiedergeburt bitten: „Ich bin ein Sünder, denn ich habe den Menschen nicht den wahren Weg zur Sündenvergebung gezeigt. Ich habe Sünde in mir, weil ich nur theoretisches Wissen vom Evangelium habe. Bitte rette mich."

So sollten Sie kniend beten. So wie es Gottes mächtige Diener in der christlichen Geschichte immer taten. So wie Martin Luther oder John Wesley, zwei der bekanntesten Gottesdiener. Eines Tages stellten sie fest, dass sie noch nicht von ihren Sünden befreit waren. In der Theorie wussten sie, dass Jesus all unsere Sünden von uns nahm, ihre Herzen aber waren noch verschlossen. Deshalb waren beide sehr niedergeschlagen. Nachdem sie aber wiedergeboren waren, veränderten sich ihre Predigten, und sie predigten mit neuer Kraft. Sie wussten nun ganz genau, dass der heilige Geist in ihnen und ihren Predigten arbeitete.

Heute Nachmittag fuhr ich zur West-Busan-Gemeinde, um dort an dem Einweihungsgottesdienst teilzunehmen. Wir fuhren mit sechs Autos. Ich fuhr im ersten, weil ich als einziger den Weg kannte. Ich führte die fünf anderen Fahrzeuge sicher zur Kirche. Warum führte ich? Weil ich schon mal dort gewesen bin. Genauso kann auch nur jemand, der bereits wiedergeboren ist, anderen die Richtung und den Weg zur Wiedergeburt zeigen.

Meine Lieben, unsere Mission ist so wichtig. Wenn Sie wiedergeboren sind, sollen Sie nicht religiös sein, sondern ein lebendiger Christ. An einem Tag im Jahre 1962 wurde ich nach langem Leid von meinen Sünden befreit. Von diesem Tage an verloren alle Dinge dieser Welt für mich an Bedeutung. Ich hatte nur einen Wunsch: „Wie kann ich dieses wertvolle Evangelium wenigstens einem Menschen verkünden?"

Überraschenderweise öffnete mir Gott aber Türen, durch die ich viele Menschen erreichen konnte. Viele, denen ich das Evangelium verkündete, nahmen es an. Ich sah ihre Veränderung, nachdem sie das Evangelium annahmen. Halleluja! Das ist ein Geschenk Gottes.

Jedes Mal schweife ich ungefähr in der Mitte der Predigt vom Thema ab, greife es aber gegen Ende wieder auf. Also lasst uns zurückkehren zum vierten Kapitel im ersten Buch Mose. Dieses Kapitel erzählt von Kain und Abel, wie wir wissen. Ich bin sicher, Sie haben davon schon viel in Predigten gehört. Kain, der erste Sohn Adams, war kräftig und in allen Dingen sehr geschickt. Adam war darüber sehr glücklich und sprach: „Ich bekam durch den Herrn einen Sohn." Nach der Geburt Abels war Adam jedoch sehr enttäuscht. Der Name Abel stammt von dem Wort Ebel, was soviel wie „Windhauch" bedeutet. Wenn Sie an einem kalten Morgen kräftig ausatmen, sehen Sie den weißen Hauch. Er verschwindet innerhalb weniger Sekunden. Abels Name steht für Vergänglichkeit.

Im alten Korea wurde die Geburt eines Kindes erst nach hundert Tagen, einem Jahr oder gar mehreren Jahren gemeldet. Die Kindersterblichkeit war in jenen Tagen sehr hoch, deshalb wartete man mit der Eintragung ins Familienregister, bis die Kinder herangewachsen und kräftig genug waren. So kam es, dass manche Kinder schon zehn Jahre alt waren, obwohl im Register erst ein Alter von sechs Jahren dokumentiert war. Ich kenne viele solcher Fälle aus meiner Jugend. Heutzutage kommt das nicht mehr vor, aber die älteren unter Ihnen können sich bestimmt daran erinnern und wissen, wovon ich rede.

Adam fragte sich nach Abels Geburt, ob sein Sohn kräftig genug sei zu überleben. Er nannte ihn einfach „Vergänglichkeit", ohne ihm einen richtigen Namen geben zu wollen. Abel war auch später ein schwächlicher Mann - im Gegensatz zu Kain, der sehr kräftig war. Dies sind alles Vermutungen von mir, denn die Bibel sagt uns hierzu nichts Näheres. Kain pflügte mit seiner großen Kraft den Ackerboden und streute die Saat. Abel, klein und schmächtig, hütete nur ein paar Schafe und lag dabei auf einem sonnigen Plätzchen. Abends kehrte er mit den Schafen wieder heim.

So vergingen einige Jahre. Eines Tages brachte Kain dem Herrn ein Opfer aus den Früchten seines Ackers dar. Auch Abel brachte ein Opfer dar - von den Erstlingen seiner Schafherde und deren Fett. Gott nahm Abels Opfer an, aber Kains Opfer wies er zurück. Beim Lesen dieses Kapitels dachte ich mir: „Gott, warum tust du das? Das ist nicht fair."

Auch wenn Kains Opfer wirklich nicht in Ordnung gewesen wäre, hätte ich nicht so hart reagiert. Wenn ich Gott wäre, hätte ich zu Kain gesagt:

„Kain, komm zu mir her!"

„Herr, was habe ich falsch gemacht?"

„Du dummer Junge. Was soll das für ein Opfer sein? Ausnahmsweise werde ich es diesmal annehmen. Aber das nächste Mal mach' es bitte so, wie ich es verlange!"

In der Bibel lesen wir aber, dass Gott nicht tolerant war. Gott wendete sein Gesicht von Kain ab. Kain wurde darüber sehr ärgerlich.

Meine Lieben, die meisten meinen in ihrem Glauben an Gott, dass Gottes Gedanken die gleichen sind wie die unseren. Aber in Jesaja 55, 8 steht: „**Meine Gedanken sind nicht eure Gedanken.**" Sprechen Sie mir nach: „Unsere Gedanken sind nicht seine Gedanken."

Wissen Sie, warum Gott 1. Mose 4 schreiben ließ? Er wollte uns damit folgendes lehren: „Ich habe bestimmte Regeln festgelegt. Wenn ihr mich verehrt in der Art wie Abel es tat, werde ich euch und euer Opfer annehmen. Haltet ihr die Regeln aber nicht ein, so will ich weder euer Opfer noch euch selbst annehmen."

Zahllose Menschen geben sich viel Mühe, Gott zu verehren. Die meisten von ihnen reden sich ein, Gott nehme ihre Opfer an, weil sie sich besonders bemüht haben. Ja, manche nimmt er an, andere aber nicht. Aber was veranlasst Gott, nur bestimmte Opfer anzunehmen? Ganz einfach. Opfer in der Art Abels

269

nimmt er an, solche in der Art Kains aber nicht. Er wird auch Sie nicht annehmen, wenn Sie in der Art Kains opfern. Ich frage die Leute hin und wieder: „Warum nahm Gott Abels Opfer an und wies Kains Opfer zurück?" Die meisten antworten: „Abel opferte mit ganzem Herzen, Kain aber nicht." Durch solche Fragen können wir jemandes Glauben erfahren.

Als Beispiel erzähle ich Ihnen jetzt einen Witz: Ich bat die Kinder von Ministern:

„Lass mich raten, was für ein Minister dein Vater ist?"

„Tuff, tuff, tuff, die Eisenbahn...", sang eines der Kinder.

„Aha, dein Vater ist der Verkehrsminister."

Ein anderes Kind sang: „Old McDonald hat 'ne Farm..."

„Aha, dein Vater ist der Landwirtschaftsminister."

Ein weiteres Kind sang: „A b c d e f g ...“

„Und dein Vater ist der Bildungsminister."

Das war ein Beispiel, das uns zum Schmunzeln bringt. Es zeigt aber auch, dass man an der Antwort auf eine Frage die Gedanken des Antwortgebers erkennen kann. Derjenige, der das Gefühl hat, seine Bemühungen, Gott zu dienen, sind immer mangelhaft, wird auf die Frage, warum Gott Abels Opfer annahm, antworten: „Weil Abels Bemühungen vollkommen waren, Kains aber nicht."

Ein anderer, der schon viele Sünden begangen hat, wird antworten, dass Abels Opfer angenommen wurde, weil Abel keine Sünde begangen hat, Kain dagegen viele.

Doch diese Antworten entspringen nur ihren eigenen Gedanken. Die Bibel sagt nichts dergleichen. Sie sagt weder, dass Kain nicht mit ganzem Herzen opferte, noch dass Abel sein Opfer mit ganzem Herzen darbrachte.

Meine Lieben, wir sollen nicht aus unseren eigenen Gedanken heraus die Bibel interpretieren! Wer, glauben Sie, kann die Bibel interpretieren? Pastor Park? Nein, mitnichten. Wir sollen die Bibel mit Hilfe der Bibel verstehen. Der Unterschied zwischen Kain und Abel ist nicht die Ehrlichkeit, das Bemühen, die Eifrigkeit. Die Bibel spricht von einem interessanten Unterschied ihrer Opfer. Sie sollen die Bibel nicht oberflächlich lesen. In Jesaja 34, 16 steht:

„-Suchet nun im dem Buch des Herrn und lest! - Keines von ihnen wird fehlen. Denn sein Mund gebietet es, und sein Geist bringt sie zusammen."

Lasst uns nun 1. Mose 4, 3-4 aufmerksam lesen. Der Vers sagt: **„Es begab sich aber nach etlicher Zeit, dass Kain dem Herrn Opfer brachte von den Früchten des Feldes. Und auch Abel brachte von den Erstlingen seiner Herde und von ihrem Fett. Und der Herr sah gnädig an Abel und sein Opfer,"**.

Welches Opfer brachte Abel dem Herrn dar? **Von den Erstlingen seiner Herde und von ihrem Fett**, nicht wahr? An dieser Stelle können wir einen wichtigen Unterschied feststellen: Kain brachte ein Opfer von den Früchten des Feldes. Auf Abel übertragen, hätte Gott ganz allgemein schreiben müssen, Abel brachte ein Opfer von den Tieren dar, nicht wahr? Und umgekehrt, wenn bei Abel deutlich von den Erstlingen seiner Herde und von ihrem Fett die Rede ist, hätte Gott bei Kain nicht „Früchte des Feldes" sondern ganz konkret z. B. „Kohl oder Mohrrüben" schreiben müssen. Aber die Bibel spricht ganz bewusst **von den Erstlingen seiner Herde und von ihrem Fett und den Früchten des Feldes.** Wir müssen dieser Tatsache unsere Aufmerksamkeit schenken.

Gott schuf den Menschen aus einer Hand voll Erde. Deshalb bezeichnet die Bibel alle Dinge, die mit dem Menschen zu tun haben, als Acker, Erde, Lehm usw. Prediger 12, 6 sagt: **„...der Eimer zerschellt an der Quelle...".** Der Eimer ist hier ein Gleichnis für unseren Körper. Weiter, 2. Kor 4, 7 sagt: **„Wir haben aber diesen Schatz in irdenen Gefäßen,"**. Auch hier steht das tönerne Gefäß für unseren Körper. Demnach sind die Früchte des Feldes alle Dinge aus Menschenhand, mit anderen Worten Dinge, die aus unserem Bemühen und unseren Gedanken entstanden. Gott akzeptiert aber solche Dinge nicht.

Aber warum nahm er Abels Opfer an? Die Erstlinge der Herde, das bedeutet Jesus Christus, Gottes erster Sohn. Das Fett ist der heilige Geist. Abel stand also vor Gott mit dem Vertrauen auf Jesus Christus und den heiligen Geist. Wir können auf zwei Arten opfern: Mit unseren Bemühungen oder mit der Hilfe Jesu. Ganz egal wie gut oder schön das Opfer ist, Gott wird die aus Menschenhand stammenden Opfer zurückweisen.

Gott nahm Abel und auch sein Opfer an, weil er all jenes annimmt, was von Jesus kommt. Aus diesem Grund konnte er Kain und sein Opfer nicht annehmen. In 1. Mose 4, 4-5 steht: **„Und auch Abel brachte von den Erstlingen seiner Herde und von ihrem Fett. Und der Herr sah gnädig an Abel und sein Opfer, aber Kain und sein Opfer sah er nicht gnädig an."** Das bedeutet, Gott konnte Kain wegen seines Opfers nicht annehmen, Abel aber nahm er wegen seines Opfers an.

Das sind wirklich schockierende Worte für die heutige Glaubenswelt. Die meisten Menschen versuchen - in dem Glauben, dass Gott so denkt wie sie - etwas Gutes für Gott zu tun. Aber Gott wird diese Dinge nicht annehmen, egal wie schön und wertvoll sie auch aussehen mögen. Es sei denn, sie kommen von Jesus Christus. Die Gläubigen sollen Gott im Geist und in der Wahrheit anbeten. Das geht nur, wenn Jesus in unserem Herzen ist. Um Jesus in unserem Herzen empfangen zu können, müssen wir wiedergeboren und von unseren Sünden befreit sein. Die Menschen handeln so, wie sie es für gut halten, denn sie verstehen die Bibel nicht. Sie denken, in der Gemeinde dienen, Zungenreden oder Prophezeiungen werden immer von Gott akzeptiert. Solche Dinge können von Gott sein, aber manchmal auch von Satan.

Kain opferte mit seinem ganzen Herzen. Trotzdem konnte der Herr die Früchte des Ackers nicht annehmen. Auf uns übertragen heißt das: Gott kann uns und unsere Bemühungen auch nicht annehmen. Erst wenn wir von unseren Sünden befreit sind und Jesus in unserem Herzen haben, wird Gott uns akzeptieren - wegen Jesus Christus. Die religiösen Menschen sind häufig enttäuscht und entmutigt, weil ihre Bemühungen erfolglos sind, da sie dieses wertvolle Geheimnis nicht kennen.

Während der Zeit, in der ich das Evangelium in Gefängnissen verbreitete, stellte ich fest, dass 70 % der Insassen regelmäßige Kirchgänger sind. Wie können Gläubige denn Kriminelle sein? Gott akzeptierte ihren Glauben nicht und konnte daher ihre Gebete nicht erhören. Er ließ sie ihren eigenen Weg gehen.

Warum sind Sie häufig entmutigt? Der Herr kann Ihre Gebete, Gottesdienste und Opfer nicht akzeptieren. Außer Sie sind von Ihren Sünden reingewaschen und haben Jesus Christus in sich. Auch wenn jemand voller Gefühl und mit ganzem Herzen am Gottesdienst teilnimmt: wenn er nicht wiedergeboren ist, wird Gott sagen, dass er diesen Gottesdienst nicht annehmen kann. Ich möchte nochmals betonen: Sie müssen wiedergeboren werden.

Wir brauchen Gottesdiener, die die Wahrheit über die Wiedergeburt verkünden. Pharao, der damalige ägyptische König, hatte einen Traum. Sein Traum war sehr wichtig, denn von seiner richtigen Deutung hing das Leben des ganzen Volkes ab. Aber keiner seiner Wahrsager oder weisen Männer konnte diesen Traum deuten. Sie waren perfekt in der Flutbekämpfung

273

des Nils, in politischen Angelegenheiten und in militärischen Strategien. Aber trotz allen Wissens kannten sie nicht die Bedeutung dieses wichtigen Traumes. Genauso ergeht es heutzutage vielen Theologen. Sie wissen sehr gut Bescheid über die religiöse Theorie, auch darüber, wie man anderen Menschen helfen kann und wie man in der Gemeinde Dienst tut, aber sie können nicht sagen, wie wir wiedergeboren werden können und wie uns unsere Sünden vergeben werden. Deshalb leiden noch so viele Menschen unter ihren Sünden.

Meine Lieben, Sie müssen Ihre Augen öffnen. Ich möchte auch, dass Sie Ihre Herzen weit öffnen, um Gottes Wort zu empfangen. Sie sollen offene Augen haben für Gottes Willen und für sein wertvolles Geheimnis. Dann werden Sie wiedergeboren und empfangen die Gnade, Gottes Kind zu sein. Der Herr wird Ihr Gebet erhören, wo immer Sie auch sind - im Badezimmer oder beim Spazieren gehen. Mit der Wiedergeburt nimmt der Herr Ihr Leben an. Der heilige Geist wird Ihr Leben leiten. Sind Sie aber nicht wiedergeboren, kann Gott nichts von Ihnen annehmen. Sie werden es sehen, wenn Sie in sein Königreich gelangen: Viele Menschen werden betrogen, so dass sie überzeugt sind, ihr Glaube sei richtig. Das Wichtigste ist aber, das Evangelium zu empfangen, von den Sünden gereinigt zu werden und wiedergeboren zu werden. Dazu müssen Sie einem wahren Diener Gottes begegnen und bei ihm bleiben. Dann werden Sie kräftig im Glauben wachsen, ohne dass Ihr Glaube wieder zerstört wird.

Die Erstlinge und ihr Fett, die Abel opferte, bedeuten Jesus Christus. Gott akzeptiert nur seinen Sohn. Lassen Sie mich ein Beispiel für echte und falsche Versöhnung bringen: Angenommen, ich hätte Pastor Choi - weil ich der Stärkere von uns beiden wäre - geschlagen. Er fiele aufs Gesicht und verlöre einige Zähne. Die anderen Pastoren um uns herum würden daraufhin eingreifen.

„Meine Herren, vergessen Sie nicht, Sie sind Pastoren. Hören Sie auf!"

„Vertragen Sie sich doch."

Ich würde darauf sagen: „Okay. Lasst uns diesen Zwischenfall vergessen und Frieden schließen." Ich reichte meine Hand zur Versöhnung. Ist das eine Versöhnung? Für mich ja, da ich der Stärkere bin. Aber für Pastor Choi? Auf keinen Fall. Schließlich wurde er fürchterlich geschlagen.

„Sie haben mich geschlagen. Ich werde mich dafür revanchieren."

„Lass es uns vergessen, Pastor Choi."

Pastor Choi würde angesichts meiner Stärke nichts anders übrig bleiben als zu sagen: „Gut, ich werde es vergessen, Pastor Park." Aber er kann mir nicht wirklich vergeben.

Wahre Versöhnung kommt aus dem Herzen und nicht vom Verstand. Echte Versöhnung geschieht nur, wenn unsere Herzen nicht mehr verhärtet sind. Auch wenn ich mich bei Pastor Choi tausendmal entschuldige, heißt das noch lange nicht, dass er mir vergibt. Erst wenn er sein Herz öffnet und meine ehrliche Bitte um Vergebung annimmt, hat er sich mit mir versöhnt.

„Herr, vergib mir meine Sünden. Ich glaube, dass du mir meine Sünden vergibst. Amen." So kann man nicht von seinen Sünden gereinigt werden.

„Jesus, komm bitte in mein Herz. Ich öffne mein Herz, um dich zu empfangen." Auch so wird man nicht von seinen Sünden befreit.

Zuerst muss das Problem zwischen uns und Gott gelöst werden. Dies ist der einzige Weg zur Versöhnung und zum Frieden mit Gott. Selbst wenn Ihr Verstand weiß, dass Jesus für Ihre Sünden am Kreuz starb und somit Ihre Sünden von Ihnen genommen wurden, verbleibt eine Mauer zwischen Ihnen und Gott, solange Sie Ihre Herzen verschlossen haben. Sie haben in dieser Konferenz alles über die Sündenvergebung gehört. Aber Sie sollten genau prüfen, ob Sie jetzt wirklich ohne jeden Zweifel von Ihren Sünden befreit sind. Nur Zuhören reicht nicht aus.

Lasst uns annehmen, ich sei Professor für Philosophie, Mathematik oder Germanistik, und Sie sind meine Studenten. Ich könnte Sie unterrichten, selbst wenn ich ein Mörder oder ein Räuber wäre. Sie würden vielleicht sagen: „Er ist ein fähiger Lehrer, obwohl er ein Verbrecher ist." Und Sie würden mein Wissen annehmen. Nun bin ich aber kein Professor, sondern Prediger. Egal wie gut meine Predigt ist, sie wird ohne Leben sein, sobald Sie von mir denken, ich sei ein Bösewicht. Warum? Wissen ist Kopfsache, Glauben ist eine Angelegenheit des Herzens. Mit dem Gedanken, ich sei ein schlechter Mensch, ein Verbrecher, der auf der Stelle vom Blitz erschlagen werden sollte, könnten Sie akzeptieren, dass A + B = C ist. Aber wenn Sie von einem Prediger wissen, dass er ein Betrüger ist, können Sie ihm zwar zuhören, aber nicht seine Predigt in Ihr Herz aufnehmen. Wissen und Glauben sind zwei ganz verschiedene Sachen. Glaube muss aus Ihrem Herzen kommen. Dies ist der Weg, wie uns vergeben werden kann und wir gerettet werden. Für den wahren Glauben müssen Sie wahren Dienern Gottes begegnen. Wir brauchen keine Pastoren, die über Moral, Ethik, Philosophie und Gesetze predigen. Wir brauchen Pastoren, die uns sagen können, wie wir von unseren Sünden reingewaschen werden können. Dann haben wir die richtige Verbindung zu Gott. Ich kenne wahre Diener Gottes. Ich wünsche Ihnen, dass es bald viele wahre Diener Gottes in dieser Stadt geben wird. Ich wünsche von ganzem Herzen, dass die Pastoren in allen Gemeinden das Evangelium der Vergebung richtig verkünden und dass viele Seelen dadurch gerettet werden.

Meine Lieben, Gott wies Kains Opfer zurück. Der Herr sagt in Jesaja Kap. 1, er wird uns nicht annehmen, bis wir durch Jesus wiedergeboren werden.

„Was soll mir die Menge eurer Opfer? spricht der Herr... Wenn ihr kommt, zu erscheinen vor mir - wer fordert denn von euch, dass ihr meinen Vorhof zertretet? Bringt nicht mehr dar so vergebliche Speisopfer! Das Räucherwerk ist mir ein Gräuel! ... denn eure Hände sind voll Blut."

Er sagt, wir sollen opfern, beten, am Gottesdienst teilnehmen, nachdem wir von unseren Sünden gereinigt wurden, denn sonst sind unsere Hände noch voller Sünde und Blut. Wir sollen Gott dienen, wie es uns sein Wort sagt. Wir sollen keine Opfer darbringen nach unseren Vorstellungen.

Früher oder später werden wir vor Jesus stehen. Einige von uns mit Freude, andere mit Angst. All denen, die durch diese Konferenz wiedergeboren wurden, möchte ich folgendes sagen:

Erstens: Die Vergebung Ihrer Sünden hat nichts damit zu tun, wie gut Sie Gottes Wort befolgen, wie oft Sie beten, das Evangelium verkünden oder spenden. Sündenvergebung hat nur etwas mit dem Blut Jesu Christi - vergossen am Kreuz - zu tun. Satan aber weiß, dass wir nicht perfekt sind und Fehler machen. Er nutzt unsere schwachen Stellen, um uns zu verunsichern. Jedes Mal, wenn wir eine Sünde begehen, sagt er: „Siehst du, und du hast gedacht, du wärst gerettet. Von wegen. Du bist nicht wiedergeboren."

So versucht Satan Sie zu täuschen. Sie sollen dann sagen:

„Geh weg von mir, Satan. Ich bin gerettet, nicht weil ich gut bin, sondern weil Jesus Christus sein Blut am Kreuz vergossen hat."

Jesus hat Sie gerettet, nicht weil Sie keine Sünden begangen haben. Er hat Sie gerettet, die Sie in tiefster Sünde gelebt haben. Mit anderen Worten: Ihre Erlösung ist unabhängig von Ihren Taten. Lasst uns einen Vers in der Bibel aufschlagen: Epheser 3, 12, und lasst uns gemeinsam lesen.

„durch den wir Freimut und Zugang haben in aller Zuversicht durch den Glauben an ihn."

Steht da etwa: „In Jesus Christus und durch unsere guten Taten haben wir Freimut und Zugang in aller Zuversicht durch den Glauben an ihn"? Nein, mitnichten. Der Zugang zu Gott hat nichts mit unseren Taten zu tun. Niemand kann vor Gott bestehen mit seinen Werken. Sie tun Gutes, manchmal. Aber noch öfter tun Sie Schlechtes. Deshalb gelangen Sie nicht zu Gott, solange Sie sich auf sich selbst verlassen. Der einzige Weg, durch den Sie Freimut und Zugang zu Gott haben, ist das Glauben an das Blut von Jesus Christus. „Lieber Gott, nimm mich an - nicht meinetwegen, sondern wegen Jesus." Wir müssen uns vollkommen auf Jesus verlassen, denn er ist perfekt - wir nicht.

Zweitens: Ich möchte auch, dass Sie wissen, Sie werden nach Ihrer Sündenvergebung Kinder Gottes. Die Welt würdigt Gottes Kinder nicht, aber das muss Sie nicht entmutigen. Dazu möchte ich Ihnen eine Geschichte erzählen:

Vor langer Zeit lebte im Königreich Korea ein Premierminister. Dieser blieb lange kinderlos - trotz aller Bemühungen. Dann wurde ihm eine Tochter geboren. Er war sehr glücklich über seine Tochter. Sie war sehr niedlich, und mit der Zeit wuchs sie zu einer schönen und intelligenten jungen Dame heran. Sie konnte gut Harfe spielen und dichten. Sein Herz hing sehr an ihr. Zu jenen Zeiten war es aber Brauch, die Töchter früh zu verheiraten. Weil er Premierminister war, gab es viele Bewerber. Er entschied, sie mit dem jüngsten Sohn eines Bürgermeisters in einem kleinen Dorf zu verheiraten. Am Tage der Hochzeit weinte die Tochter des Premierministers, weil sie ihren Vater verlassen musste.

Damals gab es Großfamilien, und sie kam als fünfte Schwiegertochter in ihre neue Familie. Eines Tages, aus Anlass des Geburtstages ihres Schwiegervaters, wurden alle Verwandten - auch die Väter der Schwiegertöchter - zum Feiern eingeladen. Es kam der Vater der ersten Schwiegertochter, es kam der Vater der zweiten Schwiegertochter und so fort. Sie alle reisten mit viel Gefolge an. Die Kolonnen liefen mit Trompete blasenden Soldaten und vielen bunten Bannern ein. Der Premierminister ließ aber noch auf sich warten. Seine Tochter wartete geduldig. Ihre Schwägerinnen freuten sich unterdessen über die Ankunft ihrer Väter. Die Tochter des Premierministers hatte ihren Vater lange Zeit weder gesehen noch gesprochen - es gab damals schließlich weder Telefon noch Taxis. So war sie sehr gespannt auf den Auftritt ihres Vaters. Als das Fest schon fast vorüber war, hörte sie ihren Vater endlich kommen. Als alle aus dem Haus traten, um ihn zu begrüßen, sahen sie ihn auf einem Pony daherkommen, ohne jegliches Gefolge. Seine Tochter wäre ihm am liebsten um den Hals gefallen. Doch die strengen Sitten zu jener Zeit verboten ihr das. So sagte sie schlicht „Hallo" und ging wieder an ihre Arbeit. Als das Fest zu Ende war, reiste der Premierminister wieder ab, ohne mit seiner Tochter sprechen zu können - der strengen Sitten wegen. Die anderen Schwiegertöchter begannen nun die Tochter des

Premierministers aufzuziehen und lästerten: „Ist dein Vater nicht Premierminister? Warum hat er sich dann so schäbig gekleidet?"

Von nun an hatte sie einen noch schwereren Stand in ihrer neuen Familie. Sie wartete ungeduldig auf den nächsten Geburtstag ihres Schwiegervaters, in der Hoffnung, dass ihr Vater sie dann nicht wieder so blamieren würde. Die Zeit verging, dann war es wieder soweit. Die Väter der anderen Schwiegertöchter kamen wieder mit vielen Dienern und viel Getöse. Doch der Premierminister, ganz im Gegensatz zu den anderen Gästen, erschien wieder ohne Gefolge, wieder auf einem Pony reitend. Seine Tochter fühlte sich mies. Sie sprach ihren Vater an:

„Vater, ich möchte dich um etwas bitten."

„Ja, was denn?"

„Wenn du das nächste Mal kommst, erscheine bitte standesgemäß."

„Nun gut, ich werde darüber nachdenken."

Als er ging, war sie sicher, dass beim nächsten Geburtstag alles nach ihren Vorstellungen sein würde. „Ihr werdet sehen. Mein Vater ist nicht weniger als der Premierminister des koreanischen Königreiches. Was sind schon eure Väter im Vergleich zu meinem!"

Es schien eine Ewigkeit zu dauern bis zum nächsten Geburtstagsfest. Aber dann war es endlich wieder soweit. Wie üblich, erschienen die anderen Väter bereits einige Tage vor dem Fest mit vielen Dienern, Leibgarden und Trompeten. Der ganze Ort war in Festtagsstimmung. Dann fing es an zu regnen. Der Premierminister war noch immer nicht erschienen. Seine Tochter dachte: „Mein Wunsch geht in Erfüllung. Denn sicherlich braucht er so viel Zeit, um sein Versprechen einzuhalten."

Es dämmerte bereits, als jemand rief: „Der Premierminister kommt!"

Enttäuscht erblickte sie ihren Vater, auf einem alten, dürren Pony reitend, bis auf die Haut durchnässt. Wieder erschien er in schäbigem Aufzug. Bei diesem Anblick wurde sie ohnmächtig. Die anderen Schwiegertöchter brachten sie schnell in ein Hinterzimmer, wo sie sich erholen sollte. Unterdessen ließ sich der Premierminister im Hauptzimmer nieder und plauderte mit den anderen Gästen, während er sich Gesicht und Haare mit einem Handtuch trockenrieb. Er wunderte sich, dass seine Tochter ihn noch nicht begrüßt hatte. Während er mit den anderen sprach, waren seine Gedanken bei seiner Tochter.

Nach einer Weile räusperte er sich - so wie es eine höher gestellte Person tut, wenn sie die Aufmerksamkeit auf sich lenken möchte. Er machte sich Sorgen um seine Tochter und dachte: „Warum zeigt sie sich nicht? Oh je, sagte sie nicht letztes Mal, ich solle standesgemäß erscheinen? Ja, warum bat sie mich eigentlich darum?"

Er sah in die Runde und fand alle anderen in kostbare Seidengewänder gekleidet. Er räusperte sich nochmals, und sofort wurde es totenstill um ihn herum. „Es ist gegen die Vorschrift, dass ihr euch neben mich setzt."

Kaum hatte er dies ausgesprochen, wichen alle zurück aus dem Hauptzimmer ins Freie und warfen sich vor ihm auf die Knie. Ausgerechnet in diesem Moment prasselte der Regen auf sie hernieder. Die Leute aus dem Dorf versammelten sich vor dem Haus und tuschelten über das Bild, das sie dort sahen. Der Mann, der als einziger auf einem alten, klapprigen Pony angereist war, saß im Trockenen, während die anderen Würdenträger im Regen vor dem Haus knieten.

In dem Raum, wo sich die Schwiegertöchter aufhielten, kam

281

Unruhe und Hektik auf. „Wie können wir das Problem handhaben? Wo ist unsere jüngere Schwägerin?"

„Sie fühlt sich nicht wohl und hat sich hingelegt."

„Ist das wahr? Lasst uns nachsehen."

Als sie zur Tochter des Premierministers kamen, fanden sie sie im Bett liegend. „Oh mein Gott, wie geht es dir? Bringt ihr Honigtee!" Sie bemühten sich sehr, um ihr Wohlwollen zu erlangen. „Warum hast du dich nicht früher gemeldet? Wir haben ein schlechtes Gewissen, weil wir dich so viel haben arbeiten lassen."

Die Tochter des Premierministers wusste gar nicht, wie ihr geschah! Sie sagte, sie fühle sich wieder besser, und eilte hinaus, um wieder an ihre Arbeit zu gehen. Da erblickte sie ihren Vater und die vor ihm im Regen knienden Väter ihrer Schwägerinnen, und in ihr stieg ein Gefühl des Triumphes und innerer Befriedigung auf. Aber als ob sie nichts gesehen hätte, ging sie weiter in die Küche, um zu arbeiten.

Eine der Schwägerinnen kam mit Tränen in den Augen zu ihr gelaufen. „Mein Vater hat empfindliche Bronchien, er erkältet sich sehr leicht. Er kann nicht lange draußen im Regen bleiben."

Eine andere kam und bat: „Schwester, mein Vater leidet schon seit langem an einer Nervenentzündung."

Auch die restlichen Schwägerinnen standen nun bei ihr Schlange, um sie zu sprechen.

„Nun gut, nun gut. Macht euch keine Sorgen. Ich werde mit meinem Vater sprechen."

„Wir wären dir wirklich sehr dankbar dafür."

Sie richtete ihre Kleidung zurecht und ging also zu ihrem Vater. Sie machte vor ihm eine tiefe Verbeugung und sprach: „Wie war deine Reise, Vater? Wie geht es dir und Mutter?"

„Danke, gut. Es geht uns ganz gut."

Der Premierminister wusste, dass seine Tochter jetzt mit ihm zufrieden war, da sie herauskam, um ihn zu begrüßen. Er wusste auch, was sie als nächstes sagen würde. Bevor sie ansetzen konnte zum Sprechen, sagte er: „Ich wünschte, wir könnten mehr Zeit miteinander verbringen. Aber wir haben strenge Regeln zu befolgen. Geh nun zurück an deine Arbeit."

„Aber ... Vater!"

„Sagte ich nicht, du sollst an die Arbeit gehen?"

„Vater, die Väter meiner Schwägerinnen knien immer noch draußen im Regen!"

Der Premierminister blickte zu ihnen hinüber. „Meine Herren, ihr seid draußen im Regen. Warum kommt ihr nicht herein?"

„Wir wissen nicht, wie wir Ihnen danken sollen, Eure Exzellenz."

Ja, selbst die Tochter eines Premierministers hat Macht. Wir aber sind die Kinder Gottes, welcher das Universum erschuf. Wir müssen uns nicht beklagen, dass die Welt uns nicht achtet. Was würde mit dieser Welt geschehen, wenn unser Vater ein Machtwort sprechen würde? Meine Lieben, ich bin ein einfacher, ganz normaler Mensch. Und doch bin ich ein Prinz, ein Kind Gottes, ein Diener Gottes. Im Vergleich zu der Tochter des Premierministers habe ich als Kind Gottes viel mehr Macht. Aber die Welt achtet mich trotzdem nicht. Als ich hier in Busan eintraf, wurde ich weder vom Bürgermeister noch vom Polizeichef begrüßt. Ich habe nicht im Rathaus angerufen, um zu fragen: „Warum seid ihr nicht zum Bahnhof gekommen, um den Diener Gottes zu empfangen?" Schließlich wollte ich ja nicht in die Psychiatrie eingewiesen werden. Selbst wenn die

Welt uns verachtet, sollten wir uns nicht einschüchtern lassen. Unsere Sünden sind uns vergeben, wir sind wiedergeboren und Kinder Gottes durch das kostbare Blut Jesu Christi, des Sohnes Gottes.

Was ist das Problem dabei, wenn Sie arm sind oder verachtet und beleidigt werden? Sie sollen wissen, der Stärkere sollte dem Schwächeren gegenüber Rücksicht nehmen. Wir sind stärker als die anderen auf dieser Welt, verstehen Sie? Unser Vater sieht über Kleinigkeiten hinweg. Sollte man uns aber ernstlich bedrohen, wird er sich bemerkbar machen. Was wird geschehen, wenn Gott zu Ihnen sagt wie der Premierminister in meiner Geschichte: „Das ist gegen die Vorschriften."?

Meine Lieben, wir sind von Gott gesegnet! Es ist wunderbar, dass wir, obwohl wir noch in dieser Welt leben, seine Kinder werden konnten, ja sogar einige seine Diener. Aber wissen Sie, wie viel wunderbarer es im Himmel ist, dort wo wir alle bald sein werden? Wir können es uns alle nicht vorstellen. Jedenfalls gab uns der Herr seinen Segen. Ich lobe den Herrn. Jesus liebt uns so sehr, dass er für uns am Kreuz litt und sein Blut gab.

Die Liebe meines Herrn ist
weiter als der Ozean,
höher als der Himmel
und tiefer als das Meer.
Obwohl ich einfach bin,
bin ich doch sein Kind.
Für immer habe ich dich lieb,
sagt der Herr.

Meine Lieben, ob wir ein großes Haus und viel Vermögen

besitzen oder nicht, hat keine Bedeutung; denn wir sind nicht mehr Bürger dieser Welt. All unser Schatz liegt im Himmel. Wenn Ihre Sünden vergeben worden sind, kommen Sie ohne eigene Verdienste in den Himmel.

Meine Lieben, ich wünsche, dass Sie von Ihren Sünden reingewaschen werden und ein neues Leben führen nach Ihrer Wiedergeburt durch Jesus Christus. Ich danke Gott, dass er mir durch diese Konferenz Gelegenheit gab, sein Wort zu verkünden. Um so trauriger bin ich, dass diese Konferenz nun zu Ende ist. Aber ich bin sicher, dass der Herr immer mit euch wiedergeborenen Christen ist. Ich möchte, dass Sie sich jede Minute und jede Sekunde auf Gott verlassen.

Senken Sie jetzt bitte Ihren Kopf und schließen die Augen. Ich möchte beten. Ich schließe die Predigt etwas früher als geplant, um noch Zeit für die zu haben, die immer noch mit seelischen Problemen beladen sind. Sollten Sie noch Fragen haben oder etwas nicht verstanden haben, so scheuen Sie sich nicht, einen der umstehenden Gottesdiener anzusprechen.

Gute Nachricht Mission

Die „Gute Nachricht Mission" ist eine Organisation, die das Evangelium verkündigt. Mit dem Evangelium will sie Ihnen helfen, die Vergebung der Sünden zu finden und wiedergeboren zu werden, um Sie auf diesem Weg zu einem neuen Leben zu führen. Die Arbeit unserer Mission besteht in: Veranstaltungen zum Evangelium, Veröffentlichungen von Predigtbüchern, Broschüren und einem monatlichen Magazin mit dem Titel „Die Gute Nachricht", Verteilung von Predigtkassetten, Videos und DVD, Konferenzen, Ausbildung und Entsendung von Missionaren.

Wenn Sie Anmerkungen oder Fragen haben, können Sie uns unter den unten angegebenen Adressen erreichen:

■ Korea:

Good News Mission
183 Yangae-Dong, Seocho-Gu, Seoul, Korea
Tel. +82 2 539 0691

■ Deutschland:

Luitpoldstr.104, 67063 **Ludwigshafen**
Tel. 0621 6369577, Fax. 6369579

Backhausstr. 9, 37081 **Göttingen**
Tel. & Fax. 0551 93056

Fährenweg 1a, 93049 **Regensburg**
Tel. 0941 3077809

Liebenwalder Str. 36, 13347 **Berlin**
Tel: 030 4508 9602

■ Großbritannien:
Flat 7, Blackburn Court, 1 Bascombe Street London SW2 2YD, UK
Tel: +44 20 8674 4080

■ Polen:
ORLA 8M 9. Warszawa Poland 00143
Tel. +48 22 654 5725

■ Ungarn:
1165 Budapest, Futorozsa u. 9, Hungary
Tel. +36 1 4037940

■ Czech Republic:
Srbinska 6, 10000 Praha 10, Czech Republic
Tel: +420 2 7477 8805

■ Rumänien:
Str. Alexandru deparateanu nr. 26A sec1. Bucuresti Romania
Tel : +40 21 2227167

■ U.S.A.:
3500 W. 1st St. LA, CA 90004, U.S.A.
Tel. +1 213 386 0097

43-00 171st Street Flushing, NY 11358, U.S.A.
Tel. +1 718 358 3712

11000 Rogers Circle Duluth, GA. 30097, U.S.A.
Tel. +1 678 473 1594